在线服务中群体行为演化研究

蒋国银 著

科学出版社

北京

内 容 简 介

本书是在作者近些年来相关研究工作的基础上，结合"互联网 + "的应用场景，对在线群体行为、电子商务管理、管理系统模拟和计算实验方法等多领域的交叉学科问题进行分析的一本著作。本书先介绍在线协同服务的基本概念及在线群体行为的计算实验原理，然后分别阐述协同决策过程、协同管理过程、协同事务工作过程、用户归属转移过程、交互过程、知识共享过程和知识扩散过程中的在线群体行为演化问题，给出相应的模拟模型和实验系统，并对实验结果进行分析。

本书可作为高等学校管理科学与工程、工商管理、公共管理、系统工程、计算机科学与技术等专业的教学和研究参考用书，也可供相关领域的科学工作者、业界管理工作人员参考。

图书在版编目（CIP）数据

在线服务中群体行为演化研究 / 蒋国银著. —北京：科学出版社，2019.6
ISBN 978-7-03-060472-9

Ⅰ.①在⋯　Ⅱ.①蒋⋯　Ⅲ.①网络服务—研究　Ⅳ.①F719.0

中国版本图书馆 CIP 数据核字（2019）第 017524 号

责任编辑：吉正霞　曾　莉 / 责任校对：高　嵘
责任印制：彭　超 / 封面设计：苏　波

科 学 出 版 社 出版
北京东黄城根北街 16 号
邮政编码：100717
http://www.sciencep.com

武汉市首壹印务有限公司印刷
科学出版社发行　各地新华书店经销
*
2019 年 6 月第　一　版　开本：787×1092　1/16
2019 年 6 月第一次印刷　印张：11 1/4
字数：264 000

定价：75.00 元
（如有印装质量问题，我社负责调换）

作者简介

　　蒋国银　湖北天门人，博士（博士后），教授。研究方向为：管理系统模拟与社会计算、信息管理与信息系统、电子商务与电子政务、大数据与智慧城市等。主持 2 项国家自然科学基金项目、1 项中国博士后科学基金特别资助项目、1 项中国博士后科学基金面上项目一等资助和多项省厅级项目，负责 1 支湖北省高等学校优秀中青年科技创新团队的建设，参与国家自然科学基金重点项目、国家自然科学基金面上项目、教育部人文社科基金等近 20 项科研项目。在 *European Journal of Operational Research*、*Information Sciences*、*IEEE/ACM Transactions on Networking*、*Industrial Management & Data Systems*、管理科学学报、系统工程理论与实践、中国管理科学等国内外期刊和会议上发表论文 60 余篇。曾获湖北省优秀博士学位论文奖、湖北省优秀社会科学成果三等奖（第九届、第十届、第十一届）。

协同与共享是近些年来社会经济领域中被关注的模式，不仅受到业界的青睐，也是学界研究的热点。经济全球化新格局下，部门与组织之间相互关联和相互依赖程度变得越来越深，社会分工变细，用户或民众需求加快，单一组织仅靠自身资源和能力很难在瞬息万变的环境下生存和发展，跨部门的有效协同和资源共享成为现代组织适应竞争环境的有效途径。发展共享模式（或经济）有利于实现社会闲散资源的共享与优化配置，进一步解放社会生产力，促进社会发展。

"互联网＋"战略的核心是：充分发挥互联网在社会资源的优化配置和整合中的作用，促进互联网和企业、行业及产业的深度融合，催生新业态。由于互联网的深度渗透，传统企业需进行转型升级以迎接挑战，主要表现为：

（1）商业模式转变。Web 1.0 时代，互联网成为展示产品/服务信息的平台，对产品销售和服务推广有重要作用；Web 2.0 时代，"内容＋社区"模式发展，用户与商家共创价值；新一代互联网的产生预示着 Web 3.0 时代的到来，产业链被重塑，产品/服务的生态链逐渐形成，线上线下深度融合，共享模式渗透于各行各业。

（2）合作模式转变。少数商家或服务商的合作并不能创造最大社会福利，而生态链上的协同、联盟的深度合作等形式更能满足市场和消费需求，共创最优社会价值。

（3）运营模式转变。传统的以产品为中心的方式不能适应竞争环境，而以客户为中心的模式，能动态了解市场和客户需要，从而快速反馈。

（4）组织模式转变。传统层级工作模式不能进行动态决策和快速响应，以角色为中心的动态组织模式成为趋势。它能充分利用资源，也能提高工作效率。

（5）管理决策方式转变。依靠市场、产品/服务、财务等内外部结构化数据进行管理决策的模式已经不能适应现代决策环境，充分利用多源异构数据进行管理决策成为共识，如协同利用在线评论等社交媒体等半结构化或非结构化数据，结合传统的结构化数据进行综合决策。

在传统企业和产业转型升级的过程中，互联网技术和社交媒体得到深度应用，在线协同服务模式日益成熟，而这种模式下，组织的内外部呈现出一系列复杂的管理现象。管理系统模拟（仿真）适用于再现复杂管理场景，基于管理系统模拟的计算实验方法能分析复杂管理中涌现的非线性特性，有助于提炼更有深度的管理规律，并总结更有价值的管理模式。

基于此，本书在分析在线协同服务及其管理问题后，阐述利用基于管理系统模拟的计算实验方法研究在线群体行为演化的原理、方法和规律。全书分为两部分。第一部分为原理篇，主要介绍基本概念和基本原理，包括第 1 章和第 2 章。第 1 章首先介绍协同与在线协同的一般概念，阐述在线协同服务中的工作过程。第 2 章介绍管理系统模拟的基本概念和模式，总结计算实验的一般思路和实现路径，面向在线协同服务模式下的复杂群体行为，以及基于计算实验的群体行为演化的计算实验思路。第二部分为应用篇，包括第 3～第 9 章。它面向在线协同服务模式中内外部管理问题，详细报告各子问题下群体行为演化的计算实验研究过程和结果，主要包括协同决策工作中群体行为演化（第 3 章）、协同管理工作中群体行为演化（第 4 章）、协同事务工作中群体行为演化（第 5 章）、协同用户归属转移过程中群体行为演化（第 6 章）、协同服务商-消费者交互过程中群体行为演化（第 7 章）、协同用户知识共享/转移过程中群体行为演化（第 8 章）、协同用户知识扩散过程中群体行为演化（第 9 章）。针对每一子研究内容，详细介绍概念模型、仿真模型、仿真实验及其分析、结果总结等内容。

与同类型著作相比，本书具有系统性和全面性等特点，即不仅介绍基本原理、方法、思路，也详细介绍面向具体问题的应用；兼有理论分析和实践应用，既具有一定深度的理论研究，也有可操作性强的实践应用；具有多学科知识交叉融合的特色，即面向管理和社会实践问题，利用信息科学和人工智能的方法进行解析和挖掘。

本书有一部分内容是在笔者攻读博士学位时获得的相关研究成果的基础上整理而成的；有一部分内容是笔者博士毕业后，在笔者的博士生导师、华中科技大学管理学院教授胡斌，博士后导师、武汉大学人文社科资深教授马费成，访学合作教授、美国匹兹堡大学教授 Jennifer Shang 等指导下完成的；还有一部分内容得到相关科研合作者的支持与鼓励。在此对他们表示衷心的感谢。

本书的出版得到国家自然科学基金项目（No.71671060，No.71101047）的资助，也得到中央高校基本科研业务费项目（No.ZYGX2017KYQD185）和四川省科技厅软科学项目（No.2019JDR0011）的部分支持。在书稿整理过程中，湖北省高等学校优秀中青年科技创新团队（No. T201516）的老师、电子科技大学硕士研究生张美娟、四川大学硕士研究生温丽君和朱

曼卿协助进行了资料整理和校稿等工作。在编撰的过程中，科学出版社的编辑对本书做了严谨细致的编辑工作。在此，一并表示感谢。

由于作者水平有限，且数据驱动的管理系统模拟和计算实验方法正在发展进程中，书中所述研究场景也在不断变化，书中不足之处在所难免，恳请广大读者和各位专家批评指正。

作 者

2018 年 12 月 20 日

目 录

原 理 篇

第1章　在线协同服务

1.1　协同及在线协同服务

1.1.1　协同及其相关概念

1. 协同

1976 年，德国斯图加特大学理论物理学教授赫尔曼·哈肯（Hermann Haken）首次提出了"协同"的概念，并创立了协同学。协同学对开放系统进行了更深层次的研究，深刻揭示了非平衡系统从无序转化为有序的内在机制，探明了序参量与子系统以及序参量之间的竞争和协同是形成自组织结构的内在根据[1]。协同就是系统中诸多子系统之间相互协调、合作或同步的联合作用，它表现出一种集体行为。自组织系统演化动力来自系统内部的两种相互作用：竞争和协同。子系统之间的竞争使系统趋于非平衡，而这正是系统自组织的首要条件；子系统之间的协同则在非平衡条件下使子系统中的某些运动趋势联合起来并加以放大，从而使之占据优势地位，支配系统整体的演化。无论是社会经济系统还是工程技术系统，无论是人造系统还是自然系统，无论是宏观系统还是微观系统，所有系统的宏观有序特性都由组成它的子系统之间的协同作用所决定。

协同理论被广泛应用于经济和管理领域中。协同现象存在于企业互补性、内部匹配、超模、和谐和联盟等活动中[2]。

2. 协同工作

"协同工作"翻译自英文"collaboration"和"synergy"。与一般意义上的合作（cooperation）有所不同，协同先追求整体目标的最优化，再考虑个体目标的最优化；而一般意义上的合作先考虑个体目标的最优化，再考虑整体目标的最优化。"collaboration"起源于拉丁词"collaborare"，意思为"to work together"[3]，即一起工作；而"synergy"起源于古希腊词"συνεργός"，即"synergos"，意思为"working together"，即一起工作。这两个词的相同之处在于，都是强调部分整合后的功能增值效果，即"1+1>2"或"2+2=5"。这两个词的区别在于："collaboration"强调个体之间实现深度合作，个体独立工作也能实现目标，但与其他个体协同工作，能实现增值；而"synergy"强调两个或多个个体在一起工作能实现个体单独工作时不能达到的目标，这里隐含强调个体之间的依存性，如计算机中的软件和硬件的共同工作。一定深度合作意义上的协同，是一个在协调（coordination）方式下导致共同行为和共同运转的过程[4]。协同体现的是一种内在的和谐性，是将不同事物间的不同方面共同协调一致并融合在一起，以求得更大的效率[5]。它是特殊的竞争和合作的共生形式，通过动态调整、信息共享，让各参与方都能围绕整体目标

努力，以实现高层次的深度合作，追求整体目标最优化。这里的协同及其方法被应用于面向任务的个人之间、部门之间，乃至组织之间的协同工作等。

3. 协同进化

在自然界中，物种的演变遵循优胜劣汰的生存法则。任何个体、物种、种群、群落都处于生态系统之中，它们内部、它们之间，以及它们与环境之间，既存在竞争，也存在合作，甚至是协同。物种通过生存竞争，保存下来好的基因；物种之间通过协同，用好的基因搭配。这样经过繁衍得到的子基因具有好的品质，物种不断得到改良和优化。在管理领域，协同进化（coevolution）理论应用广泛，包括股票市场的预测[6]、技术创新和新产品扩散[7-10]、产业集群分析[11]，以及通过建立基于逻辑斯谛（Logistic）的联盟协同进化模型来分析联盟协同结构稳定演化过程[12]等。因此，基于这个概念的研究都偏宏观，主要是对宏观层面的进化过程中的自组织协同演化机制进行研究。

1.1.2 在线协同服务的界定

近年来，互联网飞速发展，在线服务层出不穷，服务之间的协同提升了在线服务的内涵和质量。服务商之间的协调合作，能提升服务供给效率和效果。服务链上的服务商之间的合作，能减少服务供应成本，缩短服务供应时间，有效提升服务供给效率和质量；不同类服务商之间的合作，能强化联盟和合作水平，提高服务供给水平。例如，在线服务任务多，要求响应速度快，而服务商内部可能存在人员较少的问题，因此，服务商需要动态地进行事务协调，快速地进行任务分配，及时做到人-岗匹配，提高事务响应能力。又如，社会化媒体的出现，让知识共享和传播更迅速、更方便，社会化媒体和在线服务的有效协同，能让产品/服务的相关知识转移更顺畅。这类协同服务的有效使用，能提高销售绩效，典型的应用如社会化商务。

本书面向上述几类协同服务研究在线协同服务中的群体行为，主要包括：在线协同服务中的合作和竞争决策行为、在线协同服务中的协作管理行为、在线协同服务中的事务协调行为、在线协同服务中的消费转移行为、在线协同服务中的知识转移行为、在线协同服务中的知识推荐行为等。

1.2 面向在线协同服务的工作过程分析

1.2.1 在线协同服务中决策工作过程分析

图 1.1 所示为基于实物供需关系的在线服务链，该服务链上有门户访问服务提供商（portal access service provider，PASP）、产品/服务提供商（product service provider，PSP）、移动运营服务提供商（mobile service provider，MSP）三个主要服务商，服务商之间运作的机理有三种形式：

（1）pull 模式。这种模式是由门户访问服务提供商发起的，其具体过程为：门户访问

服务提供商根据市场需求情况、前期和产品/服务提供商的交易定价以及自身的供应能力等，率先在门户访问服务提供商站点上发布产品/服务价格。这时，服务链流程开始运行。消费者通过手机或其他终端设备在门户站点上下订单，门户访问服务提供商审核订单，若没通过，则取消订单；若通过，则通知消费者支付。门户访问服务提供商收到支付信息后开始配货，若存货充足，则直接发货；否则，向产品/服务提供商订货，产品/服务提供商根据订单进行决策（决定生产量和销售价格），生产完毕后给门户访问服务提供商配货，并收款。在此过程中，产品/服务提供商的销售价格可能与门户访问服务提供商的估价有出入，门户访问服务提供商需进行调整。

（2）push 模式。这种模式是由产品/服务提供商发起的。这种情形下，产品/服务提供商根据上期门户访问服务提供商订货水平主动给门户访问服务提供商补货，门户访问服务提供商在网站上进行商品定价（或作为拍卖的定价基础）。这时，服务链流程开始运行。当交易发生后，门户访问服务提供商需要的产品量可能与产品/服务提供商的主动供货量有出入，产品/服务提供商需根据实际销售量进行调整。

（3）协同工作模式。该模式下，各实体高度共享信息，协同工作，共同决策，共同承担风险并分享利润。

上述三种方式实质上是一个博弈演化过程，前两种模式是一个两阶段过程，当这些博弈重复发生多期，可能出现平均收益和风险与预期有差异，因此，为避免多期后出现超出预期的风险和收益偏差，各服务商可能在博弈开始时就选定好各种策略。协同工作模式有助于整合资源，但这种协同是否一定有利于竞争，状态是否稳定，需要通过观测多期协同过程后的利润和风险情况，并将其与前两种模式进行对比才能得知。服务商应了解协同的存在性和稳定性，从而提前为协同奠定基础，以真正实现协同。

由上面的分析可知，在线服务商之间的竞争和协同决策过程中，会使用优化方法寻优，按一定风险及其他偏好做出决策，而这些决策会随时间的推进而变化。

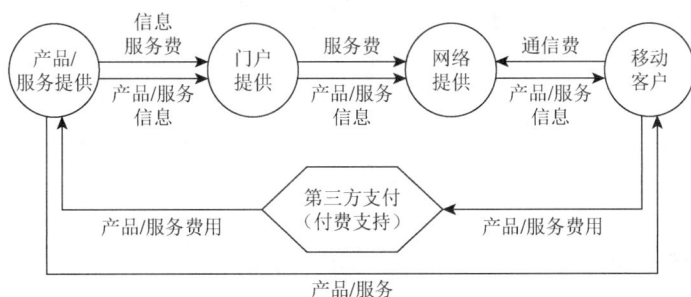

图 1.1　在线协同服务中的决策工作过程

1.2.2　在线协同服务中管理工作过程分析

在线协同服务中多服务商联盟或团队管理工作过程如图 1.2 所示。当服务商联盟或团队形成后，会按一定的规则进行管理。当所有个体都合作时，收益均分。当有个体背叛（投机或偷懒）时，若没被发现，则收益比合作时高；若被发现，收益比合作时低。当所有个体都背叛时，收益均为零。收益规则如表 1.1 所示。其中，b 为完成工作后每个服务商的总收益，c 为完成服务任务的成本，d 为对背叛的服务商给予的惩罚的大小。每一次合作结束后，联盟或团队按收益规则对合作方和背叛方进行收益分配。由于每个个体之间的沟通渠道各异，有小范围的沟通，也有大范围的沟通，个体会根据掌握的沟通范围内服务商的信息，结合历史发生的行为，并依据一定的规则来进行学习，从而调整自身策略，即决定沿用原来的策略，还是更改策略。每个个体随时间的推移都会进行策略调整，因此，整个团队的状态也会随时间的推移而发生演化。联盟或团队管理者需要了解各种管理策略对协同行为演化的影响，从而实施合理的管理策略，使得团队能真正发挥协同效应。

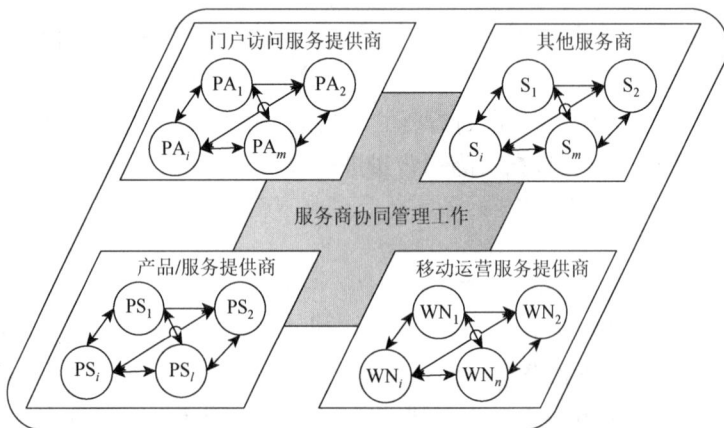

图 1.2   在线协同服务中的管理工作过程

表 1.1   含惩罚参数的得益矩阵

个体 2	个体 1	
	合作	背叛
合作	$b-\dfrac{c}{2}$, $b-\dfrac{c}{2}$	$b-c$, $b-d$
背叛	$b-d$, $b-c$	0, 0

1.2.3   在线协同服务中事务工作过程分析

传统的企业组织结构有直线制、直线职能制、事业部制和矩阵制等[13]多种形式。

（1）直线制组织结构。该组织结构是最简单的形式，不设立职能机构，从最高管理层到最底层，实现一条直线的领导方式，即一人管一人。

（2）直线职能制组织结构。该组织结构按组织职能来划分部门和机构，实行专业分工，各职能机构在自己的管辖范围内指挥下级工作，管理者在自己的管辖范围内有绝对的职权。这种组织结构分工细，强调信息的纵向流动及部门之间的协商。

（3）事业部制组织结构。该组织结构在总公司的领导下，将企业分为多个半独立或分

散经营部门，统一进行产品设计、采购、生产和销售活动，各部门独立经营、独立核算。这种组织结构强调信息的横向流动，常见于大型跨国企业。

（4）矩阵制组织结构。该组织结构将按职能划分的部门与按项目划分的小组结合起来，这样能促进各部门的合作和协调，在保持专业分工的同时加强联系和沟通，有利于将管理职能、产品及市场因素综合起来加以考虑，为实现最大利润目标合理配置资源。这种组织结构同时强调信息的纵向和横向流动，灵活性和适应性强。它是一种十分常见的组织结构，IBM、Ford 等公司都曾成功地运用过这种组织结构。

组织间可以协同工作提供在线服务，而组织内也能进行协同工作。通常中小企业提供在线服务时，事务工作按角色进行分配，员工或事务执行者可以充当多种角色。面向在线协同服务，管理者需要进行角色-工作的动态调配，以提高服务效率和利用率，如图 1.3 所示。在线服务的事务工作多变，表现为任务数的多少和能力需求各异（如一段时间内可能到达多份订单，每份订单量可大可小）、配送要求各异（如有的需要快递，有的需要平邮）等。中小型服务型在线企业一般员工少，协同工作能充分发挥员工的能力。面向动态任务，可借鉴矩阵制组织结构的思想，依据商务业务流程，将商务组织人员及工作进行分解，构建一种角色-任务协同工作框架，如图 1.4 所示。在该工作框架下，一个员工根据其能力、特长，可被分配多种角色（role）；而一个任务（task）可由多个角色共同完成。

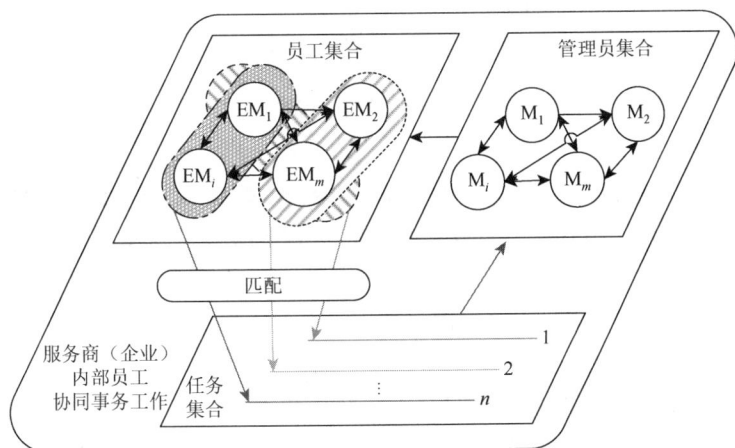

图 1.3　在线协同服务中的事务工作过程

任务的到达为一个离散过程，且任务能力需求各异，管理者根据自己的偏好（重能力或重关系），从员工集合中挑选人员组合完成任务。多个任务可能同时达到，此时管理者需要综合考虑，合理安排人员进行工作，此为角色-任务的匹配过程。分配的过程中，同时需要考虑员工能力的培养、任务执行的开销和任务的完成率等问题。一方面，在任务执行过程中，任务团队中的个体能相互学习，其能力会提高；而不被分配的个体，其能力会降低，技能会生疏。另一方面，太多人参与一项任务，相互接口或沟通费用高，但人多相对任务容易完成，即任务的完成率高，尤其是技术含量低的任务。因此，随着任务的变化，

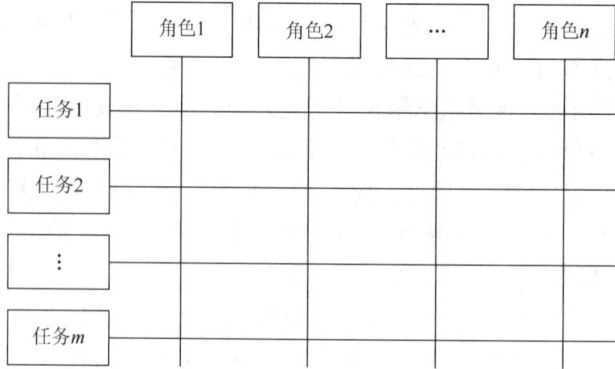

图 1.4 角色-任务协同工作框架

在任务分配过程中，角色-任务匹配是一个动态过程。经过多期任务的执行，员工的学习和能力等不断演化。

由上面的分析可知，任务的到达过程是与时间相关的离散分配过程，面向工作任务，员工或角色可以相互交流、学习，他们之间是一种互动的关系。任务到达和员工或角色的互动是两个领域的问题，可用智能体代表员工或角色，用多智能体模拟方式呈现员工或角色的互动，用离散模拟呈现任务到达过程。因此，利用集成多智能体和离散模拟方式可以呈现面向动态任务的角色协同工作。

1.2.4 在线协同服务中用户归属转移过程分析

传统在线服务商提供即时通信工具、在线游戏等服务。随着 3G/4G 的普及，在线服务商推出了诸如移动即时通信、手机游戏等移动 APP 服务。在线服务商通过整合移动网络，可以推广移动即时通信和移动网络游戏等服务；而移动用户也能通过交流和推荐，促进移动服务的使用，并吸引新的消费者。

图 1.5 为在线协同服务中归属转移过程。面向在线协同服务，消费者个体状态因决策条件的改变而变化，可能由待购变为在购，由在购变为休眠……消费者状态变化是一个复杂的动态过程。影响消费者决策的因素很多，可分为两类：第一类为自我感知的因素，表现为对技术协同、品牌协同、广告效应等的认知因素；第二类为受他人或外在环境影响的因素，表现为口碑传播、社会规范等因素。单技术和品牌协同是一种单一的接受或采纳行为；多技术和品牌的协同是一种归属转移过程中的接受或采纳行为，如手机用户转移成为移动即时通信的消费者。消费者处于手机交互网络中，相互之间的连接关系并非传统扩散模型所用的全连接。消费者受外在环境的影响，若不考虑其决策行为的异质性，则他们之间的信息传播类似于传染病的扩散现象；若考虑其决策个性各异，则他们之间的信息传播为有选择性地模仿和相互传播。例如，个性独立者依赖自我判断多于他人的影响；而个性依赖者更容易出现从众心理，该群体可能出现羊群行为等。

综上所述，在多因素的合力下，消费行为演化成为一种复杂现象，其演化特性和涌现规律需要更深入的探索。

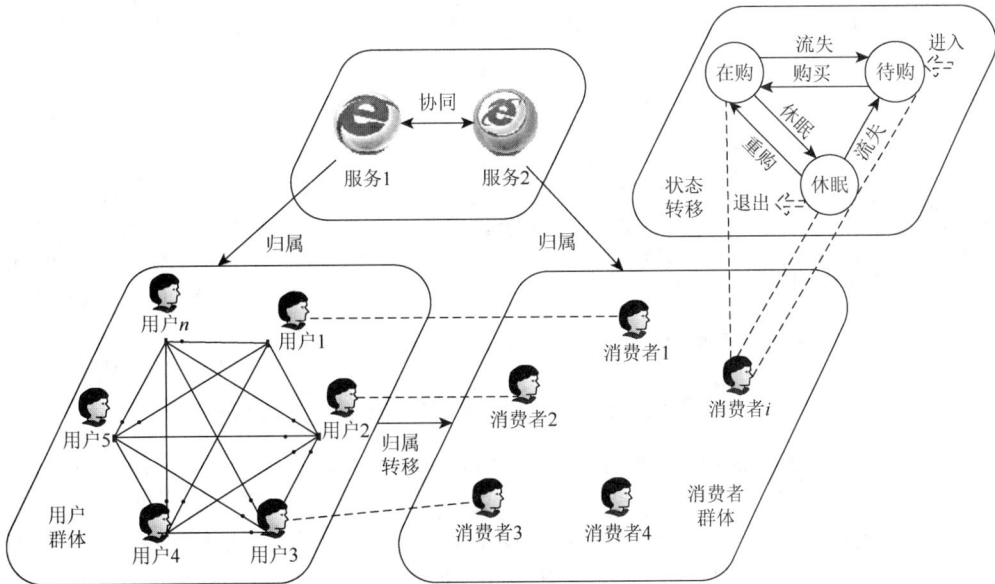

图 1.5 在线协同服务中归属转移过程

1.2.5 在线协同服务中服务商-消费者交互过程分析

社会化商务为社交媒体与商务的协同整合。在社会化商务环境下，为迎合消费者的多元化需求，在线服务商需要动态改变管理策略，如动态调整价格、技术、品牌策略以吸引消费，进而提高销售绩效。

面向协同商务服务，消费者除有自己的购物体验，能感知在线服务商的品牌协同和技术协同等方面的服务能力和质量外，还受其他和自己有关联的消费者的口碑影响，也受信息媒介、广告等外在因素的影响。由于消费者之间存在沟通或交流网络，共存于具有某种拓扑结构的网络中，网络结点上的个体消费者的购物状态（在购、待购、休眠）随时间的推移不断转移，其他消费者对商品的口碑和推荐力度不断改变，消费者的归属受多因素的影响可能发生转移，即从社区注册用户转移为电子商务的消费者。

随着市场环境的变化，消费者的沟通网络结构也在动态调整，在线服务商和消费群体之间构成交互演化格局，即服务商根据市场环境、消费群体特征、消费者购物动向等，实施不同的价格、品牌和技术创新策略；而面对服务商的管理力度，消费者将做出不同的消费决策，其消费状态会发生改变。

因此，消费群体和服务商之间随着时间的推移而交互演化，其运作过程如图 1.6 所示。

1.2.6 在线协同服务中用户知识共享/转移过程分析

在线商务社区集成了社会网络的庞大用户群、超高的人气和可靠的人际关系网，结合

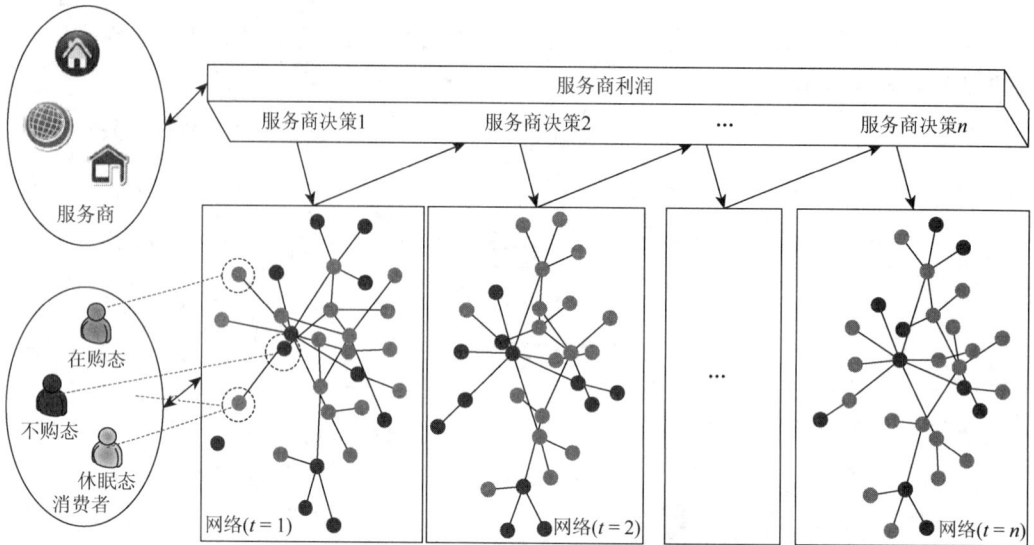

图1.6 协同电子商务服务商与消费群体交互过程

电子商务盈利的特点，产生协同效应。这表面上看是通过将社区网络集聚的人气转为消费流量，将社区用户转为消费者，实质上是在社区网络上进行知识分享/转移，通过传播知识及推荐各类信息，影响用户的购买行为。例如，在某些大型购物平台上，用户能较快、较容易地接触和汲取社会知识和经验，获得想要的更好、更全的商品信息，以便更好地完成在线购买。总之，知识活动和知识交互充满了整个社会化电子商务，知识管理对创新绩效有显著影响[14]。在知识管理过程中，知识转移（transfer）非常重要，它可以用一个公式来表示，即"转移（transfer）= 传输（transmission）+ 吸收（absorption）+ 利用（use）"，它是一个动态过程[15]。

在线商务社区是协同的产物，社区中知识演化的过程受外部环境、内部秩序和内外秩序耦合力量的影响，随着时间的推移而动态变化——一个动态的、复杂的、自组织的非线性过程，存在涌现、突变等现象。这个动态变化具有社会性、动态性、复杂性和不确定性。社会性体现在在线媒体的社会性和商务的社会性，用户之间是社区与电子商务结合的社交关系，只有通过有效地引导和规范，知识网络中才能传递正面的商务知识，否则可能会有流言、不实舆论传播，且传递速度快。动态性体现在群体知识是时变的，个体知识的决策行为也是时变的。复杂性一方面体现在用户所关联的知识转移事件大多涉及持续演化的复杂系统，事件之间可能存在复杂的传导关系；另一方面体现在这类知识演化中存在次生、衍生及耦合的非线性动力学关系，影响因素多。用户知识转移行为演化受多方面因素的影响，有来自外在规范和社会规范方面的因素，也有来自个体内在感知和他人影响的因素，还有一些不确定的因素。不确定性体现在这类演化系统是由多个决策个性各异的社会个体组成的，它除了受自身决策特性影响，还会受社会环境、群体特性、不确定的市场竞争环境和商务风险等方面的影响，所以行为演化态势不确定。

从知识共享/转移的宏观层面上看，用户遵守知识分享原则而获益的多少以及违背知

识分享原则而受到惩罚的力度对用户的知识转移意愿有影响,且个体之间也相互影响,其工作原理如图 1.7 所示。

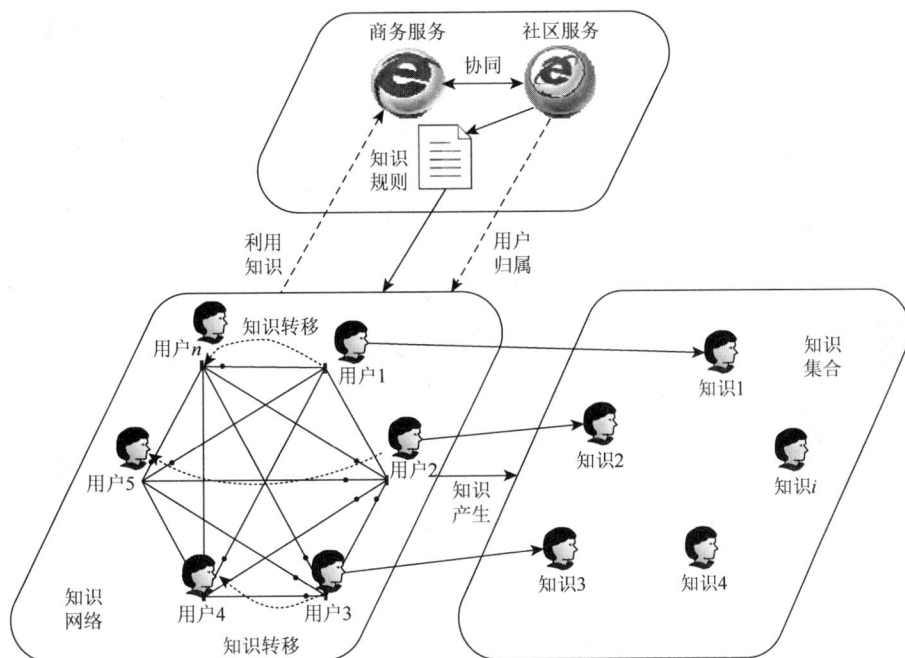

图 1.7　"社区＋商务"模式下用户知识共享/转移过程

1.2.7　在线协同服务中用户知识扩散过程分析

在商务社区中,用户更倾向查找好友或同类用户的在线评论、评价、分享和推荐,而这些评论、评价、分享和推荐本质上是一类知识的传播或转移。不同模式下的商务社区,其知识的构成和传导方式是不同的,有的是图片或文本方式,有的则是纯文本或消息方式。不论哪种方式,用户产生购买意向一般要经过接受多人推荐或与多个经验知识进行对比,结合其他环境知识和自身购买决策特性而综合形成,这是一个动态的过程。随着社交活动不断地进行,用户不断地交互,知识也在动态地演化。

在线用户常常使用在线评论和社交网络分享或了解产品信息,这是购买决策制定前所必须获取或经历的步骤。利用社交媒体,消费者能了解很多商品的相关信息,利用社交媒体平台,消费者能分享很多购物体验和经历[16]。在线服务商正是利用这个特点,协同社交媒体,提供在线协同服务,提升其绩效。据统计,2013 年,86%的企业考虑在他们的商务活动中使用社交媒体[17]。社会化商务中,电子口碑对企业绩效有显著影响。

用户面向在线协同服务,能阅读他人发表的观点,浏览相关信息,还能轻松发表相关体验和建议,这种浏览和分享行为受自己和他人的感知、推荐等属性的影响,它能影响消费者的消费决策和企业绩效。

在线协同服务中用户知识扩散过程如图1.8所示。

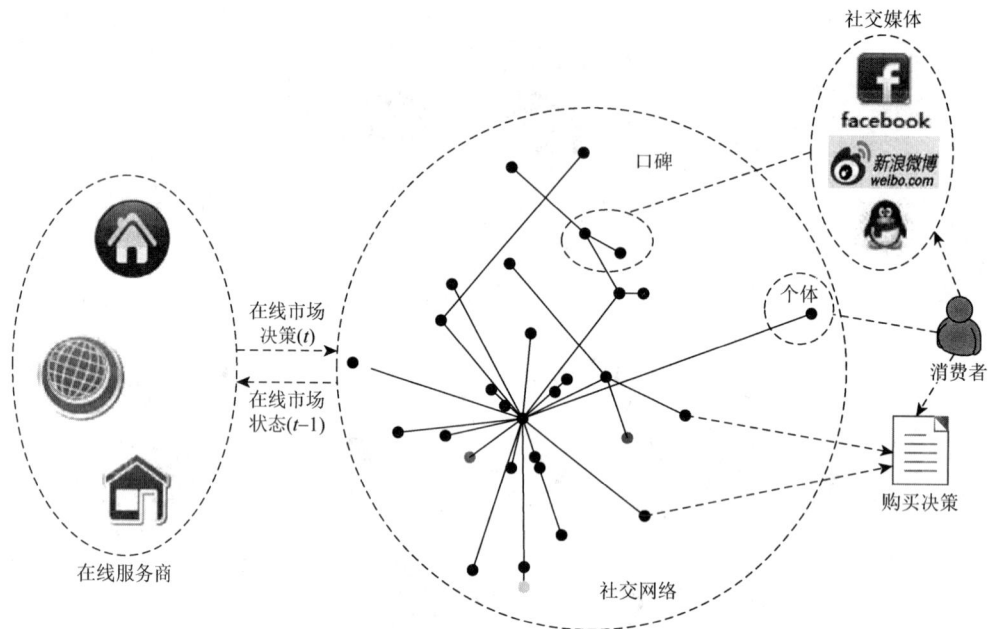

图1.8　在线协同服务中用户知识扩散过程

1.3　本 章 小 结

有效协同可以发挥"1＋1＞2"的功效。在互联网环境下，组织、个体等在提供在线服务时，能突破时空限制，充分调动资源，促进多主体深度融合，实现协同。而在"互联网＋"战略背景下，协同和共享更被推向高潮。这时，如何营造协同环境、协同环境下群体如何工作、群体行为如何演化等成为亟须解决的问题。只有解决了这些问题，在线服务商、在线平台方、网络空间管理者等多主体才能合理利用资源，充分调动积极性，营造和谐共生环境，为用户或消费者提供最优质的服务，同时使自身利益最大化。

本书以"互联网＋"为背景，重点探索了在线协同服务环境下个体及群体如何工作，以及群体行为如何演化的问题。首先介绍了协同、协同工作、在线协同服务等概念，然后重点阐述了在线协同服务下各类工作过程的相关背景，为后续章节探索相关问题奠定了基础。

本章参考文献

[1] [德]哈肯. 协同学：大自然构成的奥秘[M]. 凌复华，译. 上海：上海译文出版社，2005：7-11.

[2] CHADWICK C. Theoretic insights on the nature of performance synergies in human resource systems：Toward greater precision[J]. Human Resource Management Review，2010，20（2）：85-101.

[3] CAMARINHA-MATOS L，et al. Collaborative networked organizations：Concepts and practice in manufacturing enterprises[J]. Computers & Industrial Engineering，2009，57（1）：46-60.

[4] 蔡淑琴，梁静. 供应链协同与信息共享的关联研究[J]. 管理学报，2007，4（2）：157-162，179.

[5] 熊励，陈子辰. 网络协同商务链的主体模型研究[J]. 计算机集成制造系统，2004，10（9）：1036-1039.

[6] MODIS T. Technological forecasting at the stock market[J]. Technological Forecasting and Social Change，1999，62（3）：173-202.

[7] WATANABE C，KONDO R，OUCHI N，et al. A substitution orbit model of competitive innovations[J]. Technological Forecasting and Social Change，2004，71（4）：365-390.

[8] WATANABE C，KONDO R，NAGAMATSU A. Policy options for the diffusion orbit of competitive innovations：An application of Lotka-Volterra equations to Japan's transition from analog to digital TV broadcasting[J]. Technovation，2003，23（5）：437-445.

[9] MORRIS S A，PRATT D. Analysis of the Lotka-Volterra competition equations as a technological substitution model[J]. Technological Forecasting and Social Change，2003，70（2）：103-133.

[10] CASTIAUX A. Radical innovation in established organizations：Being a knowledge predator[J]. Journal of Engineering and Technology Management，2007，24（1-2）：36-52.

[11] 王子龙，谭清美，许箫迪. 基于生态位的集群企业协同进化模型研究[J]. 科学管理研究，2005，23（5）：34-37.

[12] 韩斌，孟琦. 战略联盟协同机制生成的系统结构演化分析[J]. 科技进步与对策，2007，24（11）：37-40.

[13] [美]罗宾斯. 组织行为学[M]. 10 版. 孙健敏，译. 北京：中国人民大学出版社，2005：467-488.

[14] WANG J F. E-commerce communities as knowledge bases for firms[J]. Electronic Commerce Research and Applications，2010，9（4）：335-345.

[15] WANG W，LU Y. Knowledge transfer in response to organizational crises：An exploratory study[J]. Expert Systems with Applications，2010，37（5）：3934-3942.

[16] SANGHYUN K，HYUNSUN P. Effects of various characteristics of social commerce（s-commerce）on consumers' trust and trust performance[J]. International Journal of Information Management，2013，33（2）：318-332.

[17] STELZNER M A. How marketers are using social media to grow their businesses[R]. 2013 Social Media Marketing Industry Report，2013：1.

第2章 在线群体行为的计算实验原理

2.1 管理系统模拟方法

2.1.1 管理系统模拟基础

1. 系统与管理系统

我国著名的科学家钱学森认为：系统是由相互作用和相互依赖的若干组成部分结合而成的，是具有特定功能的有机整体，而且这个有机整体又是它从属的更大系统的组成部分[1]。一般来说，系统具有整体性、关联性、目的性、环境适应性等特性。

管理系统是由管理者和管理对象组成，且由管理者进行统一协调控制的整体。广义上的管理系统是面向经济社会各领域中的管理职能的有机整体；狭义上的管理系统是面向个体和企业、团体、政府等各类组织对象构成的管理结合体。

2. 管理系统模拟

尽管仿真和模拟（simulation）方法在工程领域很早就有较多的应用，如航空、机械、地质等领域，但其在社会科学领域中的应用还有待深入探讨。当很多复杂的社会科学问题用传统的思辨和规范研究方法难以解析的时候，模拟方法提供了发现和解析问题的认知途径，其价值正在慢慢凸显。近些年来，模拟被广泛应用于经济管理系统领域的辅助决策问题研究，即通过使用管理系统模拟的方式来求解和决策。所谓管理系统模拟，是指面向实际管理系统构建概念模型和模拟模型，并利用计算机程序实现模拟模型，按照一定的决策原则或作业规则，随着时间的推移，对由一个状态变换为另一个状态的动态行为进行描述，并且通过对动态行为的分析，评价管理系统的性能[2]。

组织中的协同是一类复杂问题[3]，它归属于复杂科学的研究范畴。由于复杂系统自身的复杂性和动态过程中的不确定性，不存在一劳永逸的解决方法，为此研究者就用基于模拟的计算实验方法研究复杂系统行为[4]。

1）传统模拟方法及其应用

模拟方法以是否基于时间为轴，分为蒙特卡罗模拟（Monte Carlo simulation）和系统模拟[2]。蒙特卡罗模拟基于随机抽样和统计方法，将复杂问题转化为概率模型进行求解；系统模拟被广泛应用于群体行为的研究中，主要有离散模拟、定性模拟、连续模拟、多智能体模拟、元胞自动机模拟等方法。

（1）离散模拟。该方法常用于模拟系统状态变量随时间离散变化的过程，如排队系统的应用。Arena、Petri Net 等工具可对离散过程进行建模和模拟，但纯粹将离散模拟方法用于群体行为研究并不多见。

（2）定性模拟。有些管理系统特性难以进行定量描述，只能通过定性特征进行抽象描述，因此可以利用一定的推理规则对系统的定性行为进行模拟。定性推理方法有德克勒尔（de Kleer）的展望理论（envision 方法）[5]、福伯斯（Forbus）的定性进程理论（qualitative process theory，QPT）[6]、柯伊伯（Kuipers）的定性仿真（qualitative simulation，QSIM）算法[7]和因果顺序方法[8]。利用这些方法从事行为研究的成果相当多，如团队中的离职行为[9]、非营利群体行为[10]、人群工作行为研究[11]等。

（3）连续模拟。连续模拟是状态变量随时间的推移而连续变化的模拟方法。例如，系统动力学模拟在行为研究中应用较广。又如，用协同动力学研究人群工作行为[12]，进行投资行为分析[13]。

（4）多智能体模拟。该方法是计算模拟方法的一种主要技术。智能体具有自主性、分布性、协调性，能学习和推理[14]，通过智能体之间局部简单的行为交互，能自底向上呈现系统宏观复杂行为的涌现过程，因此，20 世纪 90 年代以来，多智能体模拟被广泛用于社会仿真[15]。

多智能体模拟可用于多个领域。例如，消费者行为方面，有零售消费行为影响因素分析[16]、动态环境中消费者购买决策行为分析[17]等；团队成员关系方面，有任务规模和团队成员关系波动对自我团队有效性及任务分配策略的影响[18]等；企业方面，有电子商务环境下利用智能体的自治性和智能性构建协调策略[19]、主体间的竞合协调机制分析[20]等。

（5）元胞自动机模拟。元胞自动机模拟（cellular automata simulation，CAS）被视为 Agent 模拟技术中的一种特殊技术，应用较广。元胞自动机也称为细胞自动机或分子自动机，起源于人们在诸多物理现象中提炼出来的概念和技术（如沙漏等），是一个时间和空间都离散的动力系统。元胞（cell）位于规则的栅格（lattice）上，都处于离散状态，遵循同样的运动或作用规则，其状态与其周围邻居的状态有关，大量元胞通过满足一定规则的相互作用来促进系统的演进。其演进规则有冯·诺依曼（von Neumann）型、摩尔（Moore）型、扩展的摩尔型、马哥勒斯（Margolus）型等[21]。元胞自动机模拟常用于社会和经济系统现象分析中，如种族隔离现象[22]、观念分歧导致的行为改变[23]、囚徒困境中的演化学习[24]、大群体的合作动态演化[25]、股票投资行为分析[26, 27]和小组织的电子商务接受行为分析[28]等。

2）集成模拟方法及其应用

每一种模拟方法都有其特点及应用范围，当应用范围边界发生波动或改变时，传统的单一模拟方法将受到限制，管理系统由于其复杂的特性尤为如此。此时，运用集成模拟方法将是一种有效途径[29]。所以，在管理系统复杂特性的研究中，可尝试使用集成模拟方法。

现有的集成模拟方法研究成果很多，具体如下：

（1）组织演化方面的研究。在定性模拟和元胞自动机的集成模拟方面，使用集成 QSIM 算法和元胞自动机的思路，设计一种用于呈现非正式组织群体行为演化的集成方法[30]；将定性推理与离散模拟方法集成，用于研究一般意义上人与任务的互动过程[31]；将定性模拟与系统动力学集成，用于研究组织文化的演变[32]。

（2）宏观经济方面的研究。经典的 ASPEN 模型（由美国 Sandia 国家实验室基于 agent 的美国微观经济模拟模型），集成了 Agent 和蒙特卡罗模拟方法，用于分析微观经济的演化机理[33]；用智能体代表企业，用离散模拟代理人之间的交互，模拟分析亏损企业是否退出对宏观经济的影响[34]。

（3）制造与供应链方面的研究。将优化方法与元胞自动机集成，用以研究制造系统中单元成组的最优方案[35]；基于多智能体协同和基于案例推理方法的综合集成框架，用于描述供应链中的协同问题[36]。

（4）其他方面的研究。考虑不同领域系统的集成，将河流水量模型嵌入系统动力学模型，通过人水混合系统的系统动力学模拟，研究社会与自然的和谐演化规律[37]；将 Agent 方法与离散事件仿真集成，用于模拟空防作战场景[38]。

不同的应用场景和不同的研究问题，可使用的集成方法是不一样的。在线协同商务环境下有多种运作和工作场景，涉及多类和多个参与主体，因此，可以考虑使用多方法集成对不同场景下各类具体问题进行研究。

2.1.2 管理系统模拟的一般模式

管理系统模拟一般有两种模式，即单一方法使用的模式和集成方法使用的模式。集成方法又分为方法集成和系统集成两种[39]。方法集成是将多个方法按一定模式集成；而系统集成是两个不同模拟系统之间的集成。由于模拟方法功能各异，在特定场合需要将多种模拟方法的功能或性能配合起来去描述问题和呈现现象。通常模拟方法之间的集成有如下三种模式。

1. 串行模式

串行模式是将多种方法串联起来，方法之间没有主次之分，具有相同的重要性。图 2.1（a）所示为简单的串行模式，方法 1 接受来自外部的变量输入，而产生的输出作为方法 2 的输入……例如，将定性推理方法与定量方法集成，利用定量方法评价定性推理行为，减少冗余行为以提高效率，就可以使用简单的串行模式，如动态系统轨迹理论、高阶导数推理方法等[40]。有时方法之间可能存在反馈，如图 2.1（b）所示。例如，利用优化算法寻找最优方案，利用模拟方法进行评价，进而辅助调整参数，将形成一个具有反馈回路的串行模式[35]。

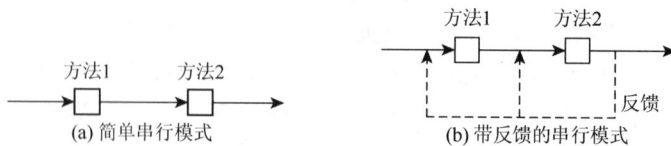

图 2.1　串行模式

2. 并行模式

并行模式下各方法之间依靠变量或参数进行交互，各方法之间没有主次，且具有同等地位，各方法之间并行运行。并行模式主要有两种运行方式：第一种是共享公共变量（参数），如图 2.2（a）所示，方法 1 和方法 2 通过共享公共变量，相互作用，相互制约，相

互影响，如定性推理方法和定量方法通过共享参数相互作用[41]；第二种是在并行运行中，方法 1 的部分运算结果被方法 2 所使用，方法 2 的部分运算结果被方法 1 所使用，即一种方法的运行需要另一种方法提供部分参数或部分中间结果来支持，方法之间相互支持，相互制约，如图 2.2（b）所示。

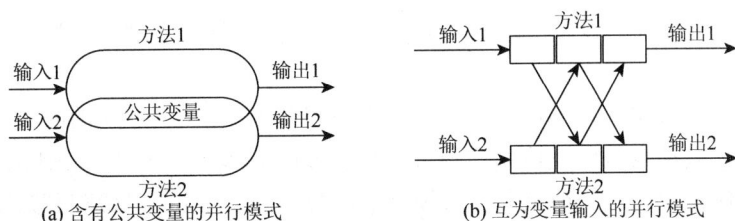

(a) 含有公共变量的并行模式　　　　　(b) 互为变量输入的并行模式

图 2.2　并行模式

3. 嵌入模式

嵌入模式是以一种方法或模型（a）为主导，另一种方法（b）的整体或部分功能为辅助，相互融合形成整体功能，如图 2.3 所示。嵌入模式有两种运行方式，第一种是加强一种方法的功能或能力，将其完全加入另一种方法的运行过程中，从而改进或加强它的功能或能力，如图 2.3（a）所示。例如，人水混合系统的系统动力学模拟模型中，用系统动力学模型描述人的习惯与水厂的产量、城市储水量等变量之间的演化关系，其中引用了河流水量的模型。该研究是将专业领域模型（河流水量模型）嵌入系统动力学微分方程中[37]。另一种是将一种方法的部分功能补充到另一种方法中，从而修补或加强它的功能或能力，如图 2.3（b）所示。例如，将定性模拟方法中的过滤方法嵌入元胞自动机模型中，用于对元胞自动机中元胞状态转移的筛选，从而选择合理的状态转移方向等[30]。

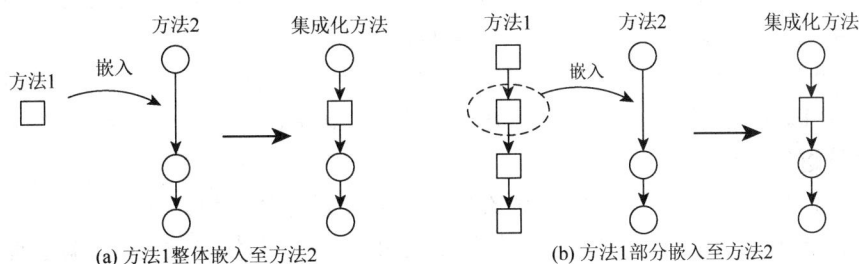

(a) 方法1整体嵌入至方法2　　　　　(b) 方法1部分嵌入至方法2

图 2.3　嵌入模式

2.2　计算实验方法

2.2.1　计算实验方法的概念

计算实验方法是一种以综合集成方法论为指导，融合了计算技术、人工智能、复杂系统理论、演化理论等，通过计算机可视化管理场景、微观主体的行为特征和相互关联，并在此基础上分析、揭示管理复杂性和演化规律的研究方法[42]。计算实验方法基于系统仿真或模拟方法，依据一定原则或规则，调整输入参数，对实验结果进行分析，提炼模式并总结规律，从而指导实践。在经济管理领域中，相比较单一的管理系统模拟，计算实验方法的应用意义更广一些。它不仅可以模拟或呈现真实场景，还可以模拟多种虚拟管理场景下的管理过程，通过对实验数据或结果进行分析和比较，辅助发现最优模式或寻找最优决策方案。

利用计算实验方法进行系统演化的研究，可以揭示演化系统深层次的内部机制和微观规律。这种方法近年来被广泛应用于经济管理领域的群体行为研究。相比其他模拟方法，基于 Agent 建模技术能较好地克服定量模型的不足，自底向上、从微观到宏观呈现演化现象[43]。从宏观角度来看，若都使用全连通网络，则基于 Agent 的实验方法和基于 Bass 模型（实质为微分动力方程）的宏观结论一致[44]；但从微观角度及推演过程来看，基于 Agent 的方法能描述异质消费者的微观接受行为[45]、细致地描述消费者沟通网络的拓扑结构特征（传统的 Bass 等聚合模型只能描述全连通的网络，即所有消费者之间都可以进行信息共享）[46]、微观透视个别消费者[47]（如位于网络中枢上的结点（hub）和意见领袖等在扩散中的作用）等。

2.2.2　计算实验框架

通常根据具体的研究问题，要选择合适的管理系统模拟方法和模式，即面向具体问题设计实验方案，并基于模拟系统获得相应的数据集，再利用统计等方法进行多方案结果的比较，从而筛选出最优方案，并形成相应的管理对策。

计算实验的框架如图 2.4 所示，它包括 6 个阶段。

（1）数据准备阶段。该阶段面向具体的研究问题，收集模拟系统输入数据，包括一手数据和二手数据（包含研究所得数据），形成数据集合。

（2）系统开发阶段。该阶段将形式化模型转化为仿真代码。

（3）系统运行阶段。该阶段包括仿真模型的验证和确认等过程，即保证计算模型能代表真实系统进行工作。

（4）数据分析阶段。该阶段将所产生的实验数据进行处理和分析。

（5）场景分析阶段。该阶段根据具体的案例和场景，分析实验数据，并验证研究假设，解释结论。

（6）规律发现阶段。该阶段根据实验所得数据，利用统计和对比分析方法发现演化规律，提出相关管理对策和治理方案。

2.2.3　计算实验模型实现的策略及工具平台

计算实验模型实现的策略有两种：一种是在已有的平台或软件基础上进行二次开发，嵌入必要的功能，即所有的功能单元在一个物理程序中实现[22, 30]；另一种是将各集成部

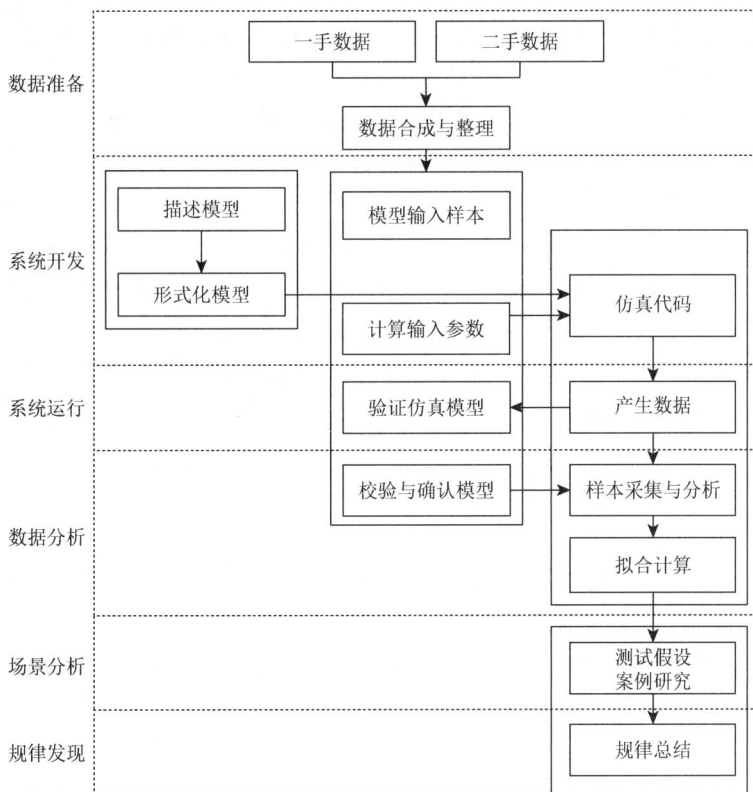

图 2.4　计算实验框架

分物理分离，再考虑利用分布式等方式集成[31]。这两种方式各有优缺点，主要表现在以下几个方面。

（1）数据接口方面。第一种实现策略中，所有的逻辑功能在一个平台上完成，容易实现数据的连接，这种方式不仅容易实现功能的集中管理，而且可以减少数据通信开销。第二种实现策略中，各逻辑功能可能分别在不同的物理功能或平台上实现，需要用专门的中间件或中间机制来连接，从而保证它们在分布式环境下进行通信。相比在一个平台上实现，这种分布式的实现方式更有难度，同时数据通信费用也会增加。

（2）系统实现难易程度方面。较之第二种策略，第一种策略更容易实现，不需要按中间件的标准去编写程序，直接通过一个平台上的内部系统之间简单的交互即可实现数据通信，模块的连接也较容易。

（3）运行效率和效果方面。随着系统功能的不断增加，系统的访问量也不断增加，因此，传统的单机集中式的计算模式的运算量和访问吞吐量不能满足需求，分布式计算方式将更受青睐，其计算效率更高。尤其是分布式可以实现多软件平台的集成，即充分发挥不同软件平台的长处，综合实现所需，其效果比单一平台的效果好很多。

（4）可扩展性方面。第一种策略下的集成产品多属于单机版，用于简单的应用场合，当集成方数据和操作者位于不同地方、时间异步时，这种产品的适用度较低。单机产品多用于实验室或部分人员的决策支持。相反，分布式的集成产品适用于使用者和数据来源在异地，且通信机制异步等情况，适用面广，适用度高。它不仅适用于实验室的研究和探索，也能直接用于管理实践，参与到分布式的运算中。

在基于 Agent 的实验系统中，都需要用 Agent 去表示个体，关于 Agent 的实现策略有两种。第一种是利用高级程序设计语言编程实现所需功能，包括图形、图像等输出。建模者可根据自己熟悉的语言进行开发，这种方法开发周期缺乏灵活性。第二种是基于现有 Agent 建模工具或平台，如 Swarm、Repast、Mason、NetLogo、AnyLogic 等，来实现所需功能。这些平台将许多常用功能和函数作为类库，开发者只需要了解类库接口，在编程中调用类库即可实现较多常用功能，尤其是图形、图像显示功能。部分平台也能与其他语言编写的程序进行连接，因此，越来越多的建模者考虑利用现有的平台。但各平台优缺点各异，使用者可根据具体的需要和偏好进行选择。

下面介绍几个常用的平台。

（1）Swarm。Swarm 是由圣菲研究所（Santa Fe Institute，SFI）开发的 Agent 建模工具，它是用 Objective-C 语言写成的。Swarm 有通用版权限制，安装不太容易，相比其他的平台，该平台学习和编程难度稍高，支持有限的图形用户接口，不能做成电影或视频动画。Swarm 最初只在 UNIX 操作系统和 X Window 系统下运行，1998 年推出了能在 Windows 上运行的版本，1999 年又推出了支持 Java 编程的版本，这使得 Swarm 应用范围越来越广[48]。

（2）Repast。Repast（recursive porous agent simulation toolkit）是由圣菲研究所开发的 Agent 免费工具套件，被广泛应用于复杂系统建模和仿真。相比其他模拟软件，如 Swarm、AnyLogic 等，它具有更好的开源性和系统集成等特点[49]。Repast 有基于 Java 和 .NET 的类库（该版本支持 C# 和 Visual Basic），还有一个支持 python 脚本语言的可视工具。两个类库具有相同的功能，即有相同的模型范例，有相同的事件驱动仿真引擎和其他可视菜单项，都能将数据收集在一个文件里，设置模型可视界面和运行机制参数的方法一样。Repast 具有通用版权限制，图形界面接口性好，能创建电影和动画效果，用户编程能力要求适中，能连接地理信息系统（geographic information system，GIS），跨平台性较好，可在 Windows、Mac OS X 和 Linux 等系统下运行。

（3）Mason。Mason 也是一个免费和开源的 Java 类库，有通用版权限制，可提供标准和 3D 可视类库，用户能将运行过程以电影形式记录下来，用户编程能力要求适中，能连接 GIS[50]。

（4）NetLogo。NetLogo 是一个基于 Logo 语言的完全免费的多智能体建模工具。它除了提供常规模型创建功能，还提供其他的工具（如系统动力学建模器，用于教育和研究），对用户编程能力要求较低，可以在 Windows、Mac OS X 和 Linux 等系统下运行。

（5）AnyLogic。AnyLogic 是一个不开源的建模工具，有版权限制，易学易用，图形功能较强。它能从事 Agent 建模，也能进行其他方面的建模工作，如离散事件模拟、系统动力学模拟等。该工具应用较广，其新版本的可视化和模块化功能较好，方便开发者在平台上快速建模。

有学者对现有建模工具进行了对比[51]，但由于建模工具的功能在不断升级，想要更好地了解新版工具的特点，还需查阅相关的资料并实际体验，如查阅建模平台自带的教程和使用手册等。

2.2.4　计算实验模型的验证与确认

1. 验证与确认的基本概念

一般仿真和模拟模型需要经过验证（verification）与确认（validation）等环节。仿真和模拟模型的有效验证与确认是一个难题[52, 53]。验证是判断所建模型能否正确反映理论模型。确认是考察模拟模型能否代表所模拟的实际系统，保证模拟系统的运行结果与真实系统的现象一致。

2. 验证与确认的原理及方法

计算实验模型的验证是指计算实验模型与真实场景或情景的相似度，通过检验和反复调整，以保证计算实验模型与实际管理情节和情景在功能和逻辑上一致。计算实验模型的验证通过调试所开发的系统，使系统的输入和输出符合逻辑过程，从而使得实验程序能按真实管理的逻辑过程运转，正确反映理论模型中各因果变量之间的逻辑关系、各参数之间的数量关系，以及对模型的简化和假设等，最终确信在计算机上运行实验程序能够再现和代替理论系统内在的逻辑和数量关系，进而代表实际系统。计算实验模型的确认是检验所建模型能否真正代表实际系统的过程。确认的方法分为定量和定性两种。

2013 年，美国雪城大学（Syracuse University）的萨金特（Sargent）教授提出了仿真模型验证与确认的一般范式，即模型的验证与确认需要经过概念模型的确认、计算模型的验证和运行确认[54]。2015 年，克里斯琴·施图默尔（Christian Stummer）等又提出了通过执行概念确认、内部确认、微观确认、宏观确认等步骤来完成模型的确认过程[55]。关于社会系统仿真的验证和确认的方法还在进一步探索中。

模拟系统验证方法主要为模拟程序的调试，这实质上是一种软件调试方法，如利用代码优化、增加标志变量、增加调试开关变量、使用单步调试和单元调试等方法[56]。

定量的模型确认方法可分为敏感性分析和经验数据比照两种方法[57]。敏感性分析是通过参数调整，获取输出，来比较理论或常识与实验模型之间是否匹配，进而判定假设成立与否。该方法通常利用一些"特殊情况或示例"进行确认。例如，在知识共享博弈场景下，当参与者合作所得利益明显高于背叛所得利益时，群体演化的结果就应该合作明显占优。经验数据比照方法中的一种是比较模型数据与经验数据，这种方法效果更好。例如，将技术扩散场景所得实验数据与经典的扩散数据或方程进行对比，如与逻辑斯谛曲线、S型曲线、幂律曲线等进行拟合分析，如果拟合度较高，说明所使用的实验系统能代替技术扩散场景，即代替真实的系统进行扩散行为的分析。经验数据比照方法中的另一种是将模型数据与采集到的实证数据进行对比分析，这种方法的效果较好，但存在一定的难度。例如，对湖泊数据的采集，通过多阶段和多次的收集得到真实的一手数据，用于与实验所得数据进行对比分析，从而校正实验模型和实验系统，以保证实验模型和实验系统能代表真实系统[58]。

定性的模型是通过非数值方法进行确认的。关于定性确认，没有一个统一的标准，但基本步骤如下：

步骤 1，选取或设计研究对象的一个示例。

步骤 2，针对该示例，设计朴素实验方案，即设计多个极端情况下的输入组合。

步骤 3，模拟运行得到相应输出。

步骤 4，将输入和输出与以下两种情形进行比较：第一种是现实场景中的实际现象和经验知识；第二种是本领域相关理论中经典模型结果的趋势[39]。

在计算实验系统中，可以通过设置插入标志变量、增加调试开关变量、使用单步调试、边测试和黑盒测试等方法，保证模拟系统功能和逻辑的正确性。例如，在 NetLogo 平台上编程实现的系统，可以通过 Show 方法得到变量的中间值，从而判断系统运行是否正常，即实验系统是否能得到确认。

2.3　在线协同服务中群体行为演化的计算实验思路

2.3.1　协同决策工作过程中群体行为演化的计算实验思路

1. 协同决策工作过程中的群体行为

在线或移动服务链上，服务商之间决策存在竞争和合作关系。面向具体的市场环境，不同的服务商根据自己掌握的信息做出相应的决策。当服务商之间是竞争关系时，在每一个决策时刻点，各服务商会根据经验信息和其他服务商的历史决策进行决策；当服务商之间是合作或协同关系时，服务商协同决策，一起推进服务。

2. 协同决策工作过程中群体行为演化的计算实验思路分析

图 2.5 所示为集成多智能体和优化机制的服务链决策过程。用 Agent 代表服务链中的各服务商，用优化算法对 Agent 的优化决策空间求解。

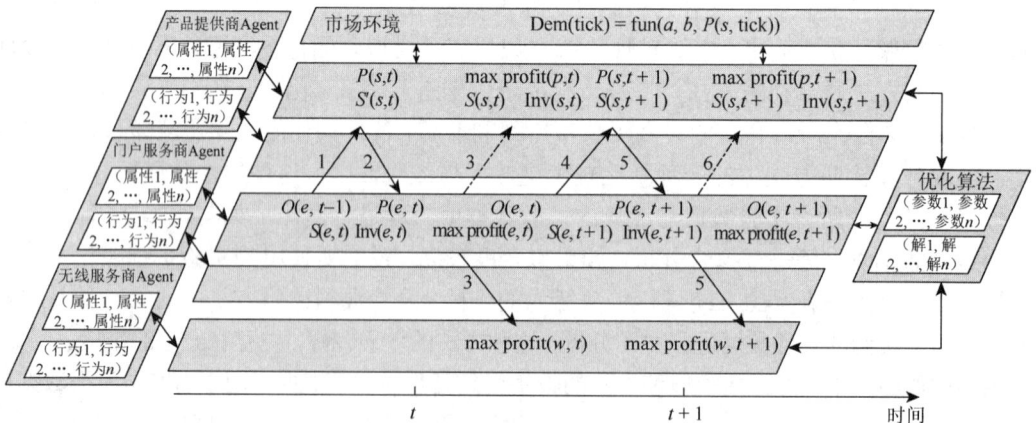

图 2.5　基于多智能体和优化模型的协同决策计算实验

P 为线上价格，S 为线下价格，Inv 为库存成本，O 为订单量，profit 为利润，Dem 为市场需求

该集成方法属于并行式集成模拟模式，即服务商 Agent 将参数送给优化算法，优化算法得到最优解后，再返回给服务商 Agent。各服务商 Agent 按服务运作流程进行工作（箭头表示运作方向，数字表示运作顺序），根据各参数利用优化机制求解其利润函数，以便合理决策。在第 t 期，门户访问服务提供商 Agent 根据上期的决策数据及当前市场需求，调用优化算法进行寻优，将决策结果传递给其他服务商 Agent，接收到数据的服务商 Agent，结合自己的信息，也利用优化算法求得相关数据，并做出相应决策，再将决策结果传递给其他服务商 Agent……一轮后，进入下一期（第 $t+1$ 期）模拟。

2.3.2 协同管理工作过程中群体行为演化的计算实验思路

1. 协同管理工作过程中的群体行为

在线服务提供中，多服务商之间的联盟和协作有利于减少成本，提高利润。在联盟管理过程中，要动态观察服务商个体与工作之间的关系，从而进行协调管理。个体在决策时，受工作要求和与其有关联的个体的影响，因此，个体与工作之间形成互动，多个体之间也有学习和互动。工作的执行过程，是个体之间、个体与任务之间复杂的互动过程。

2. 协同管理工作过程中群体行为演化的计算实验思路分析

图 2.6 为基于 Agent 与进化博弈方法的协同管理工作中群体行为的计算实验思路。该集成方法为嵌入式集成模拟方法，用 Agent 表示加盟服务商，用进化算法描述 Agent 之间相互博弈的规则和相互学习的方法，为呈现电子商务服务商联盟协同管理工作，将进化学习算法嵌入 Agent 中。图 2.6 中，Agent 为博弈个体，有自己的决策类型，有一定的博弈学习规则及其他属性。模拟时，Agent 按规则与其他 Agent 进行配对博弈。例如，根据对方上期（第 $t-1$ 期）的博弈行为和自己的历史信息决策，在当期（第 t 期）选择具体的博弈行为。当所有的 Agent 做出反应后，系统基于博弈矩阵，求得各 Agent 的博弈利润集合，并分别返回给各 Agent 保存。此时，系统推进模拟时钟，进入下一期（第 $t+1$ 期）模拟，并重复上述模拟过程。

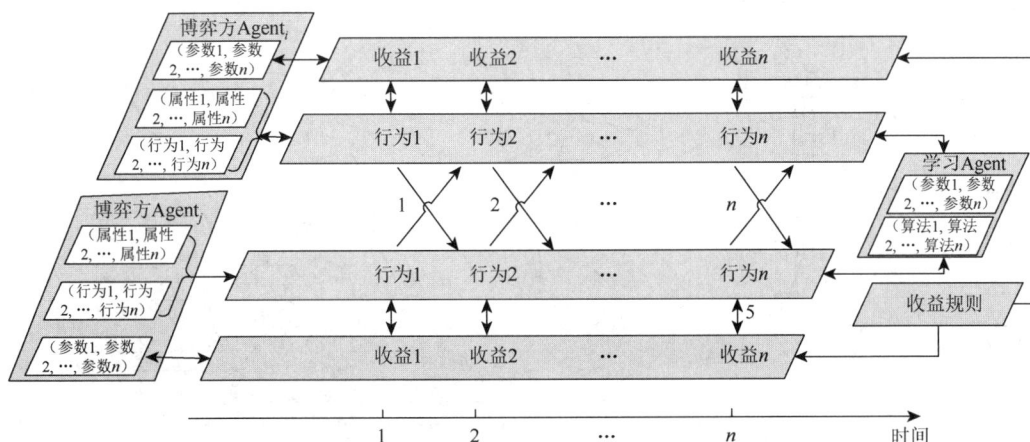

图 2.6 基于多智能体和进化博弈的协同管理过程计算实验

2.3.3 协同事务工作过程中群体行为演化的计算实验思路

1. 协同事务工作过程中的群体行为

一些规模较小的服务商在提供在线服务时，需要动态利用现有人力资源，高效实施人-任务的匹配工作。而当多个小规模团队或服务商协同完成任务作业时，也需要在多个服务商之间进行任务的动态调配。因此，在一些中小型组织或多个小规模团队协同工作的场景中，通常一个人可以同时充当多个角色，一项工作或一个任务可以由多个角色完成，此时需要对工作个体和任务进行动态分配。

2. 协同事务工作过程中群体行为演化的计算实验思路分析

图 2.7 为协同事务工作中群体行为的计算实验思路。该方法用 Agent 表示角色，每一个 Agent 都有多维能力向量和工作激情维等属性，任务的到达为离散过程。在第 t 期，管理者根据自己的偏好（注重能力或注重工作激情）、任务的数量及任务的能力需求（每项任务需要的能力不一样），组织角色 Agent 执行任务。一个角色在时间和精力都允许的情况下可同时参与几项任务的执行，即一个或多个角色 Agent 执行一项任务。图 2.7 中，在模拟的初期（第 1 期），任务 1 由角色 $Agent_2$、$Agent_3$ 和 $Agent_4$ 共同执行，任务 2 由 $Agent_1$、$Agent_2$ 和 $Agent_4$ 共同执行……任务 m 由角色 $Agent_1$ 和 $Agent_n$ 执行。在执行任务的时候，各 Agent 除了自我学习，还向任务团队中其他 Agent 学习，各角色 Agent 之间也会进行交流和学习。Agent 能力的提升主要源于其他 Agent 能力是否强于自我很多，且其他 Agent 是否愿意传授或传递知识。而没被分配任务的 Agent，由于自然忘记或没有练习，能力会有不同程度的衰减。随着模拟时间向前推进，在新一期，新任务到达，角色 Agent 集合被重新组合，并分配不同的任务，Agent 集合中的各 Agent 能力有增有减，因此，员工协同工作时表现出来的行为是一个动态的演化过程。

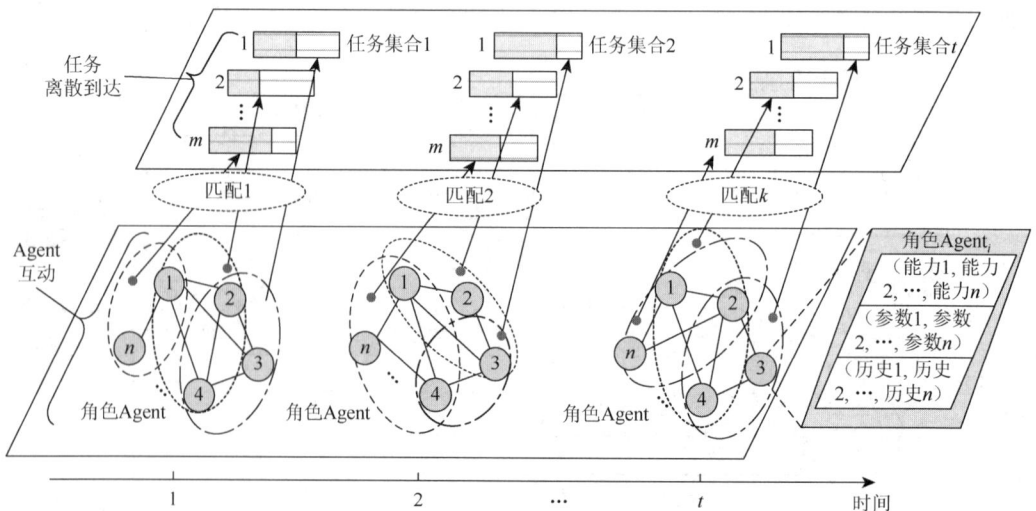

图 2.7 基于多智能体和匹配算法的协同工作过程计算实验

2.3.4　协同用户归属转移过程中群体行为演化的计算实验思路

1. 协同用户归属转移过程中的群体行为

每个用户可能只使用一个服务商旗下的服务，也可能使用归属于两个服务商的服务。在服务使用过程中，用户可能转向使用同服务商的不同服务或其他服务商的服务，甚至放弃原来的服务，发生归属转移。在转移过程中，用户受到多方面的影响，有其自身对服务价值的判断，也有他人的推荐或榜样示范作用，还有来自社会规范的力量的作用，用户之间存在参考或推荐等方面的行为。

2. 协同用户归属转移过程中群体行为演化的计算实验思路分析

图 2.8 所示为基于多智能体和复杂网络的在线用户归属转移的计算实验思路。系统中存在多类对象，如用户/消费者、服务商、提供商等，该方法用 Agent 代表各对象，因此，系统中存在消费者 Agent、服务商 Agent、提供商 Agent 等。将消费者 Agent 置于交互网络上，消费者 Agent 可以依据一定规则进行交互，并改变其状态。

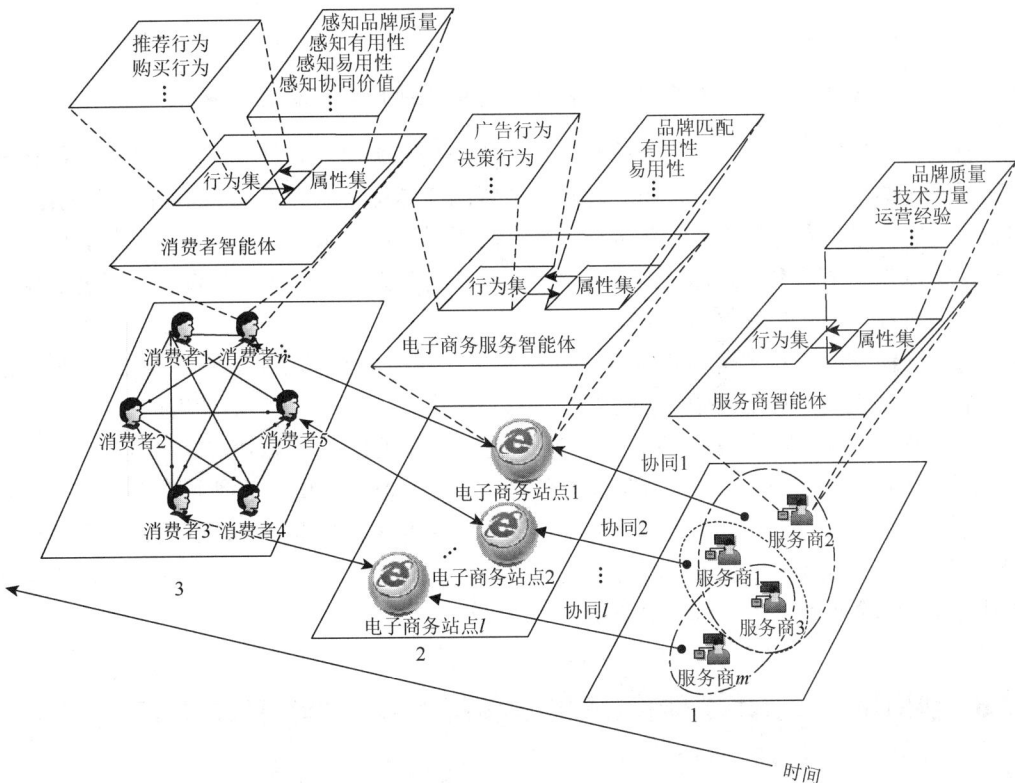

图 2.8　基于多智能体和复杂网络的在线用户归属转移计算实验

　　该计算实验通过实证方法构建交互规则，即通过构建用户接受模型、实证分析得到路径系数和回归方程，并利用路径系数构建各因素之间的关系（Agent 个体的属性值之间的关系），结合历史策略和邻域 Agent 的策略，来触发状态改变；通过调研、文献分析和真实网络数据的提取，得到消费者交互网络的结构特征和增长规律等。将 Agent 映射到网络上，一个 Agent 对应一个结点，Agent 之间的交互依据为是否存在连接关系，以及通过一定的学习算法，模仿和学习邻域 Agent 的策略或行为。

2.3.5　协同服务商-消费者交互过程中群体行为演化的计算实验思路

1. 协同服务商-消费者交互过程中的群体行为

　　为满足消费者的多元化需求并应对激烈的市场竞争，电子商务服务商会进行协同服务，动态改变管理策略，并通过学习不断改进价格、技术和品牌等策略，以此服务创新。

　　面向电子商务协同服务，消费者除有自己的购物体验，能感知电子商务服务商的品牌协同和技术协同等方面的服务能力和质量外，还受其他与自己有关联的消费者的口碑影响，以及信息媒介的宣传和广告的影响。消费者之间形成了一种具有某种特殊结构的网络，网络结点上的消费个体的购物状态（在购、待购和休眠）随时间的推移不断转移，消费者对其他消费者的口碑和推荐传播效果不断改变，消费者的归属受多因素的影响可能发生转移行为。

2. 协同服务商-消费者交互过程中群体行为演化的计算实验思路分析

　　随着市场环境的变化，消费群体网络结构也在动态调整，消费群体与服务商之间构成了交互演化的格局。服务商根据市场环境、消费网络结构及消费者购物动向形成决策，即实施不同的价格、品牌、技术创新策略。该方法用无标度复杂网络算法产生网络，网络上每一个结点为一个消费者，即一个消费者 Agent。面对服务商的诸多措施，消费者实施不同的购物决策，即消费者的状态发生改变。

　　消费群体与服务商之间随着时间的推移而交互演化，如图 2.9 所示。图 2.9 中，$P(t)$ 为价格和促销强度，$B(t)$ 为品牌协同程度，$TC(t)$ 为技术协同程度。消费者网络中，Agent 个体的状态有三种，即待购态（人数用 $OL(t)$ 表示）、在购态（人数用 $SP(t)$ 表示）、休眠态（人数用 $SD(t)$ 表示）。$max\_prof(t)$ 为服务商的最优化收益，其值由三种状态的人数及其相应力度所决定，即在第 t 期，服务商根据第 $t-1$ 期的市场和成本情况，利用优化算法对价格、品牌和技术力度进行决策；消费者根据服务商的管理策略、邻域消费者的口碑或推荐等因素综合形成购物决策，即选择购物、休眠或不购。

2.3.6　协同用户知识共享/转移过程中群体行为演化的计算实验思路

1. 协同用户知识共享/转移过程中的群体行为

　　社会媒体的出现，催生了社会化电子商务，而社会媒体对电子商务绩效具有重要

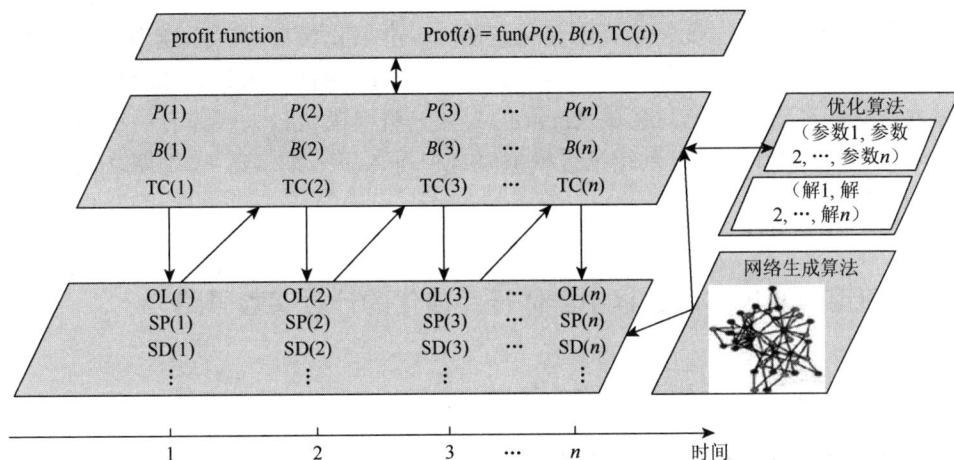

图 2.9　基于多智能体和优化算法的在线交互行为计算实验

作用。在社会化商务中，用户通过社交平台发表评论，用户间相互交流从而形成电子口碑，对促进销售绩效的提升具有重要作用。电子口碑的产生和传播，实质上是商品或服务等相关知识的产生、分享、转移。而用户是否进行知识共享或分享，需要视个体、群体、沟通环境等因素的影响，用户的知识转移过程是群体进行知识共享决策行为演化的过程。

2. 协同用户知识共享/转移过程中群体行为演化的计算实验思路分析

该方法用 Agent 表示用户，用进化算法描述 Agent 之间相互博弈的规则及相互学习的方法，为呈现用户演化博弈过程，将进化学习算法嵌入 Agent 中。基于多智能体和博弈的知识共享/转移过程的计算实验思路如图 2.10 所示。图 2.10 中，每个 Agent 都有自己的决策类型，都有一定的博弈学习规则及其他属性。模拟时，Agent 按规则与在网络中具有连接关系的其他 Agent 进行配对博弈，根据对方第 $t-1$ 期的策略，以及自己的收益、第 $t-1$ 期

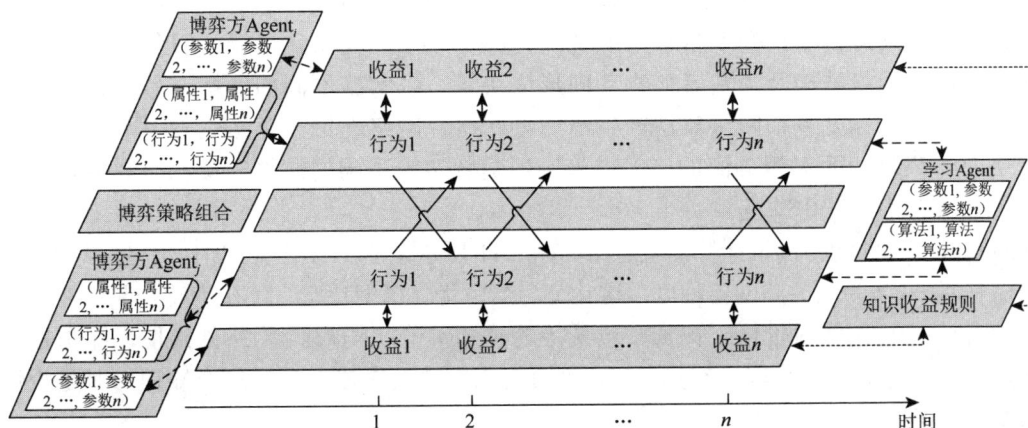

图 2.10　基于多智能体和博弈的知识共享/转移过程计算实验

27

的策略和策略组合，做出策略选择。当所有的 Agent 做出反应后，系统基于得益矩阵，求得各 Agent 的博弈利润集合，并分别返回给各 Agent 保存。所有的 Agent 进行学习，调整策略组合，即对比自己与邻域 Agent 的收益，概率模仿最大收益者的策略组合（策略路径），并对其进行更新。系统推进模拟时钟，进入下一期（第 $t+1$ 期）模拟，并重复上述模拟过程。

2.3.7 协同用户知识扩散过程中群体行为演化的计算实验思路

1. 协同用户知识扩散过程中的群体行为

社会媒体对电子商务绩效具有重要作用。用户可以根据自己的购物体验在社交平台发表评论，即形成电子口碑；而用户在购物时，会参考在线评论及相关用户的口碑。同时，用户也会依据自己对商品品质、价格等方面的感知，形成综合的感知和判断，进而选择是否购买和是否产生评价。用户的购物决策受自己和他人的影响，购物是一个知识转移和扩散的过程。

2. 协同用户知识扩散过程中群体行为演化的计算实验思路分析

社会化商务环境下，由于不同电子商务服务商能提供相同或同类产品，服务商之间存在竞争。为了提高竞争力，不同服务商可能采取不同的策略。例如，有些服务商进行服务创新，提高服务质量和服务能力；有些服务商进行产品技术革新，改进产品功能和技术品质；还有些服务商从营销角度出发，进行降价促销、媒体宣传等活动。不同时间和阶段，服务商的服务策略是不一样的，他们会根据消费群体的现状和竞争对手的实力等方面进行策略选择和策略更新。

消费群体存在于社交网络之中，消费者之间依靠交流、沟通、互动等形成连接关系，即社交网络中的边。边上的消费者可以进行交流和口碑传播，消费者自己也可以感知社交媒体的电子口碑。消费者随着市场环境的变化而变化，而消费群体网络结构也在进行着动态调整，消费群体与服务商之间构成了交互演化格局。服务商根据市场环境、消费网络结构及消费者购物动向形成决策，以实施不同的价格、品牌、技术创新策略。用无标度复杂网络算法产生消费者网络，网络上每一个结点为一个消费者，用 Agent 表示。面对服务商的诸多措施，消费者实施不同的购物决策，即消费者的几种购物状态不断发生改变。

消费群体的购物决策计算实验思路如图 2.11 所示。图 2.11 中，$P(t)$ 为价格，$X(t)$ 为市场占有率，$V(t)$ 为服务和创新程度，这几个参数由优化模型决定。$PS(t)$ 为感知品牌在市场中的占有；$PV(t)$ 为对价格、评价、质量等的感知价值；$NE(t)$ 为网络外部性，即由社会媒体获得的电子口碑程度。在第 t 期，消费者依据这几个参数形成综合知识，对是否购买做出决策。

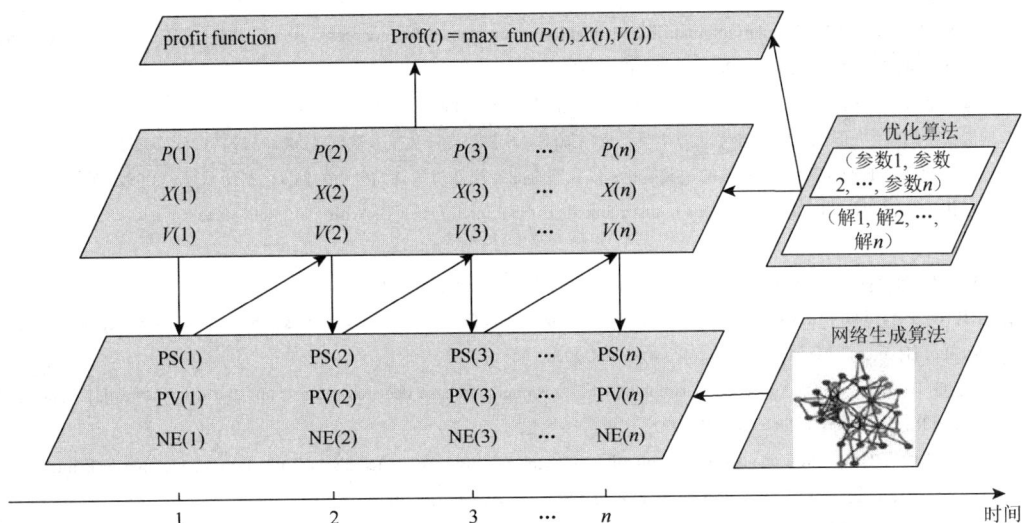

图 2.11　基于多智能体和优化模型的在线知识扩散计算实验

2.4　本　章　小　结

在线协同服务中的群体行为表现为一类复杂群体现象,需要利用复杂系统建模方法和工具进行描述和呈现。利用基于管理系统模拟的计算实验方法,能模拟在线协同服务中的群体交互过程,也能探索在线协同服务中群体行为的演化规律。本章首先介绍了管理系统模拟的概念和一般模式,包括系统、管理系统、管理系统模拟的概念及其关系,以及管理系统模拟的一般模式。其次介绍了计算实验的原理和方法,包括计算实验方法的概念、特点和与其他管理研究方法的区别,尤其是与仿真和模拟方法的区别;通过与 Swarm、Repast、Mason、NetLogo 和 AnyLogic 等多个流行 Agent 建模工具进行比较,简述了系统验证与确认的原理及方法。最后阐述了在线协同服务中群体行为的演化计算实验思路,为后续章节描述在线协同服务中群体行为的内在结构以及探索不同实验场景下群体行为的规律和演化机理奠定了基础。

本章参考文献

[1]　钱学森. 论宏观建筑与微观建筑[M]. 杭州:杭州出版社,2001:7-11.

[2]　胡斌,胡晓琳. 管理系统模拟[M]. 北京:科学出版社,2017:1-5.

[3]　CHIU M L. An organizational view of design communication in design collaboration[J]. Design Studies,2002,23(2):187-210.

[4]　王飞跃. 关于复杂系统研究的计算理论与方法[J]. 中国基础科学,2004,6(5):3-10.

[5]　DE KLEER J,BROWN J S. A quanlitative physics based on confluences[J]. Aritificial Intelligence,1984,24(1-3):7-83.

[6]　FORBUS K D. Qualitative process theory[J]. Artificial Intelligence,1984,24(1-3):85-168.

[7]　KUIPERS B. Qualitative simulation[J]. Artificial Intelligence,1986,29(3):289-338.

[8]　IWASAKI Y,SIMON H A. Causality in device behavior[J]. Aritificial Intelligence,1986,29(1):3-32.

[9]　HU B,XIA G C. Integrated description and qualitative simulation method for group behavior[J]. Journal of Artificial Societies and Social Simulation,2005,8(2):1-20.

[10] HU B，ZHANG D B. Cellular-automata based qualitative simulation for nonprofit group behavior[J]. Journal of Artificial Societies and Social Simulation，2006，10（1）：1-20.

[11] 胡斌，董升平. 人群工作行为定性模拟方法[J]. 管理科学学报，2005，（2）：77-85.

[12] 蒋国银，胡斌. 人群工作协同进化动力学模型及模拟[J]. 科学学与科学技术管理，2008，29（12）：151-156.

[13] 孙虹，徐康宁. TMT组合属性视角的决策解析：以我国企业专用性投资行为分析为例[J]. 科研管理，2009，30（1）：56-64.

[14] CHAIB-DRAA B，MOULIN B. Trends in distriubuted artificial intelligence[J]. Aritificial Intelligence Review，1992，6（1）：35-66.

[15] GILBERT N. Agent-based models[M]. Los Angeles：SAGE Publications，2008：1-20.

[16] SCHENK T A，LOFFLER G，RAUH J. Agent-based simulation of consumer behavior in grocery shopping on a regional level[J]. Journal of Business Research，2007，60（8）：894-903.

[17] ZHANG T，ZHANG D. Agent-based simulation of consumer purchase decision-making and the decoy effect[J]. Journal of Business Research 2007，60（8）：912-922.

[18] DONG S P，HU B. Multi-agent Based simulation of team effectiveness in team's task process：A member-task interaction perspective[J]. International Journal of Simulation and Process Modelling，2008，4（1）：54-68.

[19] LOUTA M，ROUSSAKI I，PECHLIVANOS L. An intelligent agent negotiation strategy in the electronic marketplace environment[J]. European Journal of Operational Research，2008，187（3）：1327-1345.

[20] 陈巍，等. 基于多Agent的协同商务协调机制[J]. 计算机集成制造系统，2003，9（5）：390-394.

[21] 祝玉学. 物理系统的元胞自动机模拟[M]. 赵学龙，译. 北京：清华大学出版社，2003：11-12.

[22] SCHELLING T C. Dynamic models of segregation[J]. Journal of Mathematical Sociology，1971，1：143-186.

[23] HEGSELMANN R，FLACHE A. Understanding complex social dynamics：A plea for cellular automata based modelling[J]. Journal of Artificial Societies and Social Simulation，1998，3（1）：11-12.

[24] KIRCHKAMP O. Spatial evolution of automata in the prisoners' dilemma[J]. Journal of Economic Behavior and Organization，2000，43（2）：239-262.

[25] MESSICK D M，LIEBRAND W B G. Individual heuristics and the dynamics of cooperation in large groups[J]. Psychological Review，1995，102（1）：131-145.

[26] 应尚军，魏一鸣，蔡嗣经. 基于元胞自动机的股票市场投资行为模拟[J]. 系统工程学报，2001，16（5）：382-388.

[27] WEI Y M，YING S J，FAN Y G. The cellular automaton model of investment behavior in the stock market[J]. Physica A，2003，325（3-4）：507-516.

[28] ZUPAN N. Using cellular automata to simulate electronic commerce receptivity in small organisations[J]. Technological Forecasting & Social Change，2007，74（6）：798-818.

[29] 戴汝为. 21世纪组织管理途径的探讨[J]. 管理科学学报，1998，1（3）：1-6.

[30] 胡斌，殷芳芳. 集成CA与QSIM的非正式组织群体行为演化的定性模拟[J]. 中国管理科学，2005，13（5）：130-136.

[31] 董升平，胡斌. 人-任务互动的并行集成模拟[J]. 系统工程理论与实践，2009，29（8）：127-133.

[32] WU T，HU B. Qualitative simulation on dynamic process of organizational culture[J]. Journal of System Simulation，2008，20（19）：5301-5305.

[33] BASU N，PRYOR R，QUINT T. ASPEN：A microsimulation model of the economy[J]. Computational Economics，1998，12（3）：223-241.

[34] 宣慧玉，等. 一个基于离散事件仿真的Multi-Agent经济仿真模型[J]. 信息与控制，2002，31（1）：84-88.

[35] HU B，CHEN M Y，Defersha F M. An integrated method for multiobjectives cell formation in cellular manufacturing systems[J]. International Journal of Manufacturing Technology and Management，2007，11（3-4）：355-372.

[36] KWON O，IM G P，LEE K C. MACE-SCM：A multi-agent and case-based reasoning collaboration mechanism for supply chain management under supply and demand uncertainties[J]. Expert Systems with Applications，2007，33（3）：690-705.

[37] 左其亭. 人水系统演变模拟的嵌入式系统动力学模型[J]. 自然资源学报，2007，22（2）：268-274.

[38] 李昊，戴金海. 基于Agent的建模与仿真和离散事件仿真的集成应用研究[J]. 系统仿真学报，2006，18（z2）：116-119.

[39] 胡斌，蒋国银. 管理系统集成模拟原理与应用[M]. 北京：高等教育出版社，2010：75-81.

[40] 梁昌勇. 基于定性推理理论的智能决策支持系统研究[D]. 哈尔滨：哈尔滨工业大学博士论文，2001：23-28.

[41] BONARINI A，MANIEZZO V. Integrating qualitative and quantitative modeling[J]. International Journal of Expert Systems，1991，4（1）：51-70.

[42] 盛昭瀚，张维. 管理科学研究中的计算实验方法[J]. 管理科学学报，2011，14（5）：1-10.

[43] KIESLING E，et al. Agent-based simulation of innovation diffusion：A review[J]. Central European Journal of Operations Research，2012，20（2）：183-230.

[44] YU T Y，GONG X G，XIAO R B. Modelling and simulation of new product diffusion with negative appraise based on system dynamics：A comparative perspective[J]. International Journal of Computer Applications in Technology，2010，37（3/4）：268-278.

[45] DELRE S A，JAGER W，JANSSEN M A. Diffusion dynamics in small-world networks with heterogeneous consumers[J]. Comput Math Organ Theor，2007，13（2）：185-202.

[46] KUANDYKOV L，SOKOLOV M. Impact of social neighborhood on diffusion of innovation S-curve[J]. Decision Support Systems，2010，48（4）：531-535.

[47] VAN ECK P S，JAGER W，LEEFLANG P S H. Opinion leaders' role in innovation diffusion：A simulation study[J]. Journal of Product Innovation Management，2011，28（2）：187-203.

[48] 丁浩，杨小平. SWARM：一个支持人工生命建模的面向对象模拟平台[J]. 系统仿真学报，2002，14（5）：569-572.

[49] NORTH M J，COLLIER N T，VOS J R. Experiences creating three implementations of the Repast agent modeling toolkit[J]. ACM Transactions on Modeling and Computer Simulation，2006，16（1）：1-25.

[50] LUKE S. Mason：A Java multi-agent simulation enviroment[J]. Simulaton：Transactions of the Society for Modeling and Simulation International，2005，81（7）：517-527.

[51] RAILSBACK S F，LYTINEN S L，JACKSON S K. Agent-based simulation platforms：Review and development recommendations[J]. Simulation：Transactions of the Society for Modeling and Simulation International，2006，82（9）：609-623.

[52] FAGIOLO G，MONETA A，WINDRUM P. A critical guide to empirical validation of agent-based models in economics：Methodologies，procedures and open problems[J]. Computational Economics，2007，30（3）：195-226.

[53] YILMAZ L. Validation and verification of social processes within agent-based computational organization models[J]. Computational & Mathematical Organization Theory，2006，12（4）：283-312.

[54] SARGENT R G. An introduction to verification and validation of simulation models[C]//Proceedings of the Simulation Conference（WSC）：2013 Winter. Washington DC：IEEE，2013：8-11.

[55] STUMMER C，et al. Innovation diffusion of repeat purchase products in a competitive market：An agent-based simulation approach[J]. European Journal of Operational Research，2015，245（1）：157-167.

[56] RAMANATH A M，GILBERT N. The design of participatory agent-based social simulations[J]. Journal of Artificial Societies and Social Simulation，2004，7（4）：1-20.

[57] GILBERT N. Agent-based models[M]. London：SAGE Publications，2008：44-46.

[58] 盛昭瀚，金帅. 湖泊流域系统复杂性分析的计算实验方法[J]. 系统管理学报，2012，21（6）：771-780.

应 用 篇

第 3 章　协同决策工作中群体行为演化

3.1　服务链竞争和协同决策工作机制的研究假设

图 3.1 为 B2C 电子商务模式的一种——基于移动终端的移动 B2C 销售模式,如书籍、服饰等商品的销售。

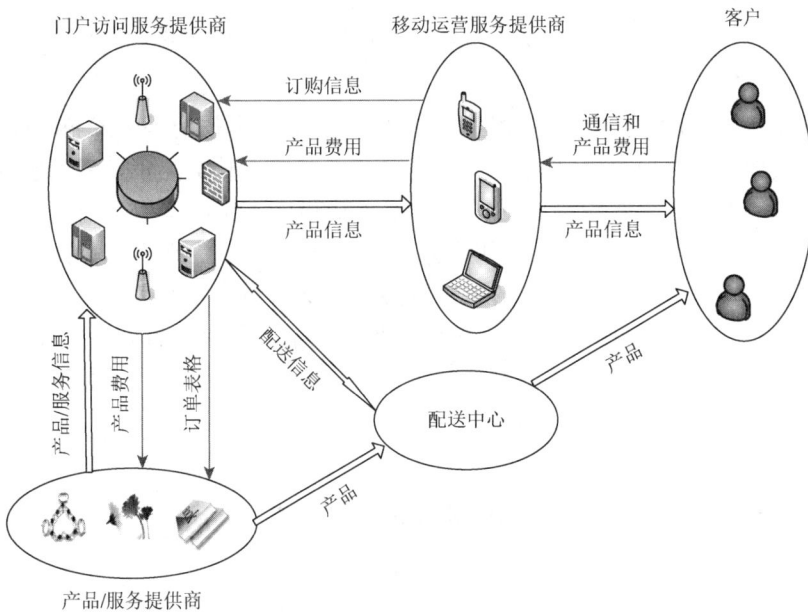

图 3.1　基于实物服务的移动电子商务服务运作过程

这种销售模式主要包括 4 个步骤。首先,用户通过使用移动设备,连接门户访问服务提供商站点进行商品选择,并下订单。其次,门户访问服务提供商接收到订单,进行订单检查和验证,若验证通过,则通知用户支付(扣除手机话费或其他支付方式);否则,取消订单。再次,用户收到订单验证结果,对通过的订单按订单所要求的款项进行付款;对没通过的订单可以进行修正,并重新进入下订单环节;否则将视为放弃。最后,对已经付款的订单,门户访问服务提供商组织货源,若库存不够,则向产品/服务提供商下订货单,产品/服务提供商根据库存和生产能力确认订单,期末将货物配送给移动用户。

上述过程中,存在几个关键的服务商,包括门户访问服务提供商、产品/服务提供商和移动运营服务提供商。这些服务商之间有三种最基本的运作形式,即由门户访问服务提

供商发起的 pull 模式、由产品/服务提供商发起的 push 模式和由各实体共同决策的协同工作模式。本章将分析上述三种模式的定价、库存、订单量、利润和风险的动态演化决策问题。

假设各服务商能长期合作，服务活动是一个连续的过程。在不同的驱动机制下，服务活动为多阶段过程。因此，整个服务运作过程中，服务商的决策为一个多阶段、多周期的运作问题。为便于分析，假定：

（1）终端产品服务的销售价格与客户需求相关；

（2）各服务商的最大库存和生产能力已知；

（3）各服务商的最小利润限制已知。

基于这些假设，本章将设计各服务商多阶、多周期的利润优化模型，最优目标是利润最大，同时耗费最小。

3.2 基于优化方法的竞争和协同决策模型建立

在移动服务链中，所有的服务商将通过增加销售、收取补偿费等方式获取最大化收入，同时减少各类成本以降低支出。门户访问服务提供商的收入构成为消费者销售收入和订单不能执行的惩罚费用，而支出构成为向产品/服务提供商支出的费用及向移动运营服务提供商支出的移动服务费和其他费用（如库存、维护费等）。产品/服务提供商的收入构成为门户访问服务提供商提供产品/服务的销售费用，而支出构成为库存、生产、订单不能履行的惩罚等费用。移动运营服务提供商的收入构成为给其他服务商提供运营服务的收费，而支出构成为运营和维护设备的费用等。本节中将建立 pull、push 和协同运作的优化模型，模型中用到的主要参数如表 3.1 所示。

表 3.1　模型中的主要参数

参数	说　明
P	$P(e, t)$为第 t 期门户访问服务提供商产品/服务销售价格 $P(s, t)$为第 t 期产品/服务提供商产品/服务销售价格
S	$S(e, t)$为第 t 期门户访问服务提供商产品/服务销售量 $S(s, t)$为第 t 期产品/服务提供商产品/服务销售量
Inv_uc	Inv_uc(e, t)为第 t 期门户访问服务提供商单位库存成本 Inv_uc(s, t)为第 t 期产品/服务提供商单位库存成本
Inv	Inv(e, t)为第 t 期门户访问服务提供商库存量 Inv(s, t)为第 t 期产品/服务提供商库存量
Cap_i	Cap_i(e, t)为第 t 时刻门户访问服务提供商库存限制量 Cap_i(s, t)为第 t 时刻产品/服务提供商库存限制量
Cap_prd	产品/服务提供商产品生产量
Total_Dem(t)	第 t 期总的市场需求量
Dem(e, t)	第 t 期指定门户访问服务提供商在 Web 门户站点上的市场需求量
Prd(s, t)	第 t 期生产产品的单位成本
Pre(e, t)	第 t 期门户访问服务提供商的吸引度

参数	说　明
Cs(e, t)	第 t 期门户访问服务提供商不能满足消费需求的单位补偿支出（一些补偿措施，如优惠券等）
O_uc(e, t)	第 t 期门户访问服务提供商单位订货成本
O(e, i)	第 t 期门户访问服务提供商单位订货量
Cod(e, t)	第 t 期产品/服务提供商单位库存缺货补偿费用
M_uc(m, t)	第 t 期移动运营服务提供商向客户收取的单位服务费（如以流量计算）
M_fc(m, t)	第 t 期移动运营服务提供商向客户收取的固定服务费
M_tc(m, t)	第 t 期移动运营服务提供商总的服务费用

3.2.1　门户访问服务提供商发起的 pull 模式

由门户访问服务提供商发启的 pull 模式，是一个两阶段的竞争机制。第一阶段，门户访问服务提供商收到客户需求，基于自身的库存情况，向产品/服务提供商提交订单；第二阶段，产品/服务提供商接收到订单后，决定产品的生产量和销售价格。

1. 门户访问服务提供商的利润最优化模型

门户访问服务提供商基于 Dem(e, t)、Inv(e, t−1)、S(e, t−1) 和 M_uc(m, t)，决定 P(e, t) 和 O(e, t)，并提交订单给产品/服务提供商。其利润最优化模型如下：

$$\text{maximize revenue}(P(e,t),O(e,t)) = P(e,t)\cdot S(e,t) + (O(e,t)-S(s,t))\cdot \text{Cod}(e,t)$$

$$\begin{aligned}\text{minimize cost}(P(e,t),O(e,t)) = &\ P(s,t)\cdot S(s,t) + \text{Inv\_uc}(e,t)\cdot \text{Inv}(e,t)\\ &+ (\text{Dem}(e,t)-S(e,t))\cdot \text{Cs}(e,t) + \text{M\_uc}(m,t)\cdot S(e,t)\\ &+ \text{O\_uc}(e,t)\cdot O(e,t)\end{aligned} \quad (3.1)$$

$$\text{s.t.}\begin{cases}\text{Dem}(e,t) \leqslant \text{Pre}(e,t)\cdot \text{Total\_Dem}(t)\\ S(e,t) = \min\{\text{Dem}(e,t), \text{Inv}(e,t-1)+O(e,t)\}\\ P(e,t) \geqslant P(s,t)\\ \text{Inv}(e,t) \leqslant \text{Cap\_i}(e)\end{cases}$$

其中

$$\text{Inv}(e,t) = \text{Inv}(e,t-1) + S(s,t) - S(e,t) \quad (3.2)$$

$$\text{Pre}(e,t) = a\cdot e^{\frac{b}{P(e,t)+c}} \quad (3.3)$$

$$\text{M\_uc} = f(S(e,t)) = u\cdot e^{\frac{v}{S(e,t)+w}} \quad (3.4)$$

式（3.3）中，a 为吸引强度，b 和 c 为随机参数。式（3.4）中，u 为服务折扣，v 和 w 为随机参数。

模型（3.1）为两目标模型，即收入最大，花费最小。其中 P(e, t)、O(e, t) 和 S(s, t) 为未知的决策变量；S(s, t) 和 P(s, t) 由产品/服务提供商给出。用 O(e, t−1) 和 P(s, t−1) 分别代

替 $S(s, t)$ 和 $P(s, t)$，则（$P(e, t)$，$O(e, t)$）是最优化模型（3.1）的解。当计算出真实的 $S(s, t)$ 和 $P(s, t)$，下面将重新计算门户访问服务提供商在第 t 期的利润。

2. 产品/服务提供商的利润最优化模型

当产品/服务提供商接收到门户访问服务提供商的订单后，基于 $Inv(s, t-1)$ 和 $O(e, t)$，$Prd(s, t)$ 和 $P(s, t)$ 能被计算出来。其利润最优化模型如下：

$$\text{maximize revenue}(S(e, t)) = P(s, t) \cdot S(s, t) + O\_uc(e, t) \cdot O(e, t)$$
$$\text{minimize cost}(S(e, t)) = Prd(s, t) \cdot Cop(s, t) + Inv\_uc(s, t) \cdot Inv(s, t)$$
$$+ (O(e, t) - S(s, t)) \cdot Cod(e, t)$$
$$\text{s.t.} \begin{cases} Prd(s, t) \leqslant Cap\_prd \\ Inv(s, t) \leqslant Cap\_i(s) \\ Inv(s, t-1) \leqslant S(s, t) \\ S(s, t) = \min\{O(e, t), Inv(s, t-1) + Prd(s, t)\} \end{cases} \tag{3.5}$$

其中

$$Inv(s, t) = Inv(s, t-1) + Prd(s, t) - S(s, t) \tag{3.6}$$

由模型（3.5），可以得到一个最优化解 $(Prd(s, t), P(s, t))$。由式（3.7）可以计算得到

$$S(s, t) = \min\{O(e, t), Inv(s, t-1) + Prd(s, t)\} \tag{3.7}$$

基于 $S(s, t)$ 和其他参数，可以获得产品/服务提供商最优化的利润。

3. 移动运营服务提供商的利润最优化模型

移动运营服务提供商的目标是通过增加销售提成 $(M\_uc(m, t) \cdot S(e, t))$ 和信息费用 $(M\_fc(m, t))$、减少运营服务费 $(M\_tc(m, t))$，来提高总体收益。其利润最优化模型如下：

$$\text{maximize profit}(f(m, t)) = M\_uc(m, t) \cdot S(e, t) + M\_fc(m, t) - M\_tc(m, t)$$
$$\text{s.t. profit}(f(m, t)) \geqslant \min\_profit(f(m, t)) \tag{3.8}$$

通常，$M\_uc(m, t)$、$M\_fc(m, t)$ 和 $M\_tc(m, t)$ 为常数，$S(e, t)$ 可由模型（3.1）得到。因此，模型（3.8）中的变量已知，可计算出利润。

3.2.2 产品/服务提供商发起的 push 模式

与 pull 模式一样，产品/服务提供商发起的 push 模式也是一个两阶段的竞争机制。第一阶段，产品/服务提供商基于初始化参数，对产量和销售价格进行决策；第二阶段，门户访问服务提供商根据产品/服务提供商的销售价格，进行动态的定价，在收到客户需求后，向产品/服务提供商下订单。

1. 产品/服务提供商的利润最优化模型

产品/服务提供商根据 $Inv(s, t-1)$ 和 $O(e, t)$，决定 $Prd(s, t)$ 和 $P(s, t)$。其利润最优化模型如下：

$$\text{maximize revenue}(S(e,t)) = P(s,t) \cdot S(s,t) + O\_uc(e,t) \cdot O(e,t)$$

$$\text{minimize cost}(S(e,t)) = \text{Prd}(s,t) \cdot \text{Cop}(s,t) + \text{Inv\_uc}(s,t) \cdot \text{Inv}(s,t)$$
$$+ (O(e,t) - S(s,t)) \cdot \text{Cod}(e,t)$$

$$\text{s.t.} \begin{cases} \text{Prd}(s,t) \leqslant \text{Cap\_prd} \\ \text{Inv}(s,t) \leqslant \text{Cap\_i}(s) \\ \text{Inv}(s,t-1) \leqslant S(s,t) \\ S(s,t) = \min\{O(e,t-1), \text{Inv}(s,t-1) + \text{Prd}(s,t)\} \end{cases} \tag{3.9}$$

其中

$$\text{Inv}(s,t) = \text{Inv}(s,t-1) + \text{Prd}(s,t) - S(s,t) \tag{3.10}$$

在模型（3.9）中，$P(s,t)$、$\text{Prd}(s,t)$ 和 $O(e,t)$ 为未知变量。为了实现计算，用 $O(e,t-1)$ 替代 $O(e,t)$，则($P(s,t)$，$\text{Prd}(s,t)$)是优化模型（3.9）的解。当计算出 $O(e,t)$ 后，下面将重新计算模型（3.9）的最优利润值。

2. 门户访问服务提供商的利润最优化模型

基于 $P(s,t)$、$\text{Dem}(e,t)$、$\text{Inv}(e,t-1)$、$S(e,t)$ 和 $\text{Mc}(m,t)$，门户访问服务提供商决定 $P(e,t)$ 和 $O(e,t)$，并向产品/服务提供商下订单。其利润最优化模型如下：

$$\text{maxize revenue}(P(e,t), O(e,t)) = P(e,t) \cdot S(e,t) + (O(e,t) - S(s,t)) \cdot \text{Cod}(e,t)$$

$$\text{minimize cost}(P(e,t), O(e,t)) = P(s,t) \cdot S(s,t) + \text{Inv\_uc}(e,t) \cdot \text{Inv}(e,t)$$
$$+ (\text{Dem}(e,t) - S(e,t)) \cdot \text{Cs}(e,t) + \text{Mc} \cdot S(e,t) + O\_uc(e,t) \cdot O(e,t)$$

$$\text{s.t.} \begin{cases} \text{Dem}(e,t) \leqslant \text{Pre}(e,t) \cdot \text{total\_Dem}(t) \\ S(e,t) = \min\{\text{Dem}(e,t), \text{Inv}(e,t-1) + S(s,t)\} \\ P(e,t) \geqslant P(s,t) \\ \text{Inv}(e,t) \leqslant \text{Cap\_i}(e) \end{cases} \tag{3.11}$$

其中

$$\text{Inv}(e,t) = \text{Inv}(e,t-1) + S(s,t) - S(e,t) \tag{3.12}$$

$$\text{Pre}(e,t) = a \cdot e^{\frac{b}{P(e,t)+c}} \tag{3.13}$$

$$\text{M\_uc} = f(S(e,t)) = u \cdot e^{\frac{v}{S(e,t)+w}} \tag{3.14}$$

式（3.13）中，a 为吸引强度，b 和 c 为随机参数。式（3.14）中，u 为服务收费折扣，v 和 w 为随机参数。

由模型（3.11），能得到最优化解($P(e,t)$，$O(e,t)$)，因此，可重新计算得到利润。

3. 移动运营服务提供商的利润最优化模型

在 push 模式中，移动运营服务提供商的利润最优化模型如下：

$$\text{maximize profit}(f(m,t)) = \text{M\_uc}(m,t) \cdot S(e,t) + \text{M\_fc}(m,t) - \text{M\_tc}(m,t) \tag{3.15}$$
$$\text{s.t. } \text{profit}(f(m,t)) \geqslant \text{min\_profit}(f(m,t))$$

3.2.3 协同工作模式

为了获得更大的市场份额，提高服务质量，各服务商间通常采用协同决策，即通过协调各利益实体，整合资源，协同工作，共同决策，以提高服务质量和效率，从而获取最大的总利润，同时通过契约等形式进行风险和利润的分摊。考虑所有协同工作的服务商共同参与产品的生产、销售和定价等方面的决策，这种协同决策场景中，只有一个生产价格和一个销售价格，没有中间价格，且各服务商尽可能共享库存。其利润最优化模型如下：

$$\text{maximize revenue}(P(e,t), \text{Prd}(s,t), f(m,t)) = P(e,t) \cdot S(e,t)$$

$$\text{minimize cost}(P(e,t), \text{Prd}(s,t), f(m,t)) = \text{Prd}(s,t) \cdot \text{Cop}(s,t) + \text{Inv\_uc}(s,t) \cdot \text{Inv}(s,t) \quad (3.16)$$

$$\text{s.t.} \begin{cases} \text{Dem}(e,t) \leqslant \text{Pre}(e,t) \cdot \text{total\_Dem}(t) \\ S(e,t) = \min\{\text{Dem}(e,t), \text{Inv}(s,t-1) + S(s,t)\} \\ P(e,t) \geqslant \text{Prd}(s,t) \\ \text{Inv}(s,t) \leqslant \text{Cap\_i} \end{cases}$$

在决策时，服务商可能有两种态度：第一种为最大化利润型，即收入与支出的差值最大化；第二种为最大化收入型，即希望通过扩大市场，提供更多的产品/服务，使得总收入最大，只要不亏损，不太考虑成本付出。

上述三类优化模型，即门户访问服务提供商利润最优化模型、产品/服务提供商利润最优化模型和协同工作模型为双目标优化模型，即各服务商希望能最大化收入，同时也希望最小化支出。为了简化计算，这里只考虑收入与成本都一样重要的情形，即两者的权重为 1∶1，因此，将这些双目标模型的目标规整为收入减去成本的差值最大化，即利润最大化，且收入与成本的量纲一样。

3.3 服务链竞争和协同决策工作机制模拟系统设计

3.3.1 服务链竞争和协同决策工作机制模拟系统架构

在该模拟系统中，共有 5 类主要的智能体，即门户访问服务提供商智能体（portal access service provider agent，PASPA）、产品/服务提供商智能体（product service provider agent，PSPA）、移动运营服务提供商智能体（mobile service provider agent，MSPA）、协同服务智能体（collaborative service agent，CSA）和总控智能体（master control agent，MCA）。该系统架构图如图 3.2 所示。

图 3.2 中，门户访问服务提供商智能体基于客户需求，根据库存情况进行决策，若货源充足，则直接销售；否则，将向产品/服务提供商智能体下单。产品/服务提供商智能体基于库存情况和生产能力，根据订单进行最优生产、销售和定价决策。移动运营服务提供商智能体为门户访问服务提供商智能体提供移动运营服务，通过增加销售提成和收取信

息费用来增加收入，以降低运营费来减少支出。协同服务智能体将协调门户访问服务提供商智能体、产品/服务提供商智能体和移动运营服务提供商智能体之间的互动，以共享信息来增加服务链上的总利润。总控智能体根据模式（pull 模式、push 模式和协同工作模式）给各智能体分配通信权，以保证各智能体按各种模式的流程进行工作。

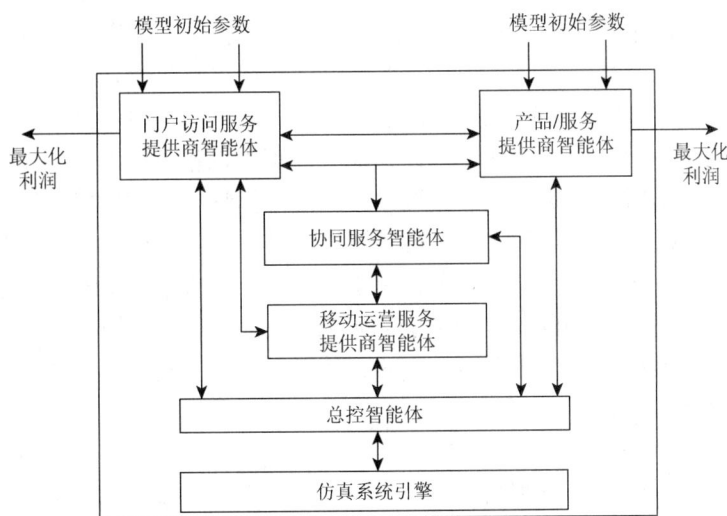

图 3.2　基于多智能体的电子商务服务链系统架构

3.3.2　服务链竞争和协同决策工作机制模拟系统运行过程

1. 模拟系统的运行过程

模拟系统的运行过程如下。

步骤 1，各 Agent 利润最优化模型初始化。

步骤 2，总控智能体根据用户参数分配通信权。

步骤 3，检查停止准则，若运行机制满足结束条件，则转步骤 8；否则，继续运行。

步骤 4，若协同服务智能体获取通信权，优先启动，则转步骤 7；否则，继续运行。

步骤 5，若门户访问服务提供商智能体获得通信权，它将获取以下参数：在第 $t-1$ 期产品/服务提供商智能体的价格，以及在第 t 期市场需求函数和移动运营服务提供商费用函数。优化解可通过 Agent 进化算法（Agent evolutionary algorithm，AEA）计算得到，该解包括在门户站点上的定价、销售量和订单量，生成的订单信息将提交给产品/服务提供商智能体。

若产品/服务提供商智能体获得通信权，它将从门户访问服务提供商智能体获取订单量。优化解也能通过 AEA 获得，该解包括产品价格、销售量和产品生产量，销售信息将传递给门户访问服务提供商智能体。

步骤 6，门户访问服务提供商智能体和产品/服务提供商智能体基于真实的参数值，先修改最优利润，然后移动运营服务提供商智能体计算最优利润，并转步骤 3。

步骤 7，根据上期库存、需求函数和生产能力等参数调用进化计算模块进行寻优，得到最优利润，转步骤 3。

步骤 8，结束。

2. Agent 进化算法

通常，一些算法用于寻找帕累托（Pareto）最优解集，遗传算法（genetic algorithms，GAs）及其改进算法便是。这些算法是有效的复杂系统求解工具，并广泛应用于各领域中[1-7]。传统 GAs 使用适应值的方法选择父基因（用于产生子基因的个体），但在多阶段、多周期的优化问题中，由于解空间较大，计算时间可能以指数级增长，系统性能也将受到影响，这导致求解时间较长，运行较慢。因此，最优解空间的选择问题将增加认知负担[8]。自然选择过程发生在染色体交互的局部空间里，也就是说，自然进化过程是一种局部行为；而局部的扩散活动使全局的信息能够共享，如元胞自动机的工作原理[9, 10]。一个 Agent 是一个物理或逻辑实体，能与其他 Agent 进行交互，传递信息，用一个 Agent 代表遗传算法中的基因个体，并利用一定的查找机制进行互动寻优，这种寻优方法称为 Agent 进化算法。

在 AEA 中，所有的 Agent 分布在形如一个栅格的环境中，该栅格由多个方形的网格组成，每一个网格上有一个 Agent，这些 Agent 用于表示染色体。栅格 L 的尺寸为 $m \times n$（m 和 n 为整数），也就是 Agent 的数量，即种群数大小。每一个 Agent 能与其 Moore 邻域 Agent 进行交互，即与其周围的 8 个 Agent 进行交互，如图 3.3 所示。

$A_{1,1}$	$A_{1,2}$	$\cdots$	$A_{1,n}$
$A_{2,1}$	$A_{2,2}$	$\cdots$	$A_{2,n}$
$\vdots$	$\vdots$		$\vdots$
$A_{m,1}$	$A_{m,2}$	$\cdots$	$A_{m,n}$

图 3.3　AEA 中的 Agent 栅格

定义 3.1　栅格 L 中的每一个 Agent 网格 $A_{i,j}$ 有一个固定的结构，即 $A_{i,j} = \{\text{ID}, \text{LOC}, \text{Nb}_{i,j}, \text{CHRO}, \text{FIT}\}$。

网格 $A_{i,j}$ 中，各元素的意义如下：

（1）ID 为 Agent 的标识。

（2）LOC 为坐落在栅格 L 上的位置，用元组表示为 $\{i, j\}$。

（3）假定坐落于 (i, j) 的 Agent 的位置为 $L_{i,j}$（$i = 1, 2, \cdots, m$；$j = 1, 2, \cdots, n$），则 $L_{i,j}$ 的 Moore 邻域 $\text{Nb}_{i,j}$ 用如下公式表示：

$$\text{Nb}_{i,j} = \begin{cases} (L_{i-1,j}; L_{i-1,j-1}; L_{i-1,j+1}; L_{i,j-1}; L_{i,j+1}; L_{i+1,j-1}; L_{i+1,j}; L_{i+1,j+1}), & i, j \neq 1 \text{ 或 } n \\ (L_{m,j}; L_{m,j-1}; L_{m,j+1}; L_{1,j-1}; L_{1,j+1}; L_{2,j-1}; L_{2,j}; L_{2,j+1}), & i = 1, j \neq 1 \text{ 或 } n \\ (L_{m-1,j}; L_{m-1,j-1}; L_{m-1,j+1}; L_{m,j-1}; L_{m,j+1}; L_{1,j-1}; L_{1,j}; L_{1,j+1}), & i = m, j \neq 1 \text{ 或 } n \\ (L_{i-1,1}; L_{i-1,n}; L_{i-1,2}; L_{i,n}; L_{i,n}; L_{i+1,n}; L_{i+1,1}; L_{i+1,2}), & i \neq 1 \text{ 或 } m, j = 1 \\ (L_{i-1,n}; L_{i-1,n-1}; L_{i-1,1}; L_{i,n-1}; L_{i,1}; L_{i+1,n-1}; L_{i+1,n}; L_{i+1,1}), & i \neq 1 \text{ 或 } m, j = n \end{cases} \quad (3.17)$$

（4）CHRO 为一个二进制编码结构的染色体 i。每个染色体为一个向量结构，用于表示优化问题的解，即 $e = \{e_1, e_2, \cdots, e_i\}$（$e_i = 0$ 或 1）。假设未知变量的数量为 x，则 $l = 8x$。例如，在模型（3.1）中，未知变量为 $P(e, t)$ 和 $S(s, t)$，所以 $l = 16$。

（5）FIT 为 CHRO 的适应值。CHRO 的实数值是由二进制数转换为十进制数（f），所以 CHRO 的适应函数值可以通过以下公式进行计算：

$$\text{FIT} = \frac{f_{\max} - f + \varepsilon}{f_{\max} - f_{\min} + \varepsilon} + f_{\min} \tag{3.18}$$

其中：$\varepsilon \in (0, 1)$；$f_{\max}$ 和 $f_{\min}$ 分别为当前栅格 L 的 f 的最大值和最小值。

AEA 的实现过程包括繁殖过程、交叉操作、变异操作和动态进化过程。

（1）繁殖过程。每一个栅格上的染色体随机产生可行二进制串。每一个可行染色体的适应值取值范围为[0, 255]。重复 mn 次（Agent 栅格数），这时，有 mn 个初始的可行染色体 $e_1, e_2, \cdots, e_{mn}$。按定义 3.1，计算每一个网格上 Agent 的结构参数值 $A_{i,j}$。

栅格上的每一个 Agent 都有竞争和合作的行为。邻域的竞争操作和邻域的交叉操作实现竞争和合作行为，而变异操作实现知识使用行为。假定三个操作都执行于每一个坐落于 (i, j) 的 Agent 上（$L_{i,j}$），记 $\text{MaxNb}_{i,j}$ 为与 Moore 邻域中的 Agent 进行运算后的最大适应值，有 $\text{MaxNb}_{i,j} \in \text{Nb}_{i,j}$。若 $L_{i,j}$ 的 $\text{FIT}_{i,j}$ 满足

$$\text{FIT}_{i,j} < \text{FIT}（\text{MaxNb}_{i,j}） \tag{3.19}$$

则这个染色体将继续生存；否则，它将死去，并以交叉操作概率 p_c 被子 Agent 的信息替换。

（2）交叉操作。从开区间（0, 1）内产生一个随机数 $U(0, 1)$，若 $U(0, 1) < p_c$，则以 $L_{i,j}$ 上的染色体 e_1 和具有最大 $\text{MaxNb}_{i,j}$ 邻域的染色体 e_2 作为父染色体，然后在 e_1 和 e_2 上执行单点交叉操作，产生两个子染色体 y_1 和 y_2。若两个子染色体都是可行的，则用两个中较好的一个替代 e_1。单点交叉操作方法通常分为三步：首先选择两个新的繁殖串，然后在两个串中间随机选择某个点作为交叉点，最后交换交叉点前所有的元素。AEA 中是在 $L_{i,j}$ 和 $\text{MaxNb}_{i,j}$ 上发生交叉操作以实现合作行为。

（3）变异操作。这个操作提高了遗传算法的寻优能力，它在特定位置进行变异，保证了一些结构较好的二进制串能被继续使用。通常，为使得变异操作平均，会选择概率设置较低的染色体。与交叉操作类似，染色体 e 被选择进行变异操作的概率是开区间（0, 1）内产生的随机数 $U(0, 1)$（$U(0, 1) < p_m$，p_m 为内变异操作概率）。AEA 中使用的是二进制编码，$L_{i,j}$ 的变异操作是将变异位置上的比特值进行翻转，即 0 变为 1，1 变为 0。

（4）动态进化过程。竞争过程是一个循环交叉和变异的过程。当第一个 Agent 实现一次竞争后，该 Agent 被更新，其邻域内的某个 Agent 将获得竞争发起权，此时，这个 Agent 与其邻域 Agent 实施竞争操作，直到所有的 Agent 都发起过竞争操作。

AEA 的运行过程如下：

记 L^t 为第 t 代 Agent 栅格；$L^{v/u}$ 为 L^t 和 L^{t+1} 的中间栅格（u 为栅格中 Agent 网格数量）；MaxF^t 为 $L^0, L^1, L^2, \cdots, L^u$ 中具有最优值的 Agent 适应值；LMaxF^t 为 L^t 中最好的 Agent 适应值；FA 为获得实施竞争权的 Agent 网格。

步骤 1，初始化 L^0，$0 \rightarrow t$。

步骤 2，Agent 网格 $L_{1,1}$ 获得初始竞争权，$L_{i,j} \rightarrow \text{FA}$，$v = 1$，并更新 L^t。

步骤 3，对 $L_{i,j}$ 实施动态的邻域竞争选择过程，并获得 $L^{t+v/u}$ 和 $Nb_{i,j}$。

步骤 4，对 FA 进行交叉操作。

步骤 5，对 FA 进行变异操作，并获得 $L^{v/u}$，

步骤 6，若 $v=u$，更新 L^{t+1}，并转步骤 7；否则，$Nb_{i,j}$ 中的一个 Agent（从未获得竞争权的 Agent）获得竞争权，$v+1 \to v$，转步骤 3。

步骤 7，在 L^{t+1} 中找出 $LMaxF^t$，若 fitness($LMaxF^t$) > fitness($MaxF^t$)，则 $LMaxF^t \to MaxF^t$。

步骤 8，若满足停止准则，输出 $MaxF^t$，并停止算法；否则，$t+1 \to t$，转步骤 2。

3.3.3 服务链竞争和协同决策工作机制模拟系统实现

基于 Repast 提供的类库，在 Eclipse 开发平台上，用 Java 编程实现服务链竞争和协同决策工作机制模拟系统。

图 3.4 为该系统用户界面，主要有以下几个部分。

（1）最顶部为系统控制菜单，菜单项包括开始、暂停和初始操作等功能。

（2）右下部为系统参数设置区，可以通过设置"Mode"选择不同的运行模式（pull、push 和协同）。

（3）左中部为系统界面显示，用于呈现三类服务商的连接状态和不同的驱动方式。

（4）左下部为接口 2，用于显示 AEA 的计算过程。

（5）中下部为利润变化图，随着时间的变化，系统将按模型计算三类服务商的利润值，并将结果显示在该图形中。

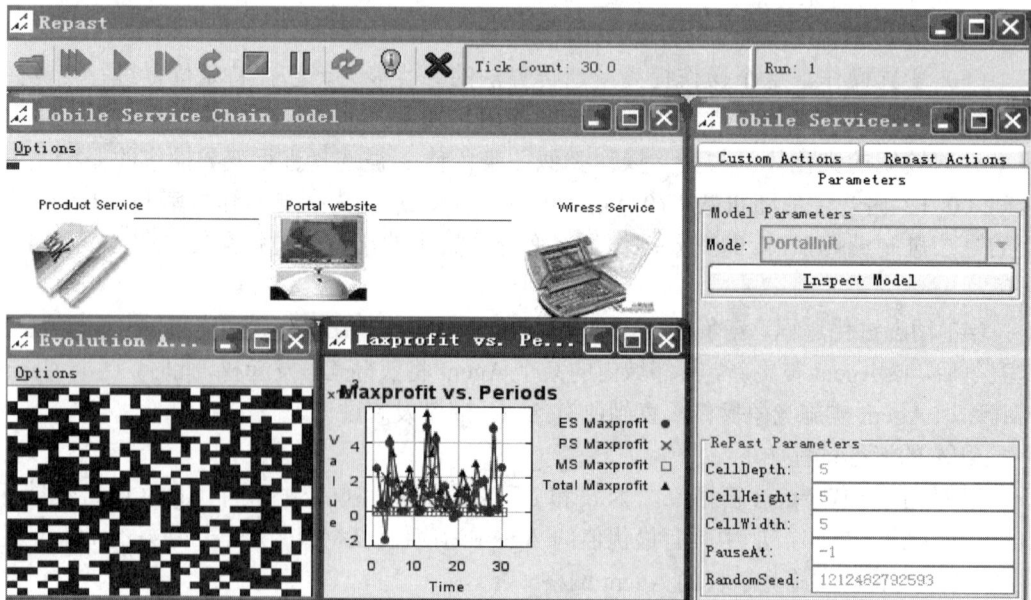

图 3.4 电子商务服务链竞争和协同决策工作模拟系统

3.4　服务链竞争和协同决策工作机制模拟实验及其分析

3.4.1　AEA 与 m-GA 的比较

模型（3.1）、（3.5）、（3.8）、（3.9）、（3.11）、（3.15）和（3.16）是一类多阶段优化模型，其第 $t-1$ 期的解将影响第 t 期的解，当前的计算时间影响总的计算时间。因此，设计优化算法时应考虑算法的计算效率和有效性问题。

下面将用数值实验方法来测试 AEA 的效率和有效性。下面的模型是模型（3.1）的一个简单实例，可用于测试和说明算法的可靠性和收敛性：

$$\text{maximize profit}(P(e,t),O(e,t)) = P(e,t) \cdot S(e,t)$$
$$\text{minimize cost}(P(e,t),O(e,t)) = 20 \cdot S(s,t) + 2 \cdot (100 + S(s,t) - S(e,t))$$
$$+ (500 - 10 \cdot P(e,t) - S(e,t)) \cdot 0.1 \quad (3.20)$$
$$+ 0.1 \cdot \text{Math.exp}\{1/(P(e,t)+1)\} - O(e,t) \cdot 0.1$$

$$\text{s.t.} \begin{cases} \text{profit}(P(e,t),O(e,t)) \geqslant 0 \\ S(e,t) = \min\{500 - 10 \cdot P(e,t), 100 + S(s,t)\} \\ P(e,t) \geqslant 20 \\ S(s,t) = O(e,t) \end{cases}$$

基于兹比格涅夫·米哈莱维茨（Zbigniew Michalewicz）所述遗传算法（m-GA）[11]，用 Java 实现该算法和 AEA 算法。AEA 和 m-GA 有相同的算法参数（$p_c = 0.9$ 和 $p_m = 0.01$），两种算法都运行于相同的操作平台上，即 2.4 GHz CPU 和 1 GB 内存的个人计算机。为了获取两种算法的更多信息，每一个测试算法测试种群数为 100、200 和 400 三种情况，并且测试指标为平均计算时间和平均利润值，每次数值实验做 10 次。

使用合理的种群数，是为了在实验中确保能获取最大的利润和最小的计算时间。表 3.2 为不同实验方案下两种算法的测试结果，其中，ACT 为平均计算时间（单位：ms），AOP 为平均最优利润值。显然，在相同计算时间内，AEA 的计算效果要优于 m-GA。随着种群数的增加，平均利润稍有增加，但计算时间却增长较多。

表 3.2　m-GA 和 AEA 的计算时间和优化解

种群大小	m-GA		AEA	
	AOP	ACT/ms	AOP	ACT/ms
100	3218.080	220.2	3231.943	297.3
200	3225.250	770.2	3234.404	352.5
400	3225.512	2979.8	3234.896	387.5

3.4.2　基于竞争和协同决策工作机制的模拟实验

1. 实验方案

假定：（1）客户需求为一个不确定函数，但门户访问服务提供商能感知这个函数。

（2）在服务链中，每一个参与的服务商是有限理性的，追求长期的合作。

在该模拟系统中，需求函数为一个反需求函数，其形式如下：

$$\text{Dem}(t) = a - b \cdot P(t) \qquad (3.21)$$

其中：a 为最大的客户需求；b 为价格敏感系数；其他的参数设置如表 3.3 所示。

表 3.3　模型参数

参数	Cap_i(e)	Cap_i(s)	Inv_uc(e, t)	Inv_uc(s, t)	Cap_prd	Prd(s, t)
值	50	200	2	1	250	10

本实验平台为个人计算机，其 CPU 频率为 2.4 GHz，内存为 1 G。AEA 中初始的 Agent 数为 200，代数为 150，$p_c = 0.9$，$p_m = 0.01$。

2. 实验结果及其数值分析

1）门户访问服务提供商发起的 pull 模式

门户访问服务提供商基于市场需求和历史数据进行决策，得到最优的商品销售定价（一般有保守和乐观定价策略）和订货量，在门户站点上标价，同时向产品/服务提供商提交订单；而此时，产品/服务提供商将根据定购信息、生产水平和库存情况进行决策，其价格策略最有可能就是低于网站标价（如果定价过高，门户访问服务提供商没有利润空间，可能会终止合作）。门户访问服务提供商的定价策略如表 3.4 所示，这里考虑能进行多期博弈，后定价方也有利润空间，组合（保守，乐观）是一个适度策略（表 3.4 方框处）。模拟结果如图 3.5 所示。

表 3.4　pull 模式下的定价策略

门户访问服务提供商	产品/服务提供商	
	保守	乐观
保守	$(P(s, t-1) \sim 25, 10 \sim P(e, t))$	$(p(s, t-1) \sim 25, 10 \sim 25)$
乐观	$(P(s, t-1) \sim 50, 10 \sim P(e, t))$	$(P(s, t-1) \sim 50, 25 \sim P(e, t))$

图 3.5（a）～（d）所示为门户访问服务提供商发起的 pull 模式 4 种策略组合中各服务商利润变化图。图 3.5（a）中，利润随时间的推移而变化，门户访问服务提供商的利润最高，产品/服务提供商的利润次之，说明在这种策略组合下，门户访问服务提供商能获取高额的利润，且变化程度较大，由于移动运营服务提供商处于跟随参与地位，按付出获取利润，其值最小。门户访问服务提供商在向产品/服务提供商提交订购计划时，依据上期历史数据进行决策；在当期产品/服务提供商做出回应后，门户访问服务提供商按实际数据修正预测利润。因此，可能出现利润低于预期（负值）的现象，如图 3.5（b）～（d）所示。为了更好地说明获利风险，可用表 3.5 辅助分析。

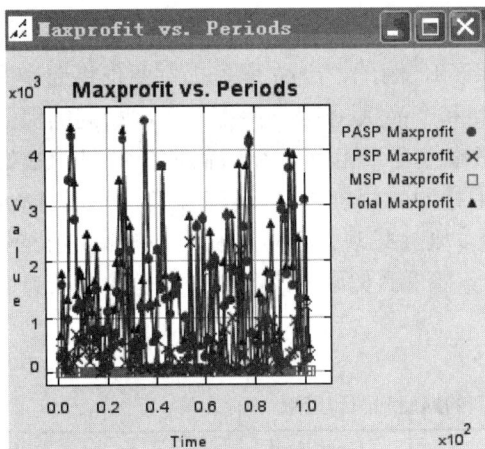

(a) 保守，保守

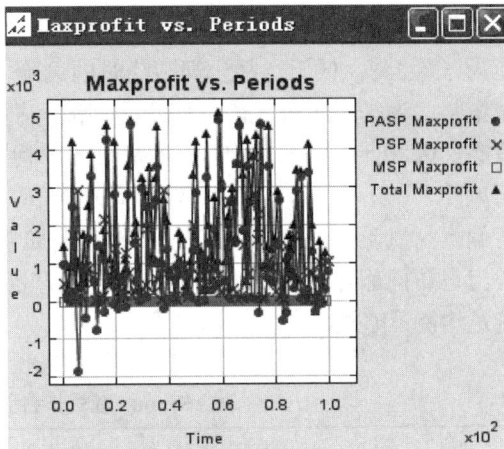

(b) 保守，乐观

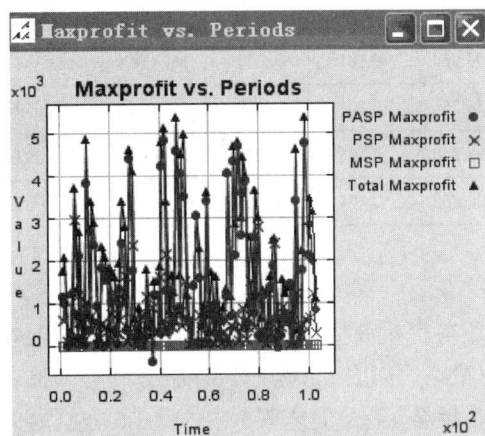

(c) 乐观，保守

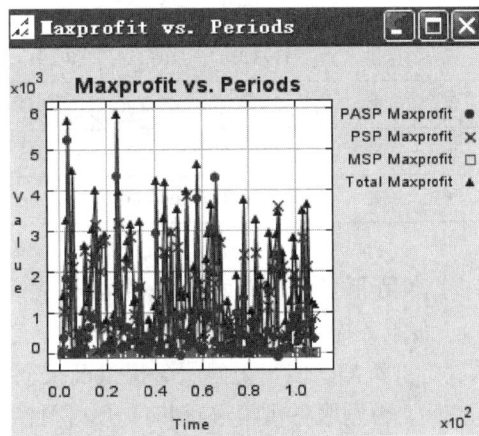

(d) 乐观，乐观

图 3.5　pull 模式下各服务商的利润演化图

表 3.5 罗列了各服务商 100 期的获利期望和风险。期望利润是服务商的多期利润平均值，获利的同时也有风险，其利润波动情况用方差表示。下面的分析有助于决策者在一定风险偏好的范围中选择能最大化自身利润的策略。

由表 3.5 可以看出，当不考虑风险时，按利润最大化原则，若门户访问服务提供商选择保守策略，产品/服务提供商选择乐观策略，则门户访问服务提供商的利润为 1210.627；相反，若门户访问服务提供商选择乐观策略，产品/服务提供商也选择乐观策略，则门户访问服务提供商的利润为 653.941。比较两种策略，门户访问服务提供商将考虑最大利润，即保守策略，而产品/服务提供商选择乐观策略。因此，(保守，乐观)是此博弈的最优组合策略。

当考虑风险时，服务商愿意在最大化利润的同时，风险较小。若门户访问服务提供商偏好低风险，它选择策略时将依据对方的风险偏好，选择风险最小的策略。若产品/服务提供商也偏好低风险，门户访问服务提供商将选择保守策略，产品/服务提供商选择保守策略的风险为 493.954，低于乐观策略时的风险 754.256，因此，产品/服务提供商也选择保守策略；若门户访问服务提供商选择乐观策略，产品/服务提供商选择保守策略时的风险为 598.248，低于选择乐观策略时的风险 988.568，因此，产品/服务提供商也将选择保守策略。为了追求低风险，门户访问服务提供商和产品/服务提供商都将采取相同的保守策略，因此，（保守，保守）将是博弈的均衡策略组合。相反，若产品/服务提供商偏好高风险，（乐观，乐观）将是均衡策略组合。用相同的分析方法，若门户访问服务提供商偏好高风险，而产品/服务提供商偏好低风险，则（乐观，保守）将是均衡策略组合。若门户访问服务提供商偏好低风险，而产品/服务提供商偏好高风险，则（保守，乐观）将是均衡策略组合。

表 3.5　pull 模式下各服务商的期望利润和风险

组合策略	门户访问服务提供商利润		产品/服务提供商利润		移动运营服务提供商利润		总利润	
	期望	方差	期望	方差	期望	方差	期望	方差
保守，保守	1273.850	1105.568	404.913	493.954	0.101	0.001	1678.864	1183.394
保守，乐观	1210.627	1432.046	744.013	754.256	0.101	0.003	1954.742	1468.659
乐观，保守	1304.210	1387.229	616.713	598.248	0.103	0.008	1921.026	1485.493
乐观，乐观	653.941	1005.308	1113.793	988.568	0.104	0.006	1767.837	1424.901

2）产品/服务提供商发起的 push 模式

产品/服务提供商发起的工作机制中，产品/服务提供商的价格策略也有两种，即保守和乐观定价策略，门户访问服务提供商采取跟随策略，如表 3.6 所示。各服务商必须都有利润空间，否则服务供给过程将终止，因此，策略组合（保守，乐观）中（表 3.6 方框处），产品/服务提供商乐观策略应改为适度乐观，即不能定价太高，导致门户访问服务提供商没利润。

表 3.6　push 模式下的定价策略

门户访问服务提供商	产品/服务提供商	
	保守	乐观
保守	$(P(s,t)\sim 25, 10\sim P(e,t-1))$	$(P(s,t)\sim 25, 10\sim 25)$
乐观	$(P(s,t)\sim 50, 10\sim P(e,t-1))$	$(P(s,t)\sim 50, 25\sim 50)$

图 3.6 为不同策略组合下各服务商的利润变化图。表 3.7 为模拟数据，当博弈方不考虑风险时，产品/服务提供商选择保守策略的利润为 643.313，门户访问服务提供商选择乐观策略的利润为 701.193，高于选择保守策略的利润 264.235，因此，当产品/服务提供商选择保守策略时，门户访问服务提供商选择乐观策略；而当产品/服务提供商采取乐观定价时，门户访问服务提供商将采取保守定价。此时，产品/服务提供商的利润为 402.455，小于 643.313，因此，（乐观，保守）为均衡策略组合。

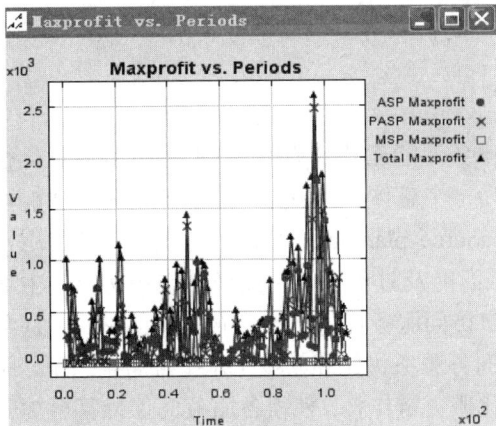

(a) 保守，保守

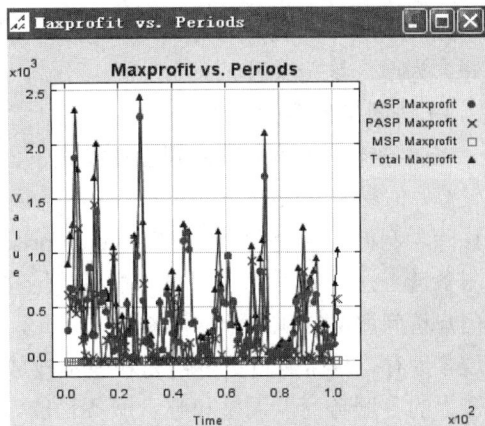

(b) 保守，乐观

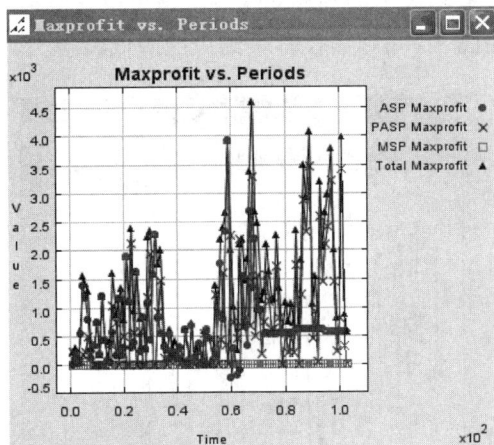

(c) 乐观，保守

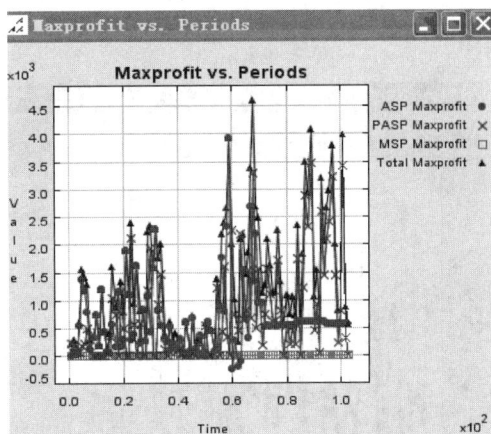

(d) 乐观，乐观

图 3.6　push 模式下各服务商的利润演化图

表 3.7　push 模式下各服务商的期望利润和风险

组合策略	门户访问服务提供商利润		产品/服务提供商利润		移动运营服务提供商利润		总利润	
	期望	方差	期望	方差	期望	方差	期望	方差
保守，保守	264.235	398.852	260.763	291.907	0.105	0.001	525.102	478.979
乐观，保守	701.193	876.948	643.313	642.003	0.103	0.001	1344.609	1032.163
保守，乐观	192.634	320.412	402.455	395.282	0.105	0.001	595.194	514.209
乐观，乐观	137.803	274.673	1679.655	898.753	0.102	0.000	1817.560	870.933

当博弈方考虑风险时，若产品/服务提供商和门户访问服务提供商都偏好低风险，则（保守，保守）为博弈均衡策略组合；若门户访问服务提供商偏好高风险，（保守，乐观）为博弈均衡策略组合；若产品/服务提供商偏好高风险，而门户访问服务提供商偏好低风

险，则（乐观，乐观）为博弈均衡组合；若门户访问服务提供商偏好高风险，则（乐观，保守）为博弈均衡组合。

3）协同工作模式

在服务链上各服务商协同工作模式下，各服务商能充分共享信息，服务链上信息化程度较高，信息交互较顺畅，可将多个服务商视为一个整体，服务商中的部分实体或功能可以移除。例如，当企业资源计划（enterprise resource planning，ERP）系统被有效利用，且服务链上进销存信息透明时，产品/服务提供商能及时预测和感知产品销售状况，主动为门户访问服务提供商配送和补货，因此，门户访问服务提供商的库存将大幅减少，甚至实现零库存，从而能将更多精力和成本投放于商务服务优化和精进上。在协同状态下，服务链上的各服务商能调整和整合服务功能，优化服务链结构，使得各服务商保持甚至提升核心竞争力，减少沟通、信息和时间等成本，提升客户服务水平，从而提高绩效。

图 3.7（a）～（d）为各服务商在松约束和紧约束下的利润变化图。这里保守策略的范围为 10～25，乐观策略的范围为 25～50。由图 3.7 可以看出，紧约束能降低风险。

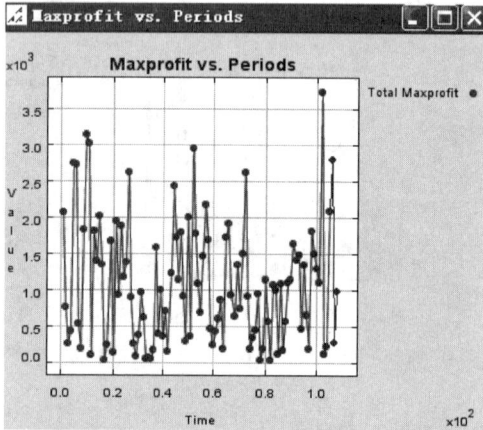

(a) 保守（松约束）

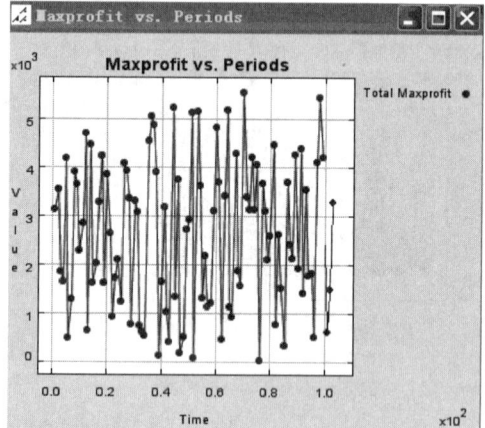

(b) 乐观（松约束）

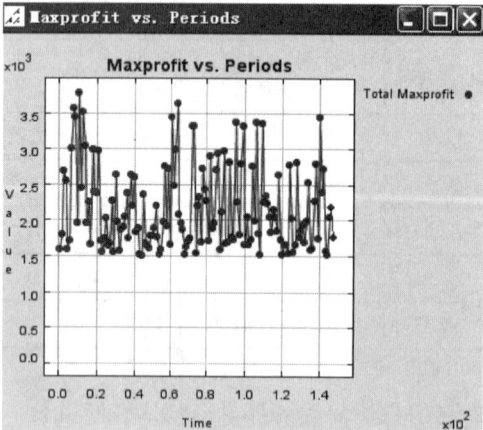

(c) 保守（紧约束）

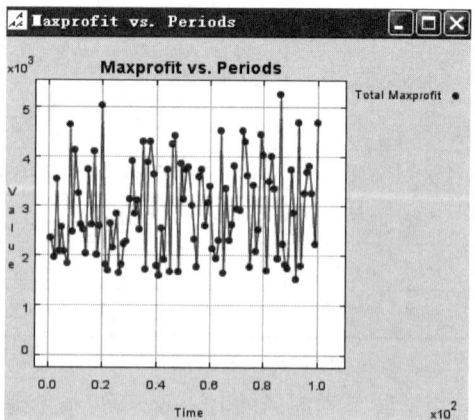

(d) 乐观（紧约束）

图 3.7　协同工作模式下各服务商的利润演化图

表 3.8 为松约束和紧约束下的相关统计数据。由表 3.8 可以看出，随着约束条件越来越紧，服务链上各服务商将努力协调，利润会越来越高，风险会越来越小。当约束条件变为最紧时，各期利润都最优，且大小几乎相等，即利润图上多期利润接近直线，此时的决策效果最优，即利润最大，风险也相对比较小。

表 3.8　协同工作模式下各服务商的期望利润和风险

策略	总利润（松约束）		总利润（紧约束）	
	期望	方差	期望	方差
保守	1044.26	793.8426	2210.531	611.8714
乐观	2638.10	1521.0430	2920.551	858.9104

4）比较分析

通过比较三种模式的模拟数据可知，在协同工作模式下使用乐观策略明显优于其他模式，总利润更高，且约束越紧，风险越小。但当采用保守价格策略时，协同工作模式下松约束时的利润介于另两种模式下的利润之间；协同工作模式下紧约束时的利润高于另两种模式下的利润。这说明协同工作模式并非一定完全优于另两种模式。如果不设计好约束机制，协同行为有可能被终止，或者不发生。

当服务链中各参与方都有效地协同工作时，在一定目标和要求的驱动下，利润可以最大化，且风险降低。这与目前国内从事电子商务业务的企业愿意与其他企业进行资源整合、协同工作的情况较为吻合。

3.5　本 章 小 结

基于 AEA 和多智能体模型，模拟了 pull、push 和协同工作模式下各服务商的决策行为和利润演化过程，并分析了不同风险偏好和不同定价策略下的最优决策及协同存在性问题。

首先，基于实物销售链，建立了 pull、push 和协同工作模式下的利润最优化模型，该模型为多周期、多阶段模型。为有效求解该模型，基于传统的遗传算法和 Agent 特性，设计了 AEA，该算法有快速寻优能力，能有效求解多周期的优化模型。然后，在 Repast 提供的类库基础上，用 Java 编程实现了 pull、push 和协同工作模式下的模拟系统，该系统能用于辅助决策者在动态、不确定和实时环境下进行决策。最后，基于各种模拟实验场景，得到了有助于制定决策的模拟结果，结果表明，一般情况下，协同工作模式下的利润高于其他模式，但也有协同工作模式下利润并不高于其他模式下利润的现象，说明如果约束条件设计得不合理，协同并不一定发生或稳定存在，所以，设计合理的约束条件，有利于促进和保证协同行为的发生。结果也表明，当应用合理的紧约束条件时，能有效降低风险。

本章参考文献

[1]　ALIEV R A, et al. Fuzzy-genetic approach to aggregate production: distribution planning in supply chain management[J].

Information Sciences，2007，177（20）：4241-4255.

[2] FRAILE-ARDANUY J，ZUFIRIA P J. Design and comparison of adaptive power system stabilizers based on neural fuzzy networks and genetic algorithms[J]. Neurocomputing，2007，70（16-18）：2902-2912.

[3] BORISOVSKY P，DOLGUI A，EREMEEV A. Genetic algorithms for a supply management problem：MIP-recombination vs greedy decoder[J]. European Journal of Operational Research，2009，195（3）：770-779.

[4] HSU T H，TSAI T N，CHIANG P L. Selection of the optimum promotion mix by integrating a fuzzy linguistic decision model with genetic algorithms[J]. Information Sciences，2009，179（1-2）：41-52.

[5] IBA H. Inference of differential equation models by genetic programming[J]. Information Sciences，2008，178（23）：4453-4468.

[6] SANDERS N R. An empirical study of the impact of e-business technologies on organizational collaboration and performance[J]. Journal of Operations Management，2007，25（6）：1332-1347.

[7] TOROSLU I H，ARSLANOGLU Y. Genetic algorithm for the personnel assignment problem with multiple objectives[J]. Information Sciences 2007，177（3）：787-803.

[8] XU J P，LIU Y G. Multi-objective decision making model under fuzzy random environment and its application to inventory problems[J]. Information Sciences，2008，178（14）：2899-2914.

[9] MAJI P，CHAUDHURI P P. Non-uniform cellular automata based associative memory：Evolutionary design and basins of attraction[J]. Information Sciences，2008，178（10）：2315-2336.

[10] 祝玉学. 物理系统的元胞自动机模拟[M]. 赵学龙，译. 北京：清华大学出版社，2003：11-12.

[11] MICHALEWICZ Z. Genetic Algorithms + Data Structures = Evolution Programs[M]. Berlin Heidelberg：Springer-Verlag，1999：11-93.

第4章 协同管理工作中群体行为演化

4.1 成本和惩罚分摊得益机制设计

如表 4.1 所示，得益矩阵为两两配对博弈，其中，b 为完成工作后每个服务商的总收益，c 为完成服务任务的成本，d 为对背叛的服务商给予的惩罚的大小，n 为服务商总数，x 为服务商合作比例。表 4.1 中，合作群体成本相同，即 $c/2$，没有考虑合作群体的大小；对背叛群体的惩罚也相同，即 δ，也没有考虑按群体的大小进行惩罚分摊。为了凸显合作优势，在"合力"型工作中，合作者越多，个体付出越少，协同价值可能越大，此时，博弈得益矩阵即为表 4.1 所示电子商务企业联盟合作博弈矩阵。

表 4.1　合作成本分摊博弈得益矩阵

个体 2	个体 1	
	合作	背叛
合作	$b-\dfrac{c}{nx}$,　$b-\dfrac{c}{nx}$	$b-\dfrac{c}{nx}$,　$b-d$
背叛	$b-d$,　$b-\dfrac{c}{nx}$	0, 0

表 4.1 中，惩罚固定，考虑了合作成本分摊。但在有些场合，还需对惩罚进行分摊，即惩罚群体中持背叛态度者越多，惩罚将越少。同时考虑成本和惩罚按群体的大小进行分摊的博弈情形，如表 4.2 所示，其中，各字母代表的意义与表 4.1 相同。

表 4.2　合作成本和惩罚分摊博弈得益矩阵

个体 2	个体 1	
	合作	背叛
合作	$b-\dfrac{c}{nx}$,　$b-\dfrac{c}{nx}$	$b-\dfrac{c}{nx}$,　$b-\dfrac{d}{n(1-x)}$
背叛	$b-\dfrac{d}{n(1-x)}$,　$b-\dfrac{c}{nx}$	0, 0

在表 4.1 和表 4.2 所示的得益机制下，群体的进化稳定策略如何？而在不同参数关系下，群体进化稳定策略又会如何调整呢？下一节将通过复制动态方式进行解析。

4.2　成本和惩罚分摊得益机制下联盟进化稳定策略求解

4.2.1　合作成本分摊博弈情形

考虑表 4.1 所示合作成本分摊博弈情形。设群体中合作的服务商的比例为 x，则背叛的服务商的比例为 $1-x$。由于合作服务商的收益与群体中合作的服务商数量有关，合作的服务商数量越多，则每个服务商分摊的合作成本越小，此时，个体合作企业的收益为 $b-\dfrac{c}{nx}$。

根据复制动态方法，可得合作群体期望收益为

$$U_1 = x\left(b-\frac{c}{nx}\right) + (1-x)\left(b-\frac{c}{nx}\right) = b-\frac{c}{nx} \tag{4.1}$$

背叛群体期望收益为

$$U_2 = x(b-d) \tag{4.2}$$

群体平均收益为

$$U = xU_1 + (1-x)U_2 \tag{4.3}$$

故合作企业的比例的复制动态方程为

$$\frac{\mathrm{d}x}{\mathrm{d}t} = x(U_1-U) = x\{U_1-[xU_1+(1-x)U_2]\} = x(1-x)(U_1-U_2) \tag{4.4}$$

同上推导，背叛企业的比例的复制动态方程为

$$\frac{\mathrm{d}(1-x)}{\mathrm{d}t} = x(1-x)(U_2-U_1) \tag{4.5}$$

由式（4.4）和式（4.5）可知，要求均衡解，关键是求解 U_1-U_2。当 $U_1-U_2>0$ 时，合作的服务商数量会增加；当 $U_1-U_2<0$ 时，背叛的服务商数量会增加。

因此，下面将讨论以下函数的性质：

$$F(x) = U_1 - U_2 = b-\frac{c}{nx} - x(b-d) \tag{4.6}$$

其解为

$$x_1 = \frac{b-\sqrt{b^2-4(b-d)\dfrac{c}{n}}}{2(b-d)}, \qquad x_2 = \frac{b+\sqrt{b^2-4(b-d)\dfrac{c}{n}}}{2(b-d)} \tag{4.7}$$

当 $F(x)>0$ 时，合作的服务商数量会增加；当 $F(x)=0$ 时，合作的服务商数量达到稳定状态；当 $F(x)<0$ 时，背叛的服务商数量会增加。所以，收益、成本、惩罚大小和群体初始比例将影响博弈结果，合理的惩罚参数设置将直接影响服务商进化行为。具体如下：

（1）$b<d$，即惩罚力度小于其收益（$x_1>0$，$x_2<0$）。当 $\dfrac{c}{n}<d$，即合作者的分摊成本小于单个背叛者的惩罚成本时，若合作者的初始条件比例大于 x_1，则比例最终稳定在 1；反之，

比例最终稳定在 0。当 $\frac{c}{n} > d$，即合作者的分摊成本大于单个背叛者的惩罚成本时，合作者的初始条件比例无论是多少，群体中合作者的比例最终稳定在 0（具体分析见附录 A1）。

（2）$b > d$，即惩罚力度大于其收益（$0 < x_1 < x_2$）。当 $\frac{c}{n} > d$ 且 $b > 2d$，即合作者的分摊成本大于单个背叛者的惩罚成本，且收益大于两倍的惩罚时，若合作者的初始条件比例小于 x_1，则比例最终稳定在 0；反之，比例稳定在 x_2。当 $\frac{c}{n} > d$ 且 $b < 2d$，即合作者的分摊成本小于单个背叛者的惩罚成本，且收益小于两倍的惩罚时，合作者的初始条件比例无论是多少，群体中合作者的比例最终稳定在 0。当 $\frac{c}{n} < d$，即合作者的分摊成本小于单个背叛者的惩罚成本时，若合作者的初始条件比例小于 x_1，则比例最终稳定在 0；若合作者的初始条件比例大于 x_1，则比例最终稳定在 1（具体分析见附录 A2）。

4.2.2　合作成本和惩罚分摊博弈情形

考虑如表 4.2 所示合作成本和惩罚分摊博弈情形。设 x 为合作的服务商的比例，则合作期望收益为

$$P(c) = b - \frac{c}{nx} \tag{4.8}$$

背叛期望收益为

$$P(d) = x\left[b - \frac{d}{n(1-x)}\right] \tag{4.9}$$

群体平均收益为

$$\bar{p} = xP(c) + (1-x)P(d) \tag{4.10}$$

故博弈均衡方程为

$$b - \frac{c}{nx} = x\left[b - \frac{d}{n(1-x)}\right] \tag{4.11}$$

即

$$bnx^3 - (2bn-d)x^2 + (bn+c)x - c = 0 \tag{4.12}$$

群体中个体不易找到均衡点，而且，当考虑群体中个体的差异时，个体之间的模仿过程不一样，不能用式（4.8）～式（4.12）所示的复制动态方法获取行为进化过程并求解出收益大小。

考虑群体中个体的决策特性和不均匀的沟通方式，群体进行稳定策略不易通过复制动态方式得到，但可通过模拟方法呈现不同协同管理策略对加盟企业行为的影响。

本章将考虑一种普适的加盟企业沟通方式，即基于复杂网络的沟通。复杂网络是具有一定平均最短路径长度、集聚系数和度分布等统计特征的动力学网络[1, 2]。根据拓扑和统计特征，可将复杂网络分为规则网络、随机网络、小世界网络、无标度网络等[3]。1998 年，

邓肯·J·沃茨（Duncan J Watts）和史蒂文·H·斯特罗加茨（Steven H Strogatz）提出小世界网络模型（WS 模型）[4]，该网络中，结点按一定概率随机选择其他结点进行连接。实证研究表明，大多数真实复杂网络具有小世界特性[5]。将复杂网络用于社会科学研究中时，含特定研究对象的复杂网络被称为社会网络。通常认为，社会网络是由个体之间或人群之间在相互交往过程中按照某种方式组织和联系起来的一个整体[6]，如个人之间的友谊网络、企业间的商业关系网络[7]、科研网络[8]等。人际关系网络具有小世界特性[9]。企业工作联盟可以看成一个具有小世界特性的社会网络，其联盟成员是为完成联盟工作而组合起来的，可视为网络上的结点，成员的联系或交往程度用边来描述，是否连接或连接的程度依赖于成员之间的工作关系。有连接的个体之间能感受或部分感受到邻居的工作行为；部分结点没有连接，无法感受。因此，个体对网络的全局信息了解是不完整的。

下面将分析更多的联盟协同管理策略对群体行为的影响，包括联盟规模设置、联盟中不同决策的个性企业的比例搭配、得益矩阵中参数大小和关系的设置、联盟中事务难度等协同管理策略对加盟企业协同行为的影响。

4.3 基于复杂网络的联盟协同管理工作机制模拟系统建立

本节将考虑具有这三类决策特性的服务商个体：保守型服务商、中立型服务商和易变型服务商。用 Agent 代表联盟中的服务商个体，这些个体持合作策略或持背叛态度，持何态度与其自身特性和与该个体有关联的服务商的策略有关。整个联盟的工作过程是不同时期服务商之间互动博弈的过程。

4.3.1 基本模型

用 Agent 表示具有独立决策的服务商，用网络表示 Agent 联盟的工作环境，网络中结点为单个 Agent，Agent 之间有关联。通常，根据联盟任务的难度和 Agent 平时的性格特征建立工作关系，即存在关联。高难度任务，成员之间关联度高；反之，低难度任务，成员之间关联度低。

定义 4.1 AC = $\{\Omega, S, C, P, \Phi, F, t\}$，其中：

（1）Ω 为工作联盟，$\Omega = \{Agent_1, Agent_2, \cdots, Agent_n\}$；

（2）S 为状态空间，$S = \{Cop, Def\}$（Cop 为合作策略，Def 为背叛策略），本系统中，用 Agent 的颜色区分其工作状态；

（3）C 为个体决策特征，$C = \{C_1, C_2, C_3\}$，（C_1 为保守型，C_2 为中立型，C_3 为易变型），在模拟系统中，用标签方式在 Agent 上标注其所属类型；

（4）P 为 $Agent_i$ 与其他 $Agent_j$ 的协同工作概率，即该 Agent 愿意与其他 Agent 协调合作、共享信息的程度，本系统中，用连接关系表示两个 Agent 能协作；

（5）Φ 为 Agent 局部邻域空间函数，$\Phi = \{\Phi_1, \Phi_2, \cdots, \Phi_n\}$（$\Phi_i = \{Agent_i \xrightarrow{P} Agent_j\}$，即 Φ 由 Agent 和与其协同工作的 Agent 组成），本系统中，由网络上该 Agent 结点的入度

结点（即连接该结点的所有结点）构成；

（6）F 为状态转移函数，F：$\{(C_i, P_i, \Phi_i) \rightarrow S(t)\} \times t \rightarrow S(t+1)$，即 Agent$_i$ 在第 $t+1$ 期的状态与第 t 期其自身的决策特征、历史策略以及邻域 Agent 状态有关；

（7）t 为系统时钟，$t = \{1, 2, 3, \cdots\}$，它是模拟的基础。

联盟得益集合可用表 4.2 所示得益表描述。在系统中，B、C、D 分别表示得益表中的参数 b、c、d。

4.3.2 规则设定

1. 网络构建规则

模拟系统根据联盟任务的难度，按一定的概率分布为网络上的结点之间建立连接。对难度大的任务，如时间要求紧迫的任务需要员工充分协作才可能完成，因此，用高概率进行结点连接，本系统中，此类网络结点的连接概率为 $L(1) \sim$ uniform$(0.2, 0.3)$；反之，对难度小的任务，员工之间相对独立工作，协作率较低，即结点之间的连接概率较小，本系统中，此类网络结点的联结概率为 $L(2) \sim$ uniform$(0.1, 0.2)$；而对难度适中的任务，结点连接概率也适中，本系统中，此类网络结点的连接概率为 $L(3) \sim$ uniform$(0, 0.1)$。

2. 工作群体收益分配规则

令联盟中总服务商数为 n，持合作态度的服务商的比例为 x，则持背叛态度的服务商的比例为 $1-x$。若合作数大于 0，则合作群体中个体收益为 $b - \dfrac{c}{nx}$，而背叛方个体收益为 $b - \dfrac{d}{n(1-x)}$；若全部都采取背叛态度，则个体收益均为 0。

3. 演化规则

与传统网络中的扩散行为不同，本系统考虑网络中所有 Agent 在某时期其行为受自身特征和邻近 Agent 的影响。由于 Agent 只能感知邻近 Agent 的行为，对整体状况不了解，系统中 Agent 表现出一种学习行为，即通过自身历史知识和邻域传递的信息进行决策。关于学习算法的方式较多，如以局部进化稳定策略和复制动态等为依据的学习方式[10]，这些方式有一定合理性，但都将 Agent 描绘为只受周围 Agent 的总体影响，而忽略了 Agent 的自身特征和历史信息。本节设计了一种综合考虑 Agent 自身及其邻近 Agent 的特征和历史信息的混合学习模式。

用概率分布分别描述保守型、中立型和易变型三类决策特性的 Agent 的策略改变阈值，记为 $P_i(i = 1, 2, 3)$。

定义 4.2 各类型 Agent 策略改变阈值 P_i 服从概率分布，即 $P_i \sim$ uniform$(a, b)(i = 1, 2, 3)$。本系统中，$P_1 \sim$ uniform$(0.8, 1)$，$P_2 \sim$ uniform$(0.3, 8)$，$p_3 \sim$ uniform$(0, 0.3)$。

联盟中的 Agent，除了按自己的性格特征进行策略改变外，更主要的是通过工作关系模仿邻域中某 Agent 的行为。通常可用个性匹配方式表示模仿程度，即个体 P_i 效仿个体

P_j决策的程度。这里采取一种个性概率匹配方式。

定义 4.3 个体概率匹配度为 mapping$(P_i, P_j) \in (0, 1)$$(i = 1, 2, 3; j = 1, 2, 3)$。令

mapping(P_1, P_1) = uniform$(0.8, 1)$,   mapping(P_2, P_2) = uniform$(0.8, 1)$

mapping(P_3, P_3) = uniform$(0.8, 1)$,   mapping(P_1, P_2) = uniform$(0.3, 0.8)$

mapping(P_2, P_3) = uniform$(0.3, 0.8)$,   mapping(P_1, P_3) = uniform$(0, 0.3)$

从个体的邻域中，以概率方法选出最大总收益的邻域 Agent 为模仿对象，模仿概率为

$$P(j \to i) = \frac{1}{1 + e^{-(u_j - u_i)/k}} \quad (4.13)$$

其中：u_j 为邻域中以个性匹配方式筛选出的最大的服务商个体累积收益；u_i 为学习者累积收益；k 为信息噪声[11]。k 越大，模仿概率 p 越小，当 $k \to \infty$ 时，$p \to 1/2$，是一种抛硬币模仿方式；当 $k \to 0$ 时，$p \to 1$，是一种高概率模仿方式。

如果模仿成功，Agent 下一期的策略与被模仿者当期策略一致；如果不在模仿概率内，说明选择模仿失败，Agent 将按概率和自己的判断选择改变策略，概率为超出决策个性阈值的概率。由于 Agent 并不知道整个联盟工作群体的合作状态，只能以局部邻域策略整体现状进行决策。在局部，设合作数为 c_n，不合作数为 d_n，考虑邻域 Agent 也可能发生改变，以一定比例考虑两类服务商数量的变化。当 $b - \dfrac{c}{c_n} > b - \dfrac{d}{d_n}$ 时，该 Agent 选择合作；反之，选择背叛。若改变概率低，则该 Agent 选择延续现有策略。

4.4 基于复杂网络的联盟协同管理工作机制模拟系统实现

基于 Repast 提供的 Java 类库框架，在 Eclipse 开发环境下，利用 Java 实现上述基于复杂网络的联盟协同管理工作模拟系统，其系统用户接口如图4.1所示。

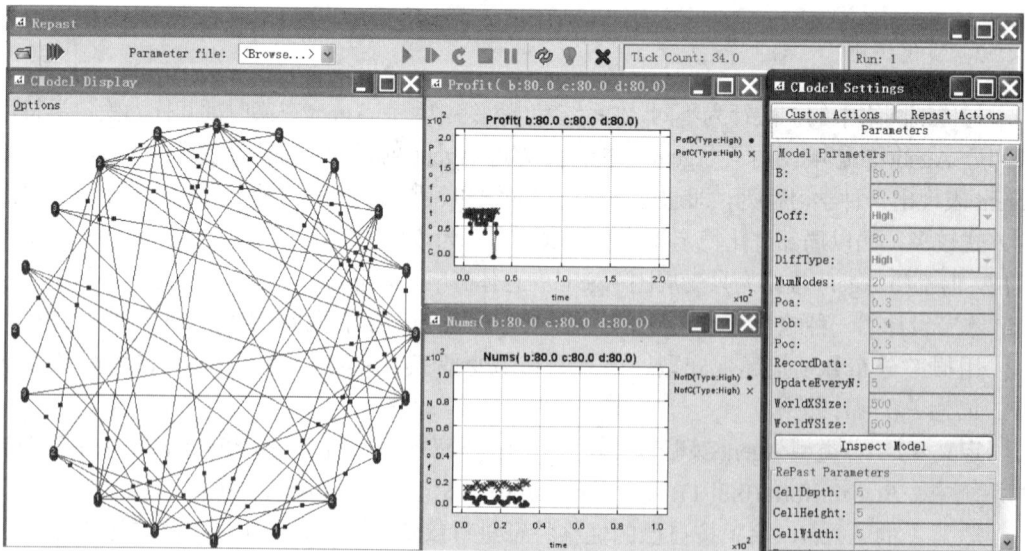

图 4.1　基于复杂网络的联盟协同管理工作模拟系统

图 4.1 左部为 Agent 演化显示区，中上部为合作、背叛 Agent 数量变化图，中下部为合作、背叛 Agent 利润变化图，右部为模型参数设置区。其中 B、C、D 分别为得益表中的 b、c、d；DiffType 为工作任务难度，有 High、Middle 和 Low 三个选项；NumNodes 为网络结点（Agent）数；Poa、Pob、Poc 分别为保守型、中立型和易变型 Agent 数量的比例。表 4.3 为系统参数设置。

表 4.3　模拟系统参数

序号	参数	说　　明	默认值
1	b	工作收益	100
2	c	参与工作服务商总付出成本	80
3	d	不参与工作服务商总惩罚成本	80
4	Poa	保守型服务商个体比例	0.3
5	Pob	中立型服务商个体比例	0.4
6	Poc	易变型服务商个体比例	0.3
7	NumNodes	总加盟服务商数量（网络结点数）	40
8	DiffType	任务难度	Middle

该模拟系统主要包含三个类文件：CModel 类文件用于构建基本的模型，能创建用户图形接口，控制模型的初始化、参数设置和各种运行状态；CEdge 类文件用于定义工作网络的边；CNode 类文件用于定义工作网络中的结点（Agent）。

4.5　基于复杂网络的联盟协同管理工作机制模拟实验及其分析

本章将通过采集模拟数据，采用典型图示和数据进行分析，说明不同的协同管理策略对群体行为的影响。

4.5.1　加盟服务商数量对群体行为的影响

图 4.2 为当结点数分别为 20、40 和 60 时群体中合作和背叛服务商数量变化图。从宏观趋势来看，三组结点数下，合作与背叛的趋势一致。当 $c<d$ 时，总的成本高于总的惩罚，群体表现为合作者占优，即合作服务商数量多于背叛服务商数量，随着结点数的增加，合作占优趋势越来越明显；当 $c=d$ 时，呈针锋相对格局，即部分服务商在某一期合作，当观察到对方呈背叛状态，下一期可能也呈背叛状态；当 $c>d$ 时，总的惩罚高于总的成本，背叛者占优，即背叛服务商数量较多。

由图 4.2 可以看出，结点数越少，状态扩散越快，群体行为变化越快。此时，应正确引导，群体能快速收敛到合理的工作状态；否则，群体状态将呈无序变化。随着结点数的增加，状态扩散变慢，由此可知，结点数会影响状态扩散的快慢，这也是管理联盟要适当控制规模的一方面原因。

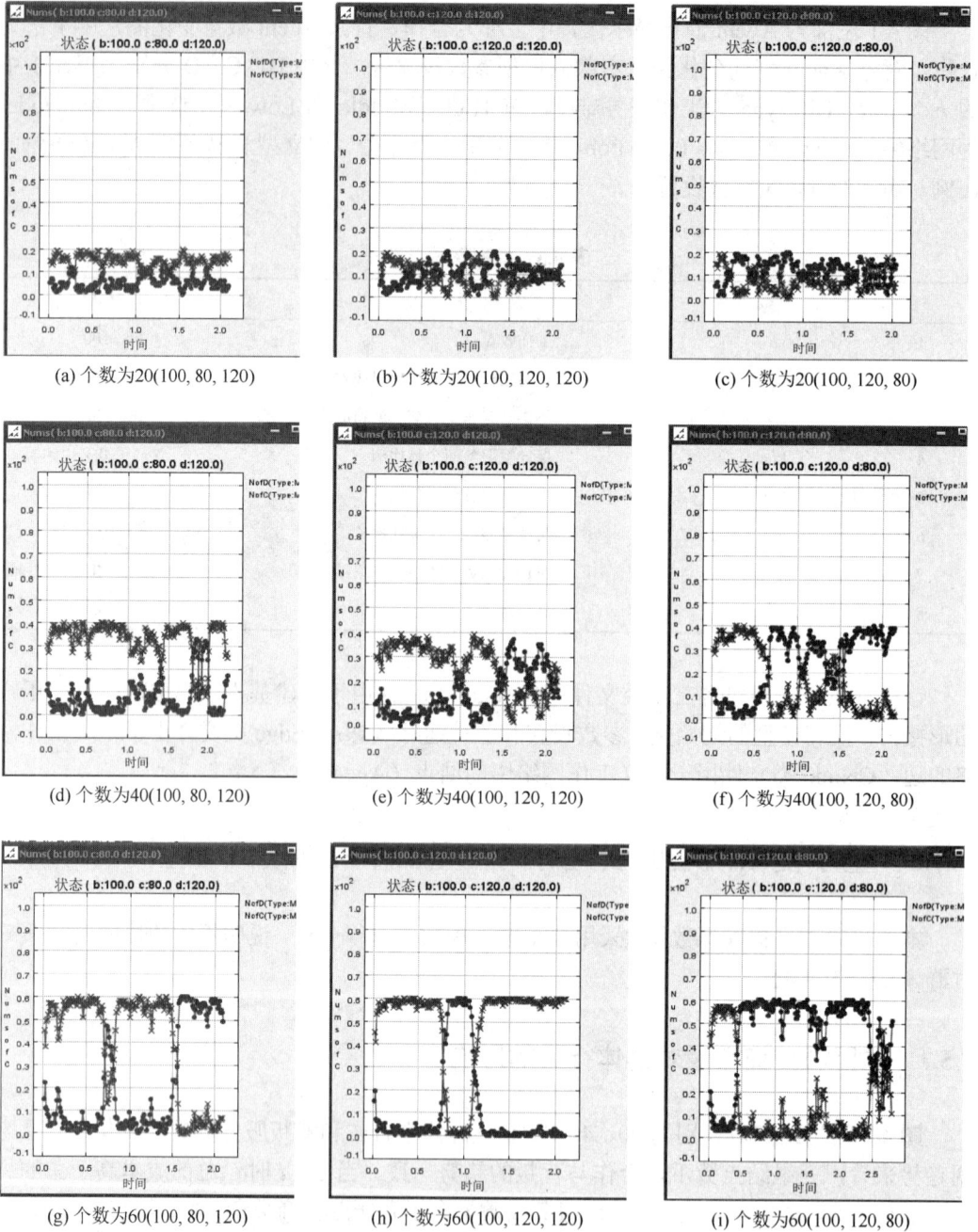

(a) 个数为20(100, 80, 120)

(b) 个数为20(100, 120, 120)

(c) 个数为20(100, 120, 80)

(d) 个数为40(100, 80, 120)

(e) 个数为40(100, 120, 120)

(f) 个数为40(100, 120, 80)

(g) 个数为60(100, 80, 120)

(h) 个数为60(100, 120, 120)

(i) 个数为60(100, 120, 80)

图 4.2　不同服务商规模下的群体行为

采集 200 期模拟数据，得到结果如表 4.4 所示。从表 4.4 可以看出，不同结点数下，当 c 与 d 相当（$c = 120$，$d = 120$）时，工作群体中持合作态度与持背叛态度的服务商数量为逐渐弱化的针锋相对格局。当结点数为 20 时，工作群体中两类群体比例接近 1∶1，方差较小，是典型的针锋相对格局；当结点数增加到 40 时，两类群体变化趋势呈弱针

锋相对格局，方差比结点数为 20 时大（9.65＞4.56），此时，持合作态度服务商的数量占优，与持背叛态度的服务商数量的比例均为 2：1；当结点数增加到 60 时，持合作态度服务商与持背叛态度服务商的比例为 7.83：1。

表 4.4　不同结点数下的服务商收益

结点数	工作参数	背叛者收益		合作者收益		背叛数		合作数	
	b, c, d	期望	方差	期望	方差	期望	方差	期望	方差
20	100, 80, 120	65.92	26.99	94.37	1.29	5.17	2.78	14.83	2.78
	100, 120, 120	81.74	18.85	81.13	21.14	10.04	4.56	9.97	4.56
	100, 120, 80	90.24	12.87	75.67	21.95	12.26	4.42	7.75	4.43
40	100, 80, 120	58.90	37.58	97.22	1.54	7.32	7.74	32.69	7.74
	100, 120, 120	84.04	15.57	93.90	5.23	13.66	9.65	26.35	9.65
	100, 120, 80	88.65	19.59	76.32	31.91	23.00	13.71	17.00	13.71
60	100, 80, 120	66.93	35.03	89.01	23.22	19.00	22.21	41.00	22.21
	100, 120, 120	107.14	44.05	148.43	0.46	6.80	8.66	53.21	8.66
	100, 120, 80	91.35	25.50	60.07	35.02	51.67	9.96	8.34	9.96

当 $c<d$ 时，在不同结点数下，持合作态度的服务商数量大于持背叛态度的服务商数量，工作格局为合作占优，此时与两 Agent 博弈时格局一致。当工作人群总数相对较少时，两类群体数量变化方差较小，合作占优较稳定；而当工作人群总数增加时，方差变大，合作占优较不稳定。

当 $c>d$ 时，在不同结点数下，持背叛态度的服务商数量大于持合作态度的服务商数量，工作格局为背叛占优，此时与两 Agent 博弈时格局一致。

由上面的分析可以看出，相同工作条件下，不同参与者的工作群体，工作状态基本一致，但工作中的期望利润不一样，个体学习模仿时存在差异性，因此，两类状态的变化频率各异，方差也不同。

4.5.2　工作参数设置对群体行为的影响

由上面的分析可知，加盟服务商数量对工作的宏观格局没有影响，因此，下面选服务商数为 40 作为数据采集的基础。本小节将讨论不同工作参数对工作状态的影响。

1. 参数 b 对群体行为的影响

考察参数 b 的变化对群体行为变化的影响，由图 4.3 可以看出，两类服务商群体是一种近似针锋相对的状态。

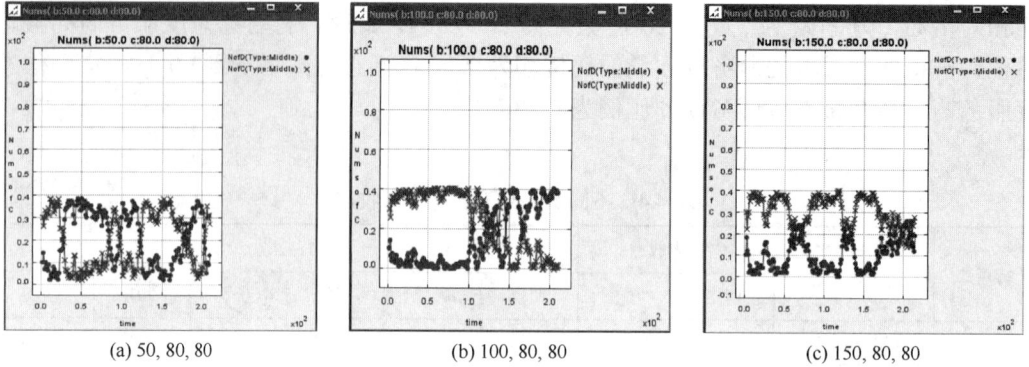

(a) 50, 80, 80   (b) 100, 80, 80   (c) 150, 80, 80

图 4.3　参数 b 对群体行为的影响

但从表 4.5 中的方差变化可以看出，b 越大，两类群体数量方差越小，状态变化越小，说明 $b-\dfrac{c}{nx}$ 和 $b-\dfrac{d}{n(1-x)}$ 的差值越大，越有利于工作群体的工作行为稳定；反之，工作群体状态变化越大。这种现象与现实工作中的场景一致，例如，获益较大的场合，工作群体都稳定于一种状态，如合作工作状态；获益较小的场合，工作群体重视程度较低，工作状态变化较大。从获利期望和方差来看，随着 b 的增加，背叛方期望收益增加，但方差也增大，即风险变大；而合作方收益增加时，风险却变小。由此可知，一定的信息披露和引导，有助于工作群体向合作行为演化。

表 4.5　不同工作参数下的服务商收益（ b 变化 ）

工作参数	背叛者收益		合作者收益		背叛数		合作数	
b, c, d	期望	方差	期望	方差	期望	方差	期望	方差
50, 80, 80	32.96	19.99	38.89	18.14	15.94	14.47	24.07	14.47
100, 80, 80	81.73	18.54	97.20	1.22	8.57	7.08	31.43	7.08
150, 80, 80	128.86	24.34	147.28	0.70	8.93	6.68	31.08	6.68

2. 参数 c、d 对群体行为的影响

由表 4.6 可以看出，当 $c>d$ 时，背叛服务商的数量占优，d 值越小，背叛占优程度越大；当 $c\leqslant d$ 时，合作服务商的数量占优，说明在服务商群体工作中，通过学习和状态扩散，群体能收敛到与两 Agent 博弈时一致。即当工作付出大于惩罚时，群体倾向于背叛；而当惩罚力度大于付出时，群体倾向于合作。随着 d 的逐渐增大，合作服务商数量和收益不断增加，方差不断减小。因此，加大惩罚力度，一方面可以打击背叛者，同时也能提高合作者收益，这也印证了在较多管理活动中，通过加大惩罚力度能有效规范不合理行为。

表 4.6 不同工作参数下的服务商收益（d 变化）

工作参数	背叛者收益		合作者收益		背叛数		合作数	
b, c, d	期望	方差	期望	方差	期望	方差	期望	方差
100, 120, 40	97.76	9.85	70.79	25.76	33.11	5.06	6.90	5.06
100, 120, 80	88.65	19.59	76.32	31.91	23.00	13.71	17.00	13.71
100, 120, 120	84.04	15.57	93.90	5.23	13.66	9.65	26.35	9.65
100, 120, 160	67.67	29.74	95.06	4.72	9.70	8.35	30.30	8.35
100, 120, 200	49.51	46.95	96.06	1.66	7.28	6.06	32.72	6.06

由以上分析知，模型合理，该系统能应用于工作场景中各类参数的设定（b, c, d）。

4.5.3 任务难度对群体行为的影响

由表 4.7 可以看出，在高、中、低三种工作难度下，随着惩罚参数 d 的增加，背叛服务商的数量不断减少，而合作服务商的数量不断增加。在相同工作参数下，任务难度不同，工作群体状态也不同。当 $c > d$ 时，高难度任务下背叛服务商的数量比中、低难度任务下多，方差也大，合作者和背叛者收益随任务难度的降低而增加，风险（方差）却逐渐降低。当 $c \leq d$ 时，随着任务难度的降低，合作服务商的数量占优趋势变大，方差变小，平均利润增加，获利风险却降低。

表 4.7 不同任务难度下的服务商收益

工作参数	难度	背叛者收益		合作者收益		背叛数		合作数	
b, c, d		期望	方差	期望	方差	期望	方差	期望	方差
100, 120, 40	高	80.09	38.89	25.75	40.14	37.25	3.82	2.75	3.82
100, 120, 40	中	97.76	9.85	70.79	25.76	33.11	5.06	6.90	5.06
100, 120, 40	低	98.78	0.22	78.16	12.68	33.29	2.94	6.71	2.94
100, 120, 80	高	72.75	40.30	50.42	42.65	29.51	13.65	10.49	13.65
100, 120, 80	中	88.65	19.59	76.32	31.91	23.00	13.71	17.00	13.71
100, 120, 80	低	97.14	0.49	88.62	3.69	28.50	3.35	11.51	3.35
100, 120, 120	高	21.14	39.66	96.76	0.44	2.51	3.67	37.50	3.67
100, 120, 120	中	84.04	15.57	93.90	5.23	13.66	9.65	26.35	9.65
100, 120, 120	低	55.70	26.16	96.68	0.26	3.66	2.30	36.35	2.30
100, 120, 160	高	35.59	57.52	67.91	42.63	17.68	17.01	22.33	17.01
100, 120, 160	中	52.77	44.05	95.83	2.43	7.95	7.34	32.06	7.34
100, 120, 160	低	58.92	30.53	96.50	96.50	5.45	2.92	34.56	2.92
100, 120, 200	高	−0.78	67.39	83.51	31.81	8.86	14.37	31.15	14.37
100, 120, 200	中	49.51	46.95	96.06	1.66	7.28	6.06	32.72	6.06
100, 120, 200	低	50.26	37.94	96.51	0.27	5.41	2.50	34.60	2.50

由此可以看出,当任务难度低时,产生利润高,且风险低;当任务难度高时,工作群体状态变化大,相对不稳定,期望利润低,且风险大。在高难度任务中,由于服务商个体能充分了解周围的工作状态,存在两面性,受正确引导和投机诱惑的可能性都大,工作状态变化大;而在低难度任务工作中,由于服务商个体了解其他服务商信息少,主要依靠服务商历史信息进行工作决策,寻求稳定和保守的做法,状态变化小。

4.5.4 不同决策特性加盟服务商组成的联盟对群体行为的影响

考察当 $b = 100$,$c = 80$,$d = 80$ 时,联盟中具有不同决策特性的服务商所构成的各种比例下,联盟合作的演化情况。理想状态下,两服务商博弈的工作状态是一种针锋相对的格局,但在群体博弈的工作环境中,由于群体中个体的性格特征各异,工作时相互学习和信息传递的场景不一样,即扩散过程不一样,最终工作行为不一样,如图 4.4 所示,该系列图示为不同决策特性服务商比例构成的工作群体的工作状态变化图。由图 4.4 可以看出,群体中,具有不同决策特性服务商的比例对工作状态的影响有差异。当比例不均匀时,呈合作或背叛占优。例如,组合(0.8, 0.1, 0.1)和(0.6, 0.2, 0.2)呈合作占优;而组合(0.2, 0.2, 0.6)和(0.1, 0.1, 0.8)呈背叛占优。

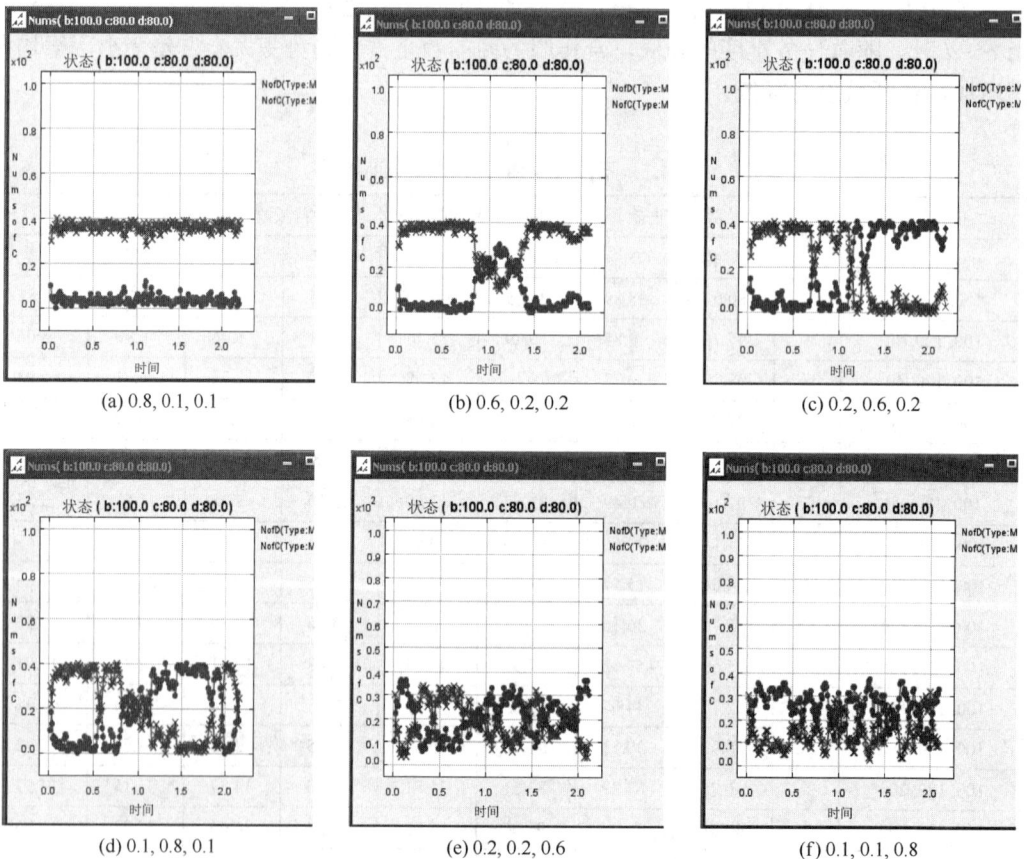

(a) 0.8, 0.1, 0.1

(b) 0.6, 0.2, 0.2

(c) 0.2, 0.6, 0.2

(d) 0.1, 0.8, 0.1

(e) 0.2, 0.2, 0.6

(f) 0.1, 0.1, 0.8

图 4.4 不同决策特性服务商构成下的群体行为

整理原始模拟数据，得到表 4.8 所示统计数据。由表 4.8 可以看出，当保守型和中立型个体比例占优时，合作服务商的数量大于背叛服务商的数量，此时，合作服务商期望收益也远高于背叛服务商期望收益，且风险也低；而当易变型个体占优时，合作服务商的数量下降，合作平均收益降低。因此，当 $c \leq d$ 时，考虑群体配备，管理者应该适当考虑使用保守型和中立型服务商的数量多于易变型服务商的数量的人群分布，这将有利于工作开展，同时也能使合作服务商在低风险下获取高收益。当 $c > d$ 时，保守型成员过多，容易导致联盟过快地进入背叛占优的格局。

表 4.8　不同决策特性服务商构成下的服务商收益

参数	背叛者收益		合作者收益		背叛数		合作数	
Poa, Pob, Poc	期望	方差	期望	方差	期望	方差	期望	方差
0.8, 0.1, 0.1	45.67	28.49	97.89	0.09	1.95	1.44	38.06	1.44
0.6, 0.2, 0.2	68.47	28.96	97.21	1.20	7.81	8.51	32.19	8.51
0.3, 0.4, 0.3	81.73	18.54	97.20	1.22	8.57	7.08	31.43	7.08
0.2, 0.6, 0.2	89.60	12.73	94.89	7.48	15.09	10.14	24.92	10.14
0.1, 0.8, 0.1	86.59	19.64	90.36	17.33	16.60	12.53	23.40	12.53
0.2, 0.2, 0.6	95.07	4.36	89.80	10.10	24.45	11.12	15.55	11.12
0.1, 0.1, 0.8	93.84	7.33	88.82	11.06	24.81	12.19	15.19	12.19

因此，为了迎合不同联盟事务格局，适度地具有各异决策特性比例配置的联盟，如组合（0.3, 0.4, 0.3），将有利于联盟快速达到稳定状态，而不是过度偏执地收敛于某一种状态，如图 4.4（b）所示情形。

4.6　本 章 小 结

为揭示在成本和惩罚分摊机制下，不同联盟规模设置、不同决策特性服务商构成的联盟，以及不同工作设置（工作的收益、惩罚、协同工作环境和任务难度等）等联盟协同管理策略对加盟服务商群体工作行为演化的影响规律，本章集成了多智能体和进化博弈模型进行了建模和分析。在基于复杂网络的联盟工作框架下，本章考虑了加盟服务商的决策个性，建立了基于历史信息和服务商个性特征的混合学习规则，将其整合到多智能体模拟模型，并基于 Repast 图形类库框架，利用 Java 实现了该模拟系统。该模拟系统可辅助决策者进行联盟协同管理策略的模拟实验，有效地采集不同模型参数下的仿真数据，从而辅助决策。

通过对模拟数据进行分析，可以得出：联盟规模对工作的宏观趋势没有影响，但对微观合作频率有影响。联盟工作设置对群体状态有影响，$b - \dfrac{c}{nx}$ 和 $b - \dfrac{d}{n(1-x)}$ 的差值越大，越有利于群体工作状态的稳定；反之，群体状态变化大。当合作成本与惩罚相当时，群体行为呈针锋相对态，而 b 越大，该状态越弱，向合作或背叛占优转移。当合作成本与惩罚不等时，若合作成本大，背叛占优；反之，合作占优。工作难度对服务商群体行为有影响，高难度下，群体状态变化大，风险大，利润相对低；低难度下，群体行为稳定，风险小，利润高。具有不同决策特性比例服务商构成的群体搭配下的工作收益和状态各异，保守型和中立型服务商较多时，合作服务商的数量多，获利也高。

本章参考文献

[1] 马骏，等. 复杂网络理论在组织网络研究中的应用[J]. 科学学研究，2005，23（2）：173-178.

[2] 刘涛，陈忠，陈晓荣. 复杂网络理论及其应用研究概述[J]. 系统工程，2005，23（6）：1-7.

[3] 杨阳，荣智海，李翔. 复杂网络演化博弈理论研究综述[J]. 复杂系统与复杂性科学，2008，5（4）：47-55.

[4] WATTS D J，STROGATZ S H. Collective dynamics of 'Small-world' networks[J]. Nature 1998，393（6684）：440-442.

[5] ALBERT R，BARABASI A L. Statistical mechanics of complex networks[J]. Reviews of Modern Physics，2002，74（1）：47-97.

[6] GRABOWSKI A. Interpersonal interactions and human dynamics in a large social network[J]. Physica A，2007（385）：363-369.

[7] NEWMAN M E J，STROGATZ S H，WATTS D J. Random graphs with arbitrary degree distributions and their applications[J]. Physical Review E，2002，（64）：026118.

[8] NEWMAN M E J. Who is the best connected scientist? A study of scientific coauthorship networks[J]. Physical Review E，2001，（64）：016132.

[9] NEWMAN M E J. The structure and function of complex networks[J]. SIAM Review，2003，45（2）：167-256.

[10] 谢识予. 经济博弈论[M]. 上海：复旦大学出版社，2002：220-245.

[11] DU W B，CAO X B，HU M B，et al. Effects of expectation and noise on evolutionary games[J]. Physica A，2009（388）：2215-2220.

第 5 章　协同事务工作中群体行为演化

5.1　面向动态任务的员工协同事务工作框架构建

相比直线制、直线职能制和事业部制等组织结构，矩阵制组织结构更加灵活。该组织结构能将按职能划分部门与按项目划分小组的方式结合起来，促进各部门协调合作，在保持员工专业分工的同时加强联系和沟通，强调信息的纵向和横向流动，合理配置资源，最大化提高利润，具有较强的灵活性和适应性。现代商务企业，尤其是中小型电子商务企业，如小型的 B2C 企业，资源相对较少，为快速应对市场环境，提高工作效率，企业需要充分利用各类信息，包括纵向的管理者沟通信息和横向的员工互动信息，动态调配人员进行工作。因此，企业可借鉴矩阵制组织结构的设计思想，将流程分解为多项任务，并将任务分解为多个活动，组织内人员分配对应的一个或多个角色，即一个员工可以充当一个或多个角色，每项任务由一个或多个角色完成，每个活动也可由一个或多个角色执行；面向外部的动态任务，企业可给员工分配角色，将工作分解，形成如图 1.4 所示的角色-任务协同工作方式，从而充分发挥企业员工的能力，最大化利用人力资源，提高任务执行率和响应能力。

矩阵制组织结构也存在一定的缺陷。由于一个员工可能受多方领导，其积极性会降低；由于工作是按员工的能力来分配的，能者多劳，如果分配不合理，容易导致员工积极性降低，也难以调节人际关系。在协同工作框架中，也存在这些问题，即如何公平、公正地快速分配任务？如何提升员工的人际关系，提升技能，使得员工能力稳步提升？在协同工作框架下，考虑到任务的可分解性，如何动态地给角色分配任务，分配多少任务，亦需要解决。不少研究者提出人-工作匹配方法，但当任务能分解为多维时，在员工协同工作环境下，没有给出人-工作匹配问题的解决方案。

本章将讨论动态任务分配中基于多维能力视角的角色-任务匹配方法。由于人与工作之间存在互动，这些互动关系可能对任务的执行、员工能力的培养等造成影响。本章还将探讨管理者重能力和重关系的偏好对任务执行的影响、不同的专才和通才比例搭配下的角色集合对任务执行的影响、不同的协同学习环境对员工能力培养的影响，以及分析任务的动态性对员工行为演化趋势的影响。

由于互动的双方涉及两个领域，这里用智能体表示管理者和员工，用多智能体技术描述各员工之间、管理者和员工之间的互动，用离散模拟呈现离散任务的分配，最后将两者集成，以探究角色的协同工作和角色-任务的互动机制。

5.2 协同工作环境下角色-任务匹配算法描述

按图 1.4 所示工作方式，将流程分解为多项任务，将任务分解为多个活动，为每个流程或任务设定角色集合，可以使角色协同工作，充分整合人力资源，提高任务执行率。

5.2.1 基于角色-任务匹配的电子商务企业形式化定义

电子商务企业 CEC 由标识符 CECID、非空的任务集合 T、非空的角色集合 R、可空的角色-任务匹配集合 MAT、非空的组织目标集合 G 和非空的管理者集合 MAN 构成。

定义 5.1 CEC = {CECID, T, R, MAT, G, MAN}，其中：

（1）CECID 为电子商务企业编号，通常为具有一定编码形式的字符型符号，如顺序码形式；

（2）T 为企业中的任务集合，$T = \{task_1, task_2, \cdots, task_n\}$，每项任务能分解为一项或多项子任务，$task_k = \{t_1, t_2, \cdots, t_u\}$ $(0 \leqslant k \leqslant n)$，每项子任务需由对应的能力向量执行；

（3）R 为企业的角色集合，$R = \{role_1, role_2, \cdots, role_m\}$，对应任务的能力向量，单一角色有自己的任务执行能力分量，即 $ability(role_j) = \{a_1, a_2, \cdots, a_v\}$；

（4）MAT 为企业中任务与角色的匹配集合，MAT = $\{matching_1, matching_2, \cdots, matching_r\}$，$matching_r = \{task_k, role_j\}^+$，也就是说，一个角色可同时参与多项任务的执行，一个任务可由一个或多个角色来完成；

（5）G 为企业任务的目标，$G = \{goal_1, goal_2, \cdots goal_t\}$，

$$goal = \left\{\max \sum (task_k), \min \sum (role_j), \min \sum comm(role_i, role_j)\right\}$$

即使用最少的角色完成最多的任务，保证实现既定的任务目标，且所用角色之间通信接口费尽可能低；

（6）MAN 为企业管理者的集合，MAN = $\{manager_1, manager_2, \cdots, manager_s\}$，$manager_s = \{\{task_k\}, \{role_j\}, \{matching_r\}, \{goal_t\}\}$，即管理者为保证任务目标的实现，可调配角色参与任务的实施。

5.2.2 角色-任务匹配模型评价

用 Agent 表示电子商务企业中的员工和管理者，有 Agent 集：$A = \{A_1, A_2 \cdots, A_m\}$，其中，$A_i(1 \leqslant i \leqslant m)$ 都有一个能力向量 a_j，即执行不同任务所拥有的能力，$a_j = \{a_1, a_2, \cdots, a_l\}$ $(1 \leqslant j \leqslant l)$；记企业任务集合为 $T = \{t_1, t_2, \cdots, t_n\}$，完成任务 t_k 需要的能力向量为 $w_k = \{w_1, w_2, \cdots, w_l\}$ $(1 \leqslant k \leqslant n)$，通常 w_k 服从某种概率分布。角色完成子任务，需要消耗 w_k，并可获得相应的收益，本章为简化计算，用其消耗的能力表示获得的收益，即消耗 w_k 就能获得 w_k 的收益。

角色-任务匹配结束后，有两种可能的结果：

（1）$\sum w_i > \sum a_i$，即匹配完成后，所有 Agent 的剩余能力均为 0，说明任务的多维能力需求不小于所有 Agent 对应的多维能力供给；

（2）$\sum w_i < \sum a_i$，即匹配完成后，所有任务的多维能力向量需求剩余为 0，说明 Agent 的多维能力供给不小于所有任务对应的多维能力需求。

现有研究从不同角度设计联盟或人员-任务匹配效果评价的标准和模型，但有一定局限性。例如，基于博弈理论考察联盟结盟后的各项经济指标，包括有限理性、沙普利（Shapley）值和核等理论，这些方法只追求投入产出最大化，但未考虑所需完成任务的特征，是面向单一任务的联盟构建。通常，我们用联盟构成方法的复杂度和计算时间来评价效果，而不考虑单一 Agent 的利用率；在基于并行多任务的匹配研究中，也只考虑 Agent 的贡献度和联盟总收益，而不考虑 Agent 的利用率等因素。动态任务的能力需求多样，因此，历史执行信息对当前任务的执行参考价值不大，需要综合考虑 Agent 的利用率和协同开销等因素。

为了更好地描述匹配问题，设计如下匹配的效果评价准则：

（1）用最少的 Agent 去完成单一任务，以减少 Agent 之间的接口通信费；

（2）利用尽可能少的 Agent 能力能完成尽可能多的任务；

（3）任务的总执行率最大。

基于这三个评价准则，建立面向角色-任务匹配的多目标评价模型：

$$
\begin{aligned}
&\min \sum_i \mathrm{num}(p_i^{jk}(t)) \\
&\max \frac{\sum_k p_i^{jk}(t)}{a_i^j(t)} \\
&\max \frac{\sum_i p_i^{jk}(t)}{w_k^j(t)} \\
&\text{s.t.} \begin{cases} \sum_k p_i^{jk}(t) \leqslant a_i^j(t) \\ \sum_i p_i^{jk}(t) \leqslant w_k^j(t) \end{cases} (0 \leqslant i \leqslant m, 0 \leqslant j \leqslant l, 0 \leqslant k \leqslant n)
\end{aligned}
\tag{5.1}
$$

其中，$p_i^{jk}(t)$ 为第 t 期第 i 个 Agent 完成第 k 项任务的第 j 维能力消耗量。

该模型三个目标分别对应上述三个匹配评价准则，而约束条件符合资源有限的一般常理，即完成的任务能力需求总和不应该大于所有 Agent 能力供给量的总和，也不应该大于所有任务能力需求的总和。

5.2.3　角色-任务匹配算法

尹翔等提出了单维能力匹配度的定义[1]，本章将其扩展为多维能力匹配度概念，得到定义 5.2 和定义 5.3。

定义 5.2 任务各维能力需求与对应维度下的角色能力供给相匹配的程度为

$$\text{matching}_i^{jk}(T \rightarrow R) = \begin{cases} w_k^j - a_i^{jk}, & a_i^{jk} \leqslant w_k^j \\ -\infty, & a_i^{jk} > w_k^j \end{cases} \quad (1 \leqslant i \leqslant m, 1 \leqslant j \leqslant l, 1 \leqslant k \leqslant n) \quad (5.2)$$

定义 5.3 角色各维能力供给与对应维度下任务能力需求相匹配的程度为

$$\text{matching}_i^{jk}(R \rightarrow T) = \begin{cases} a_i^{jk} - w_k^j, & a_i^{jk} \geqslant w_k^j \\ -\infty, & a_i^{jk} < w_k^j \end{cases} \quad (1 \leqslant i \leqslant m, 1 \leqslant j \leqslant l, 1 \leqslant k \leqslant n) \quad (5.3)$$

Agent 的能力受自身已有的能力、周围 Agent 的能力表现和被分配的任务量等多因素的影响。当 Agent 参与工作且能向他人学习时，Agent 掌握技能的程度将与自身已有的能力和传授者的技能成正比[2]；而当 Agent 不工作时，其能力可能由于不使用而被遗忘[3]。因此，有以下定义。

定义 5.4 Agent 的技能 $\text{skill}_i^j(t+1)$ 为 Agent 在第 $t+1$ 期执行任务时的能力分量，受第 t 期是否参与工作，以及工作环境中合作伙伴和任务量多少的影响，有

$$\text{skill}_i^j(t+1) = \begin{cases} \max\limits_j \left\{ (1+\alpha) \cdot \text{skill}_i^j(t) + \left\{ \beta \cdot \dfrac{m_j(t) + m_i(t) - 2 \cdot m_{\min}(t)}{2[m_{\max}(t) - m_{\min}(t)]} \cdot \dfrac{\sum\limits_k p_i^{jk}(t) + \sum\limits_k p_j^{jk}(t) - 2\min\limits_{-i}\sum\limits_k p_{-i}^{jk}(t)}{2\left[\max\limits_{-i}\sum\limits_k p_{-i}^{jk}(t) - \min\limits_{-i}\sum\limits_k p_{-i}^{jk}(t)\right]} + \delta \right\} \cdot [\text{skill}_{-i}^j(t) - \text{skill}_i^j(t)] \right\}, & \text{在第}t\text{期工作} \\ (1-\gamma) \cdot \text{skill}_i^j(t), & \text{否则} \end{cases}$$

$$(5.4)$$

其中，α 为 Agent 的自学习率，β 为互学习率，δ 为随机变量并服从一定的概率分布，γ 为 Agent 的技能遗忘程度，$-i$ 为 Agent$_i$ 以外的其他 Agent。在第 t 期，若 Agent$_i$ 参与工作，则其技能可能会提高，技能值为由于自学的能力增长量 $(1+\alpha) \cdot \text{skill}_i^j(t)$ 加上向他人学习时的能力增长量 $\beta g + \delta$ 的最大值（g 为工作环境提供的学习机会）。对应式（5.4）中与 β 相乘的两部分，其他员工 $-i$ 在工作中展现出可供 Agent$_i$ 学习的机会，Agent 在当前工作环境中，向能提供自己最大学习机会的 Agent 学习，该部分用员工 $-i$ 中最大能力付出和最小能力付出可做归一化处理。在第 t 期，若 Agent$_i$ 不参与工作，则其工作技能可能由于自然忘记而降低。

定义 5.5 员工工作热情 $m_i(t+1)$，即员工执行任务的热情，受上期是否工作以及工作多少的影响，有

$$m_i(t+1) = \begin{cases} \left[1 + \beta \cdot \dfrac{\sum\limits_{k,j} p_i^{jk}(t)}{\sum\limits_{k,j} w_k^j(t)}\right] \cdot m_i(t), & \text{在第}t\text{期工作} \\ (1-\gamma)m_i(t), & \text{否则} \end{cases} \quad (5.5)$$

定义 5.6 管理员偏好为管理员在分配任务时注重员工能力和工作激情的比例分布，记为 pre。用线型组合描述，则管理员综合能力为

$$at_i^j(t) = \text{pre}(t) \cdot \text{skill}_i^j(t) + [1 - \text{pre}(t)] \cdot m_i(t) \qquad (5.6)$$

文献[1]、文献[4]、文献[5]研究了角色-任务匹配的相关算法，但考虑的任务都相对简单，不含太多动态性，也未考虑员工能力的变动性。实际工作中，随着时间的推移，员工技能会发生改变，历史任务分配信息和匹配经验知识对当前匹配工作没有太多的参考价值，除非经历较长的周期，而这点与电子商务中部分业务的短生命周期规律相违背。

并行匹配算法保证任务的完成，分配效率较高，但可能出现分配不公的现象。例如，对能力高的员工，经过一次任务分配后，其剩余能力仍可能超过其他员工的工作能力，在完成时间允许的前提下，为提高任务执行效率，可对该员工再次进行任务分配。因此，并行分配在一定条件下并非最合理。基于模型（5.1）和定义 5.1，下面将考虑任务动态性和员工的协同学习行为，设计最小匹配度和贪婪匹配度两种串行匹配算法。

1. 最小匹配度算法

假定电子商务企业里有 m 个角色，有 n 项任务到达企业，每个角色有 l 维技能或能力，每项任务有1维能力需求。基于上面给出的匹配规则和匹配评价模型，设计角色-任务匹配算法。

在下面的算法中，需要用到的标记和符号如表 5.1 所示。

表 5.1　标记和符号说明

标记和符号	说　　明
$e(i, j)$	在 1 到 i 顺序编号的角色中，找到第 j 维能力分量最大的角色，其值为该角色的编号
$ts(e(i, j), j, k)$	在 1 到 k 顺序编号的任务中，找到第 j 维能力分量需求与编号为 $e(i,j)$ 的角色的 $\text{matching}_i^{jk}(T \to R)$ 值为最小非负的任务。若该任务存在，其值为该任务的编号；否则为-1
$tl(e(i, j), j, k)$	在 1 到 k 顺序编号的任务中，找到第 j 维能力分量需求与编号为 $e(i,j)$ 的角色的 $\text{matching}_i^{jk}(R \to T)$ 值为最小非负的任务。若该任务存在，其值为该任务的编号；否则为-1
$iseo(i, j)$	若第 i 个角色的 j 维能力分量值为 0，则其值为 true；否则为 false
$isto(k, j)$	若第 k 项任务的 j 维能力需求被完全满足，则其值为 true；否则为 false
$ep[i, j]$	角色 i 的 j 维能力剩余量
$tp[k, j]$	任务 k 的 j 维能力未满足量
$etp[i, k, j]$	完成任务 k 的 j 维需求时，角色 i 的 j 维能力支付或收益
tick	模拟系统时刻点

其算法伪码描述如下：

```
初始化变量,按设定概率分布,输入 i 从 1 到 m、k 从 1 到 n、j 从 1 到 l 时的 ep[i,j]和
tp[k,j];
    令 j=1;
    While j<=l
```

```
计算 i=1 到 m 时的 e(i,j);
计算 k=1 到 n 时的 ts(e(i,j),j,k);
如果 ts(e(i,j),j,k)>0,那么计算:
      tp[ts(e(i,j),j,k),j]=tp[ts(e(i,j),j,k),j]-ep[e(i,j),j]
      etp[e(i,j),ts(e(i,j),j,k),j]=etp[e(i,j),ts(e(i,j),j,k),j]
                                       +ep[e(i,j),j]
ep[e(i,j),j]=0;
   如果 tl(e(i,j),j,k)>0,那么计算:
      ep[e(i,j),j]=ep[e(i,j),j]-tp[tl(e(i,j),j,k),j]
      etp[e(i,j),tl(e(i,j),j,k),j]=etp[e(i,j),tl(e(i,j),j,k),j]
                              +tp[tl(e(i,j),j,k),j]
      tp[tl(e(i,j),j,k),j]=0;
   计算 i=1 到 m 的 iseo(i,j);
   计算 k=1 到 n 的 isto(k,j);
   如果 iseo(i,j)=true 并且 isto(k,j)=true,那么计算:
      j=j+1;
      End while
输出 i 从 1 到 m、k 从 1 到 n、j 从 1 到 l 的所有 etp[i,j,k];
若满足结束条件,模拟结束;否则,模拟时钟向后推移,即 tick=tick+1
```

2. 贪婪匹配度算法

改变最小匹配度算法中 $tl(e(i,j),j,k)$ 最小非负为最大非负值,其他标记和算法流程均不改变。

上述两个算法都保证先给能力最强的角色分配任务,两个算法的计算复杂性一样,但算法中的分配细节不同,最小匹配度算法体现了专业化分工的原则[6],首先给能力最强的角色分配一次任务,即利用最小非负 $matching_i^{jk}(T \to R)$ 进行分配,若能成功,角色能力将被全部用尽,但有可能第一次找不到合适的任务,或者该角色仍有能力剩余,此时,利用最小非负 $matching_i^{jk}(R \to T)$ 方法续分配。贪婪匹配度算法与最小匹配度算法的首次分配策略一样,但对剩余能力,是利用最大非负 $matching_i^{jk}(R \to T)$ 方法续分配。

5.3 角色协同事务工作模拟系统设计

5.3.1 角色协同事务工作系统架构

如图 5.1 所示,企业每天到达多项动态任务,根据任务多少和能力需求,管理员组织员工执行任务。企业员工能力越强,任务完成效果越好。员工由于参与工作,将产生相应的行为数据(绩效考核和获取收益的依据)。当员工参与工作时,由于自学习和互学习,其各维能力将提高;当员工不参与工作时,其能力可能由于自然忘记而下降。

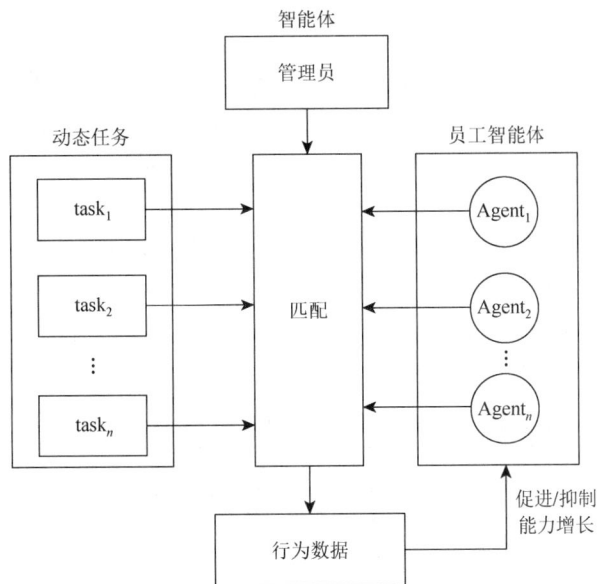

图 5.1 角色-任务协同事务工作系统架构

5.3.2 角色协同事务工作模拟系统

为简化问题，设定一个员工充当一个角色，每个角色有多维能力。基于上述模型和算法，基于 Repast 图形类库，在 Eclipse 开发平台上用 Java 实现员工协同工作模拟系统。该系统中有多个 Agent，包括一个管理员 Agent，多个员工 Agent，且员工 Agent 的能力增长连续。当任务的到达离散时，系统用户界面如图 5.2 所示。

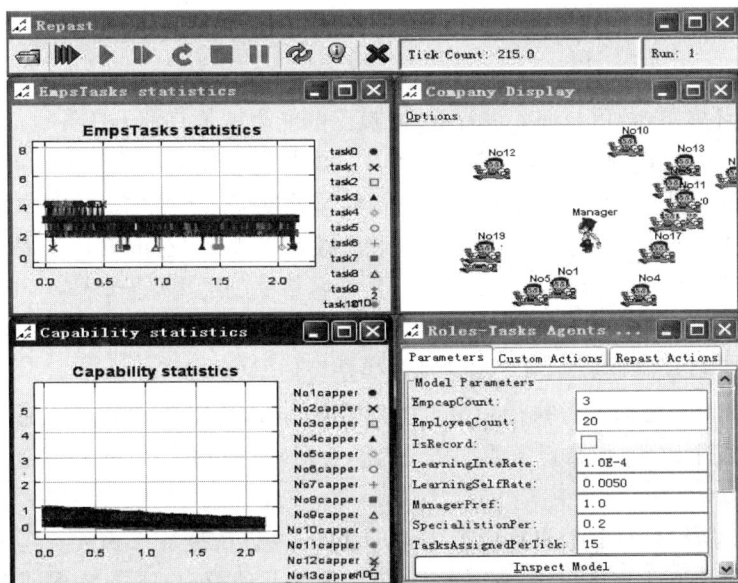

图 5.2 角色协同事务工作模拟系统

该系统用户界面包含以下几部分：

（1）最上部为系统功能菜单。该系统有单步操作和连续操作功能，也有暂停和重新开始等功能。

（2）左中部和左下部为模拟结果区域。左中部显示每项任务由多少员工执行数量变化情况；左下部为员工能力变化图。

（3）右中部为多智能体的关系格局。中间为管理者智能体，周围为员工智能体，管理者与员工之间的关系用距离表示。

（4）右下部为系统参数设置区。各系统参数的功能及默认值设置说明如表5.2所示。

表 5.2　角色协同事务工作模拟系统默认参数设置

变　　　量	描　　　述	默认值
EmployeeCount	Agent（员工）数	20
EmpcapCount	能力向量数	3
TasksAssignedPerTick	每期分配的任务数	20
ManagerPref	管理者偏好（式（5.6））	0.8
LearningInteRate	互学习率（式（5.4））	0.01
LearningSelfRate	自学习率（式（5.4））	0.001
ForgettingRate	忘记率（式（5.4））	0.001
Distribution	个人能力概率分布	uniform（30，60）

5.4　角色协同事务工作模拟实验及其分析

协同工作环境下，角色与任务进行互动，员工的能力增长有利于任务执行效率的提升，但任务的多少及特性会对员工能力造成影响。下面将通过模拟实验分析以下问题：

（1）面向动态任务，最小匹配度算法与贪婪匹配度算法的优劣。面向到达系统的各种任务，利用以上两种算法进行任务分配，通过比较各算法下Agent接口通信费、任务执行率和Agent能力使用率等指标，进而综合分析两种算法的适用场合。

（2）协同学习率的程度与员工能力增长的关系。通常认为，好的学习环境有助于员工能力的提升，但在动态任务环境下，这种规律是否依然成立？

（3）任务的动态性对任务执行和员工能力培养的影响。任务的动态性是指任务随时间推移能力需求发生改变。那么任务的动态性是否会对任务的执行和员工的能力培养有显著影响？

基于表5.2所给默认参数进行模拟实验，比较最小匹配度算法和贪婪匹配度算法的各性能，同时探讨协同工作环境下，任务与员工行为的互动影响问题。为保证统计结果和数据分析的有效性，每一次实验运行100期，而相同实验重复50次。

5.4.1　两种算法的比较

定义 5.7　接口通信费是两个或多个 Agent 在完成某项任务时，各 Agent 之间的联系程度，可用联系时间、参与联系的 Agent 个数等参数来衡量。

本章用参与联系的 Agent 个数衡量接口通信费，即有多少个 Agent 共同执行任务，其接口通信费就是多少。基于默认参数，采集两个算法下 100 期模拟输出数据，并进行统计，得到图 5.3。由图 5.3（a）可以看出，当任务数从 15 增加到 25 时，两种算法的接口通信费都逐渐减少。当任务数为 15 时，最小匹配度算法得到的接口通信费（2.91）小于贪婪匹配度算法得到的接口通信费（3.26）；当任务数为 18 时，最小匹配度算法和贪婪匹配度算法的接口通信费均为 2.73；当任务数从 20 变到 25 时，最小匹配度算法和贪婪匹配度算法的接口通信费均为 2.49、2.25 和 1.99。这说明，当任务数较少时，使用最小匹配度算法的接口通信费小于使用贪婪匹配度算法的接口通信费；当任务数较多时，两种算法下的接口通信费几乎相等。

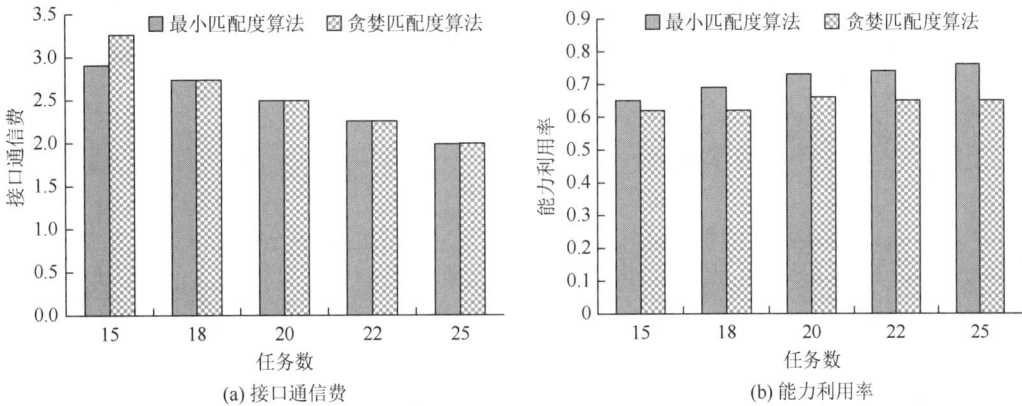

图 5.3　两种算法的接口通信费和能力利用率比较

定义 5.8　员工能力利用率是单位时间内为完成某项任务所消耗的员工能力与员工能力总和的比值。能力利用率越高，说明员工的能力被利用得越充分；反之，能力利用率越低，说明员工的能力越没有被充分利用，人力资源有闲置。

图 5.3（b）为两种算法下员工能力利用率的比较图。由图 5.3（b）可以看出，最小匹配度算法的能力利用率明显高于贪婪匹配度算法。当任务数从 15 增加到 25 时，最小匹配度算法下员工的能力利用率分别为 0.65、0.69、0.73、0.74 和 0.76，而贪婪匹配度算法下员工的能力利用率分别为 0.62、0.62、0.66、0.65 和 0.65。

因此，由图 5.3 和数据分析可以得知，在以上工作环境下，最小匹配度算法要优于贪婪匹配度算法。下面的实验和分析将基于最小匹配度算法。

5.4.2 协同工作环境下任务特性对员工行为的影响

1. 互学习率对员工能力增长度的影响

学习是一个能力不断增长的过程。互学习是在工作环境中向他人学习的过程。个人的能力随工作环境的改变而改变。由式（5.4）可以看出，在协同工作环境下，由于员工具有自学习和互学习的能力，若能参与工作，则该员工的技术能力将不断提高；若未被分配任务或不工作，则该员工的工作能力由于忘记会降低。个体向他人的学习效果与互学习率和团队中其他个体的知识有关，当互学习率高时，个体的学习效果好；同样，当其他个体的知识水平高时，其对外传递的知识可能多。互学习率究竟如何影响个体能力增长？下面将探讨动态工作环境下互学习率与员工能力增长度的关系。通过采集相关数据，得到如图 5.4 所示不同互学习率下员工多维能力增长度变化图。

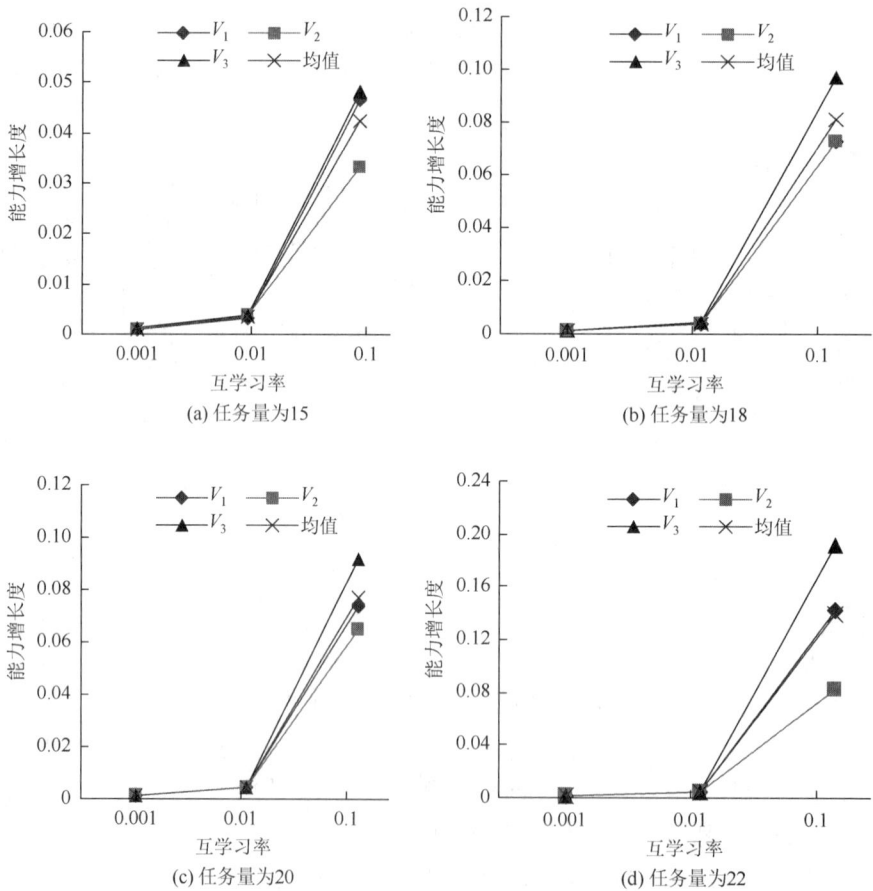

(a) 任务量为15

(b) 任务量为18

(c) 任务量为20

(d) 任务量为22

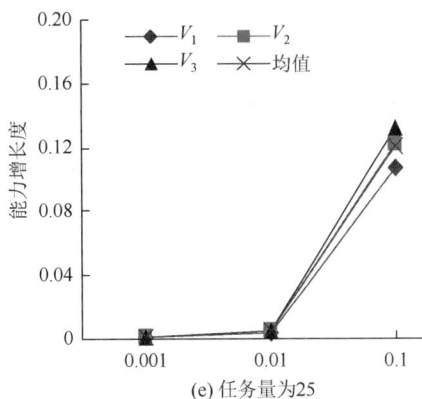

图 5.4　互学习率对员工能力增长度的影响

由图 5.4 可知，不同任务量下，随着互学习率的增长，员工的能力也增长。而互学习率越高，员工能力增长越快，即互学习率与员工能力增长度正相关。比较任务量为 15、18、20、22 和 25 时员工平均能力增长情况可知，随着任务量的增加，平均能力增长也增加。当任务量再增加时，平均能力增长的规律不明显。这说明，当任务量不饱和时，任务量越大，员工平均能力增长越大；而当任务量过饱和时，能力增长规律不明显。

2. 专才与通才的比例对员工能力增长度的影响

员工中一般有两类人员——专才和通才。专才不具备所有能力，但通常具有一种或两种能力，且能力较强；而通才具有所有或绝大多数能力。例如，员工的能力为三维，那么专才就是其中一维能力特别强，而其他能力特别弱，甚至不会，能力向量如（120, 0, 0）、（0, 120, 0）、（0, 0, 120）等；而通才是多数能力具备，甚至所有能力都会，能力向量如（60, 40, 20）、（20, 60, 40）等。在动态任务环境下，通才是否一定比专才好？而团队又该如何搭配专才和通才的比例呢？下面的实验将回答这些问题。

模型（5.1）是一个多目标决策模型，包括接口通信费最小化，能力利用率最大化，任务执行率最大化，且个人能力增长最大化。然而，在实际的管理场景中，这些目标不可能全部满足，需要进行取舍，也就是各目标存在优先级别，这些优先级别一般根据管理者的偏好而定。表 5.3 为模拟结果统计表。在表 5.3 中，无论在低任务量还是高任务量下，专业人员越少，接口通信费越高，但能力利用率和任务完成率越高，员工能力增长平均值也高。因此，当单位接口通信费较高时，在不影响任务执行的前提下，应增加专才的比例；反之，应增加通才的比例。

表 5.3　工作团队中不同专才与通才比例下任务的执行情况

任务数	专才与通才的比例	接口通信费	能力利用率	任务完成率	能力增长度
15	0.2	2.86	0.63	1.00	0.004
	0.4	2.79	0.60	0.98	0.004
	0.6	2.26	0.50	0.79	0.003
	0.8	1.77	0.42	0.69	0.003

任务数	专才与通才的比例	接口通信费	能力利用率	任务完成率	能力增长度
18	0.2	2.75	0.74	0.96	0.005
	0.4	2.32	0.60	0.85	0.004
	0.6	1.90	0.56	0.69	0.003
	0.8	1.49	0.41	0.58	0.003
20	0.2	2.48	0.70	0.90	0.004
	0.4	2.48	0.75	0.79	0.004
	0.6	1.74	0.52	0.66	0.004
	0.8	1.35	0.43	0.53	0.003
22	0.2	2.26	0.75	0.69	0.004
	0.4	1.90	0.66	0.58	0.004
	0.6	1.56	0.55	0.49	0.004
	0.8	1.23	0.43	0.37	0.003
25	0.2	2.00	0.77	0.73	0.005
	0.4	1.70	0.67	0.63	0.004
	0.6	1.39	0.55	0.54	0.004
	0.8	1.09	0.43	0.42	0.003

3. 管理者偏好对任务执行及员工能力增长度的影响

不同管理者对技术能力和工作热情偏好不一,有的重能力,而有的重工作热情。下面将测试管理者的偏好(重能力和重工作热情的比例)对任务的执行及员工能力增长的影响。表 5.4 为不同任务量和不同管理者偏好下,任务执行的相关数据。

表 5.4　管理者偏好对任务执行效果的影响

任务量	重能力和重工作热情的比例	接口通信费	能力利用率	任务完成率	能力增长度
15	0.2	2.91	0.65	1.00	0.08
	0.4	2.87	0.62	1.00	0.08
	0.6	2.86	0.60	1.00	0.08
	0.8	2.90	0.63	1.00	0.08
18	0.2	2.73	0.69	0.89	0.09
	0.4	2.67	0.73	0.88	0.08
	0.6	2.70	0.67	0.88	0.10
	0.8	2.74	0.74	0.88	0.09
20	0.2	2.49	0.73	0.89	0.10
	0.4	2.48	0.75	0.89	0.10
	0.6	2.49	0.73	0.89	0.10
	0.8	2.48	0.70	0.90	0.09

任务量	重能力和重工作 热情的比例	接口通信费	能力利用率	任务完成率	能力增长度
22	0.2	2.25	0.74	0.83	0.09
	0.4	2.27	0.74	0.83	0.10
	0.6	2.25	0.78	0.82	0.09
	0.8	2.26	0.75	0.82	0.10
25	0.2	1.99	0.76	0.75	0.09
	0.4	2.02	0.78	0.74	0.10
	0.6	2.00	0.77	0.74	0.10
	0.8	2.00	0.75	0.74	0.10

由表 5.4 可以看出，不同偏好下，任务的执行率基本一样。然而，其他的指标值有差异。另外，当任务量不饱和时，接口通信费差异大；当任务量过饱和时，其差异较小。其他的指标数据并无明显差异。这说明，从宏观来看，管理者的偏好对整个任务的执行并无明显影响，尤其是当任务量较多时，管理者的偏好对任务执行及员工能力增长度均值并无明显影响。

但从员工个人能力培养和提高的程度来看，当偏好较小时，能力较低但工作热情较高的员工被分配任务的可能性较大，其个人能力的提高程度也高；随着偏好增加，即更注重能力时，热情不太高但有能力的员工也会被分配较饱和的任务，能力也会不断提高。

综合来看，工作热情虽对任务整体影响小，但会影响员工自身能力的培养，这也是要求员工具有很强的工作热情的原因。较低的管理者偏好会对整个任务的执行有一定的影响，尤其是任务量较少的情况下，如接口通信费用增加等；但在任务量较饱和或过饱和的情况下，管理者偏好的负面作用减弱，此时，管理者个人偏好和关系问题被淡化。因此，提高自学习率和保持较高工作热情是员工提升自身能力的主要途径。

4. 动态任务对员工能力增长度的影响

这里考虑三种任务的动态性：第一类，任务的能力需求期望不变，而方差变化；第二类，任务的能力需求期望变化，而方差不变；第三类，任务能力需求的期望和方差都变化。

1）任务的能力需求期望不变，而方差变化

方差的变化表明能力需求的波动情况，下面将分析不同的方差对个人能力增长的影响，主要有三个分布，即任务的能力需求 capability $(i) \sim$ uniform $(30, 60)$, uniform $(20, 70)$, uniform $(10, 80)$ $(i = 1, 2, 3)$；任务数分别为 15、18、20、22 和 25。图 5.5 为第一类动态性中不同任务量及不同分布下员工能力增长度变化图。从图 5.5（a）～（e）可以看出，随着任务的能力需求方差的增加，各维能力增长不是很明显。不同任务量和不同能力需求分布下的能力增长分别为（0.027, 0.027, 0.028）、（0.030, 0.028, 0.029）、（0.037, 0.028, 0.030）、（0.037, 0.036, 0.035）和（0.039, 0.036, 0.038）。

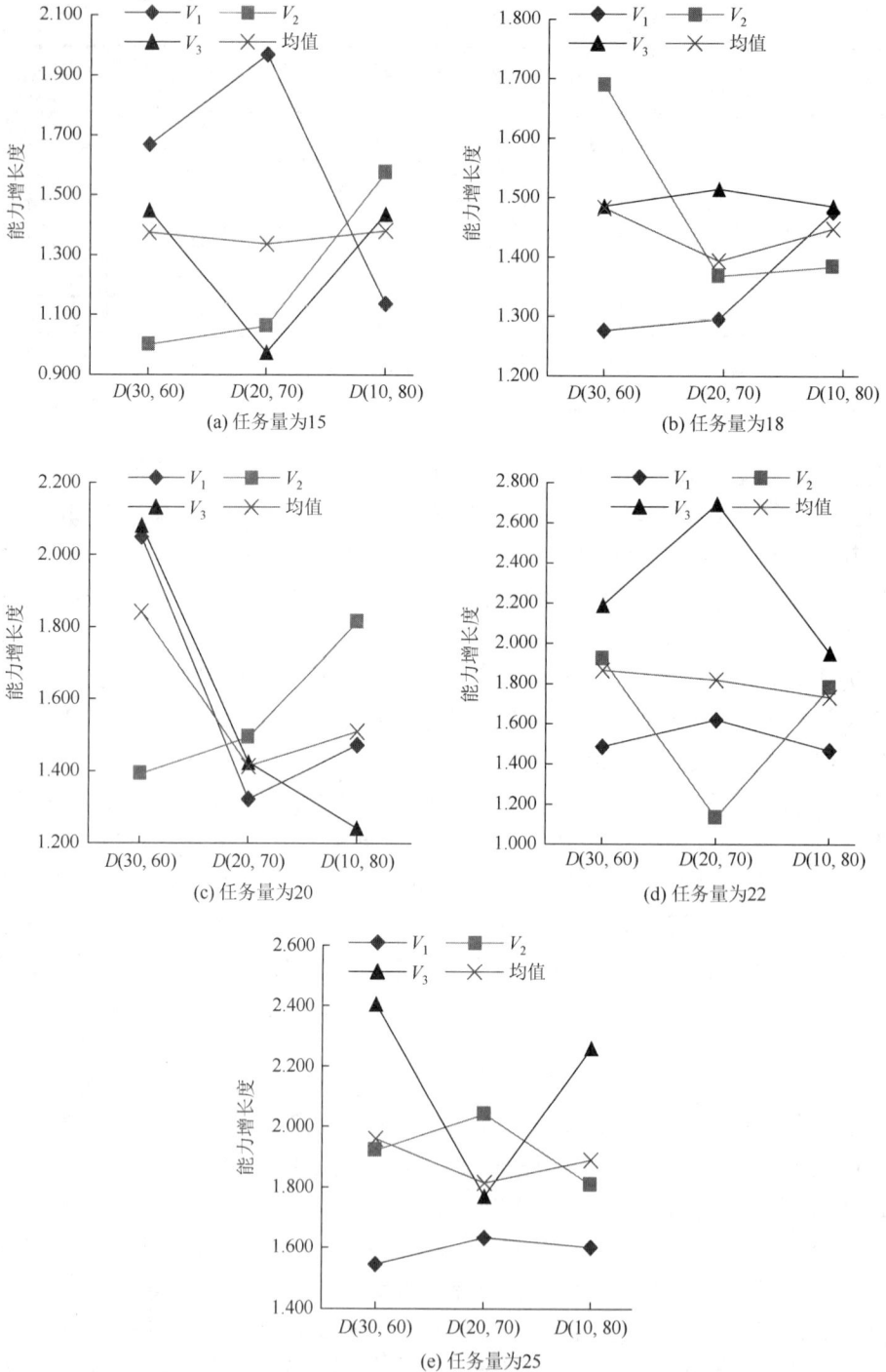

图 5.5　任务动态性对员工能力增长度的影响（第一类动态性）

通常，我们利用统计方法挖掘大量数据样本中潜在的知识。常规的统计模型通常需要样本服从正态分布，因此，在做统计分析前，需要对样本进行各种分布检验。针对收集的

数据，用 SPSS 中的单样本科尔莫戈罗夫-斯米尔诺夫（one-sample Kolmogorov-Smirnov）方法进行分布检验，结果表明，因为渐进的显著性水平（双侧）P 值为 0.000，小于 0.05，所以所收集的数据并不属于常规分布，包括正态分布、均匀分布、泊松分布和指数分布。因此，不能使用常规的统计方法进行数据分析。非参数检验可用于对总体方差等变量未知时的统计检验。在实验中，使用 k 个独立样本检验方法去测试不同方差变化和任务量对能力增加度的影响。表 5.5 为用 SPSS 处理的结果。由表 5.5 可知，任务能力需求期望不变而方差变化，对能力增长度有较小影响（P 值为 0.130，大于 0.05）；而任务量对能力增长度影响显著（P 值为 0.000，小于 0.05）。因此，员工能力的增长度与任务量正相关。

表 5.5　用 SPSS 处理得到的显著性检验结果（第一类动态性）

能力增长度	群变量：分布	群变量：任务量
群变量数量	3	5
样本量	450	450
J-T 统计量的观测值	31477.000	46914.000
J-T 统计量的均值	33750.000	40500.000
J-T 统计量的标准差	1501.870	1561.005
标准化的 J-T 统计量	−1.513	4.109
渐进的显著性水平（双侧）	0.130	0.000

注：J-T 统计量指 Jonckheere-Terpstra 统计量。

2）任务的能力需求期望变化，而方差不变

考察三个任务能力需求分布 uniform（30,60），uniform（40,70），uniform（50,80）对员工能力增长度的影响。其中，任务数分别为 15、18、20、22 和 25。图 5.6 为第二类动态性中不同的分布及不同任务量下员工能力增长度变化图。从图 5.6（a）～（e）可以看出，各能力增长度的平均值分别为（0.027,0.037,0.050）、（0.030,0.038,0.051）、（0.037,0.039,0.047）、（0.037,0.042,0.058）和（0.039,0.045,0.054）。当任务能力需求分布的期望值增加时，个人能力增长度也增加。随着任务量的增长，员工能力增长度也增加。

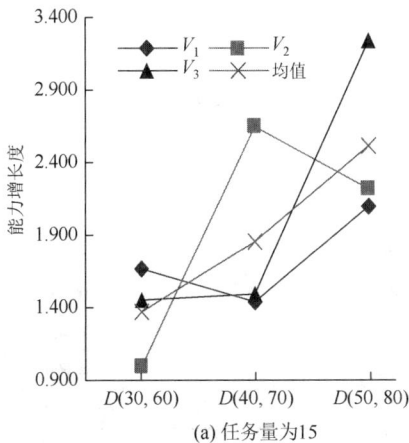

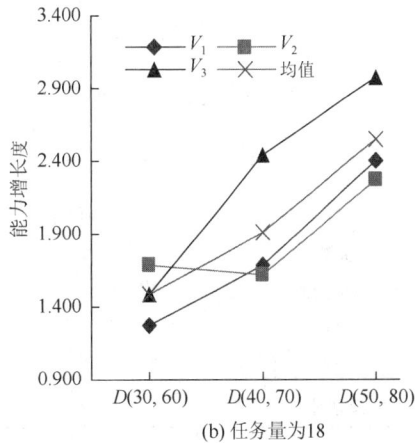

(a) 任务量为15　　　　　　　　(b) 任务量为18

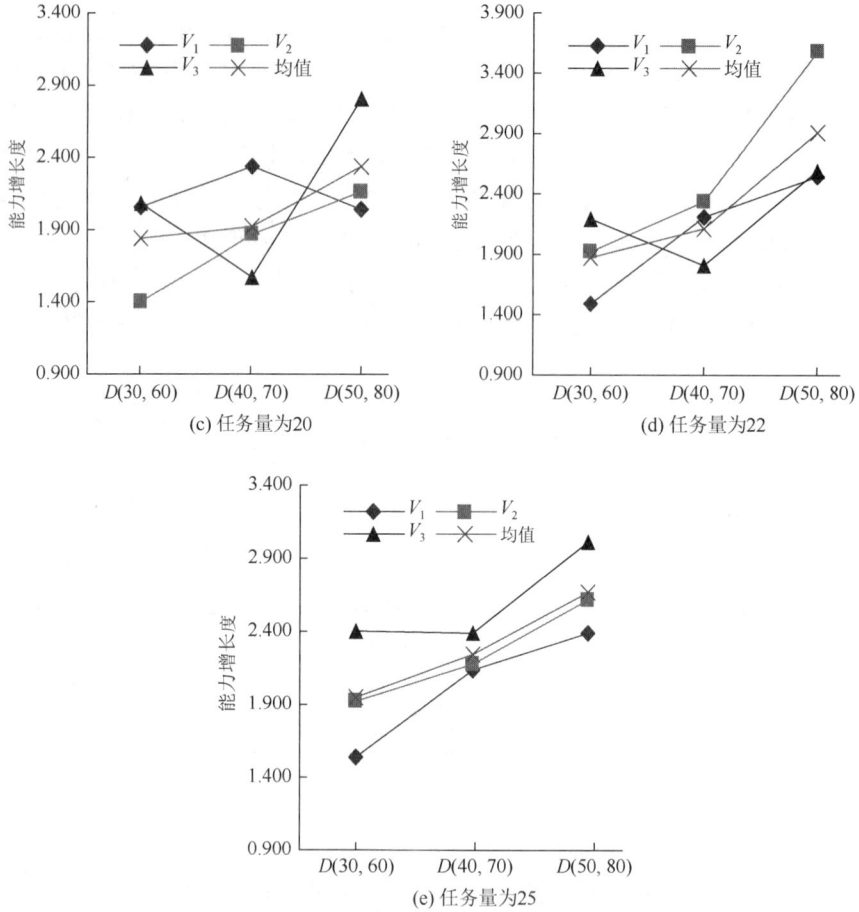

图 5.6　动态任务对员工能力增长度的影响（第二类动态性）

　　与前面统计方法一样，这里使用非参数统计方法。统计结果如表 5.6 所示。由表 5.6 可知，因为 P 值为 0.000，小于 0.05，所以该分布的变化（方差不变，而期望变化）将显著影响员工能力增长度。同样，任务量也显著影响员工能力增长度，这点由图 5.6 也能看出。任务量为 15～20 时，任务的增长与员工能力增长度正相关；而任务量为 20～25 时，员工能力增长度的均值较小。因此，可以认为，任务量和分布与员工能力增长度正相关（置信度为 0.95）。

表 5.6　用 SPSS 处理得到的显著性检验结果（第二类动态性）

能力增长度	群变量：分布	群变量：任务量
群变量数量	3	5
样本量	450	450
J-T 统计量的观测值	51407.000	46914.000
J-T 统计量的均值	33750.000	40500.000
J-T 统计量的标准差	1501.872	1561.005
标准化的 J-T 统计量	11.757	4.109
渐进的显著性水平（双侧）	0.000	0.000

3）任务的能力需求期望和方差都变化

图 5.7 为第三类动态性中不同任务量及不同的任务能力需求期望和方差下，员工的能力增长度变化图。考察的分布为 uniform（30, 60）、uniform（40, 80）和 uniform（50, 100）。

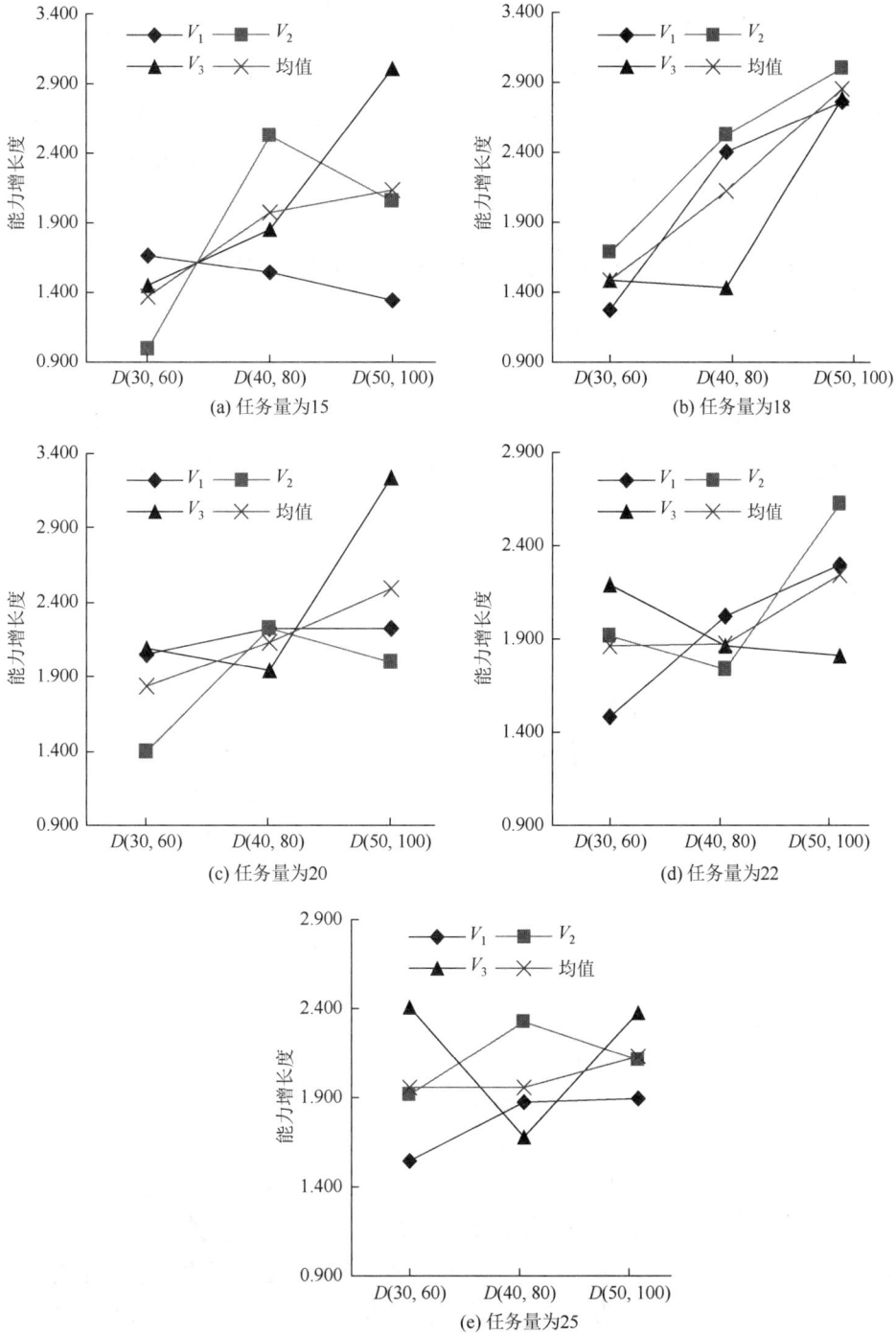

(a) 任务量为15

(b) 任务量为18

(c) 任务量为20

(d) 任务量为22

(e) 任务量为25

图 5.7　动态任务对员工能力增长度的影响（第三类动态性）

从图 5.7（a）～（e）可以看出，能力增长度分别为（0.027, 0.040, 0.043）、（0.030, 0.042, 0.057）、（0.037, 0.043, 0.050）、（0.037, 0.037, 0.045）和（0.039, 0.039, 0.043）。任务量为 15～20 时，任务量与能力增长度正相关；而任务量为 20～25 时，能力增长度特点不明显。

与前面使用的统计方法一样，利用非参数统计方法进行数据处理。用 SPSS 处理的统计结果如表 5.7 所示。结果表明，任务的能力需求期望和方差都变化时，分布对员工能力增长度有显著影响（P 值为 0.000，小于 0.05），而任务量对员工能力增长度有影响（P 值为 0.047，小于 0.05）。因此，当任务能力需求期望和方差都变化时，不同的任务量与员工能力增长度正相关（置信度为 0.95）。相比之下，任务能力需求分布的变化比任务量的变化对员工能力增长度影响更显著。

表 5.7　用 SPSS 处理得到的显著性检验结果（第三类动态性）

能力增长度	群变量：分布	群变量：任务量
群变量数量	3	5
样本量	450	450
J-T 统计量的观测值	44729.000	43108.000
J-T 统计量的均值	33750.000	40500.000
J-T 统计量的标准差	1501.871	1561.006
标准化的 J-T 统计量	7.310	1.671
渐进的显著性水平（双侧）	0.000	0.047

由上面的分析可知，当任务能力需求分布期望不变时，无论方差如何变化，对员工的能力增长度没有太大影响；而能力需求期望变化时，对员工的能力增长度有影响。因此，培养员工能力时，可考虑循序渐进的任务分配方式，即随着工作时间的推移，逐渐增加员工分配任务的难度（能力需求期望增加）。而不管什么任务能力需求场合下，只要任务较饱和，也对员工能力增长有利，即只要员工争取到工作机会，能力会稳步提升。但是，相比任务难度增加和任务量增加两种情形，任务难度适度增加更有利于培养员工能力。

5.5　本章小结

本章设计了角色-任务匹配算法及其匹配评价模型，以探究协同工作环境下员工行为对任务执行的影响，以及动态任务对员工行为的影响。在 Repast 平台上，用 Java 编程实现计算模型，并设计实验方案，以比较最小匹配算法和贪婪匹配算法。结果表明，最小匹配算法更适合动态任务的分配。基于该算法，测试了不同团队构成（专才和通才的配置）、管理者的偏好、三类动态任务等对任务执行和对员工能力影响等问题。结果分析表明，通过创造好的工作环境，能提高互学习率，从而提高员工的能力；管理者的偏好对员工的能力培养有影响，而工作积极者将获得更多机会；团队中，专才人员多，接口通信费、能力利用率、任务执行率和员工能力增长度都将下降。因此，如何使用专才人员，需要视接口通信费和其他指标的偏重程度而定；管理者的偏好对任务的执行没有显著影响，但对个人

的能力培养有影响；任务的动态性对员工的能力增长度有影响。任务能力需求期望不变，而方差变化，对能力增长度有较小影响，而任务量对能力增长度影响显著；任务能力需求方差不变，而期望变化，对员工能力增长度影响显著，而任务量对其也影响显著；任务能力需求期望和方差都变化，对员工能力增长度影响显著，相比之下，任务量的影响较小。

本章参考文献

[1] 尹翔, 等. 多任务多联盟并行生成：模型与求解[J]. 系统工程理论与实践，2008，28（4）：90-95.

[2] ARGOTE L，INGRAM P，LEVINE J M，et al. Knowledge transfer in organizations：Learning from the experience of others[J]. Organizational Behavior and Human Decision Processes，2000，82（1）：1-8.

[3] NEMBHARD D A. The effects of task complexity and experience on learning and forgetting：A field study[J]. Human Factors，2000，42（2）：272-286.

[4] 徐晋晖, 等. 面向结构的 Agent 组织形成和演化机制[J]. 计算机研究与发展，2001，38（8）：897-903.

[5] 蒋建国, 等. 一种基于任务匹配的联盟生成策略[J]. 系统工程理论与实践，2007，27（7）：85-91.

[6] 王艳梅，赵希男，靖可. 存在生产外部性的任务分配问题分析[J]. 管理科学，2008，21（4）：25-30.

第6章 协同用户归属转移过程中群体行为演化

6.1 "3G/4G + 服务"模式下的用户归属转移实证分析

6.1.1 概述

"3G/4G + 服务"是一种电子商务协同模式。随着 3G/4G 服务的推出,不少传统的 PC 服务被迁移至移动平台上,形成移动服务。移动服务可以利用移动平台便捷性和移动性的特点,吸引更多的消费。

本章将以传统即时通信的用户为研究对象,基于调查问卷的实证方法,分析用户归属转移的影响机理。基于实证方法所得数据和回归方程,建立从传统服务到移动服务的用户归属转移行为演化的计算模型,并在 NetLogo 上编程实现,设计实验场景,采集实验数据,以分析广告强度、休眠率和唤醒率等管理策略对用户归属转移行为演化的影响机理。

6.1.2 实证模型与假设

1. 实证模型

消费者对技术的接受和采纳问题是一类经典问题,技术接受模型(technology acceptance model,TAM)、理性行为理论(theory of reasoned action,TRA)等理论常用于解释这类问题。综合考虑感知易用性(perceived ease of use,PEOU)、感知有用性(perceived usefulness,PU)、社会规范以及移动即时通信产品的娱乐性等因素,构建结构方程模型[1],如图 6.1 所示。这个模型能够解释技术因素(包括有用性、易用性和跨平台特性)、社会因素(包括社会规范和协同价值),以及其他特性(如娱乐性、价格)等方面对用户接受行为的影响。

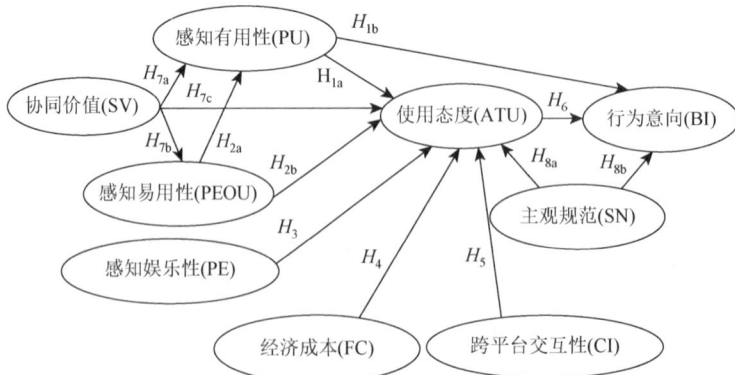

图 6.1 实证模型

2. 基于技术特性的假设

通常，信息系统的有用性和易用性会对用户使用态度产生影响。即时通信的娱乐性是吸引用户接受即时通信的一个主要因素，移动即时通信也是如此。系统使用费用的增加将对用户的使用态度（attitude，ATU）产生影响，跨平台的性能也将是影响用户接受和用户行为的一个因素。使用态度被认为是一个对目标使用对象的一种正面或负面的感知[2]。大量的实证结果表明，使用态度是影响行为意向的主要决定因素[3, 4]，即使用态度显著影响用户行为意向（behavioral intention，BI）。假设如下：

（1）H_{1a}，感知有用性正向显著影响用户对移动即时通信的使用态度；

（2）H_{1b}，感知有用性正向显著影响用户采纳移动即时通信的行为意向；

（3）H_{2a}，感知易用性正向显著影响用户对移动即时通信的有用性感知；

（4）H_{2b}，感知易用性正向显著影响用户对移动即时通信的使用态度；

（5）H_3，感知娱乐性（perceived entertainment，PE）正面显著影响用户对移动即时通信的使用态度；

（6）H_4，经济成本（financial cost，FC）负向显著影响用户对移动即时通信的使用态度；

（7）H_5，跨平台交互性（cross-platform interactivity，CI）负向显著影响用户对移动即时通信的使用态度；

（8）H_6，用户对移动即时通信的使用态度正向显著影响用户采纳的行为意向。

3. 基于社会特性的假设

非直接的感知是一种社会影响过程。一个人不能直接感知或感觉技术或系统，但能通过获取他人的意见或建议去感知。我们考虑两个社会因素，即协同价值（synergy value，SV）和社会规范。主观规范（subjective norm，SN）是一个人感知对其比较重要的人认为其应该或不应该履行的行为[2]，它与行为意向正相关[5]。如果一个人相信某一个或多个社会参照物，认为他/她应该去相信，即便其没有经验，也可能因受参照物影响而产生行为；社会群体也一样，他们也会受到群体社会规范的影响[6]。

传统的 TAM 关注有用性和易用性对接受行为的影响，而不考虑网络的外部性作用[7]。网络外部性是指使用同类网络产品的人越多，该网络产品的价值越大[8, 9]，这种特性也适用于移动即时通信产品。也就是说，使用某种移动即时通信的用户越多，其网络外部性越强。通常，网络外部性的效用值以用户数量的平方等方式来衡量。我们定义这种网络外部性为协同价值，即能实现"1＋1＞2"。假设如下：

（1）H_{7a}，协同价值正向影响用户的感知有用性；

（2）H_{7b}，协同价值正向影响用户的感知易用性；

（3）H_{7c}，协同价值正向影响用户的使用态度；

（4）H_{8a}，主观规范正向影响用户的行为意向；

（5）H_{8b}，主观规范正向影响用户的采纳态度；

6.1.3　实证方法

用问卷调查研究的方法,验证所提假设。调查问卷包括两部分:第一部分为被调查者的基本信息,包括性别、年龄、教育程度、工作、收入等;第二部分为构建模型所包含变量的测度项。

所有问卷题目均以 7 分制的李克特(Likert)量表方式表达,要求被调查者对陈述的命题表明态度。1~7 分分别表示非常不赞同、不赞同、有些不赞同、中立、有些赞同、赞同、非常赞同。

为了提高问卷的效度与信度,在大规模发放问卷和收集数据之前先进行小规模的问卷前测。然后将问卷给 5 个信息系统和电子商务领域的专家进行评价,对问卷进行修改,保证问卷能完全涵盖模型所表达的学术意义。接下来挑选 50 名大学生,试填问卷,同时采集文字和前后逻辑不清等方面的意见和建议,再次修改问卷,消除晦涩难懂的描述,以保证该问卷能让被调查者读懂并理解。最后,通过线上和线下方式,发放大量问卷。发出420 份,收回 389 份,有效问卷 364 份。

6.1.4　数据分析

信度是指量表的可靠度,通过稳定性和一致性去衡量,通常,克龙巴赫 α 系数(Cronbach's α coefficient)大于 0.6,即表示数据可靠[10]。整个问卷的 Cronbach's α 系数为0.884,说明问卷的信度和一致性显著。当 Cronbach's α 系数大于 0.8 时,说明这些因子内部一致性较好[11]。

效度检验就是要确认所收集的数据能否得到预期的结论、反映所要研究的问题。效度主要包括内容效度和结构效度。这里所使用的调查问卷是在大量文献、专家评价和前测的基础上修改所得到的,具有较高的内容效度。对于结构效度,样本量为 364,大于题目数的 5 倍(38×5 = 190),满足数据分析的样本量要求,并进一步将通过凯泽-迈耶-奥尔金(Kaiser-Meyer-Olkin,KMO)检验和巴特利特球体检验(Bartlett's test)检验数据是否适合进行因子分析。

所有变量的 KMO 值为 0.933,各变量的 KMO 值均大于 0.7,且其对应的球体检验显著性概率为 0.000,小于显著水平 0.05,说明样本充足度高,适合进行因子分析,本问卷及其各因子组成项目的结构效度好。

基于所提模型,使用 AMOS 7.0 构建结构模型,经过对模型进行两轮修正,模型的适应值基本满足要求,各模型适应值如表 6.1 所示。

表 6.1　模型匹配度指标

拟合指标	CMIN/DF	GFI	RMSEA	IFI	PCFI	CFI	NFI
模型值	1.917	0.878	0.050	0.950	0.853	0.949	0.900
标　准	<3	>0.9	<0.08	>0.9	>0.5	>0.9	>0.9

通过对三类群体进行分类统计分析，得到如图 6.2 所示的结果。

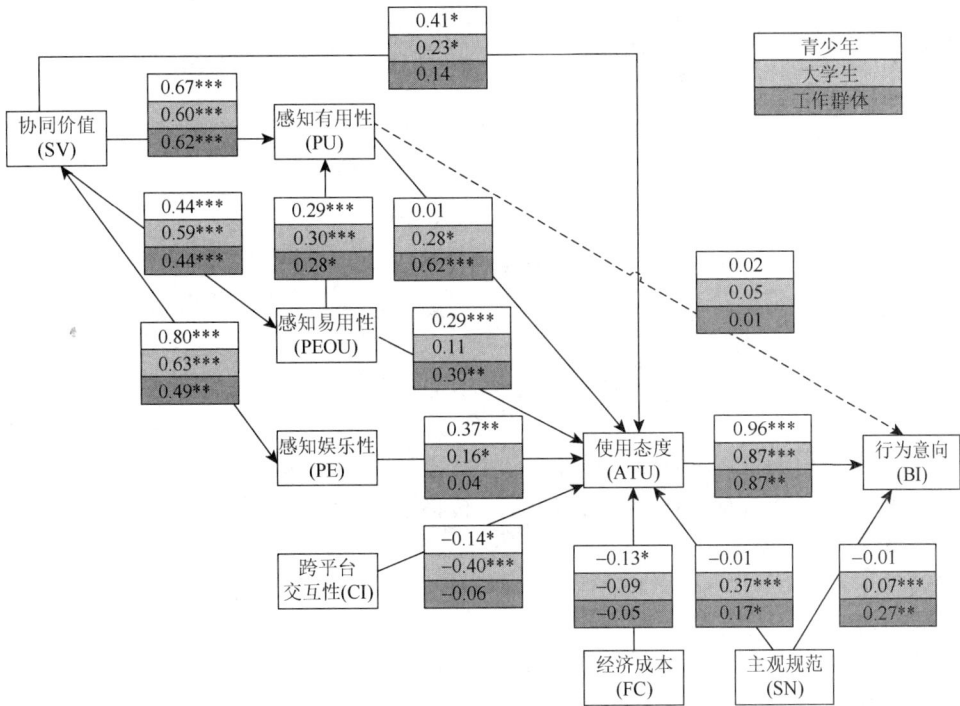

图 6.2　结构方程模型（分群体）

*P<0.05
**P<0.01
***P<0.001
ns 不显著

由图 6.2 的统计数据可知，各群体数据下，结构模型上的路径系数不一样，说明各因素对用户的消费接受行为影响各异。

6.2　基于多状态转移的消费过程

在线服务向移动服务的转移过程可以描述为：在线即时通信服务的使用者使用在线服务时的状态为在线服务态，即一般的在线使用态。受广告和口碑效应的影响，在线服务用户会尝试使用移动即时通信服务，此时，消费状态变为移动服务状态。通过一段时间的尝试，移动即时通信服务消费者可能会流失，转而使用在线服务，也可能暂时不使用移动服务，转变为休眠态。接受即时通信服务商为了唤醒休眠用户，会采用一些市场唤醒策略，如宣传或广告等，一部分用户可能转而使用移动服务，而另一部分可能会流失，转而使用在线服务。消费者的状态转移过程如图 6.3 所示。

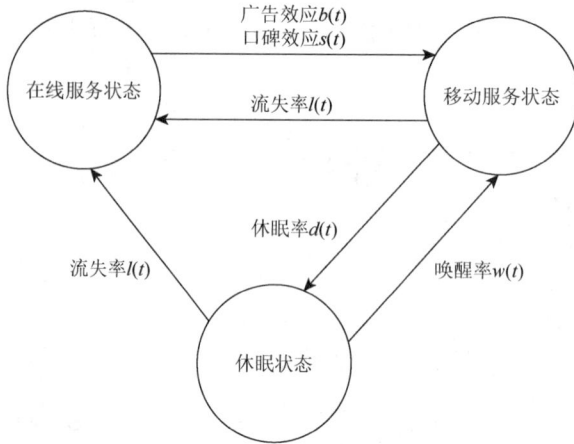

图 6.3 消费者状态转移图

在消费生命周期里,任何消费者可能处于上述三种消费状态之一。在各期,消费状态将在这三种状态之间进行迁移。不同的时期,转移速率和转移方向可能不一样,且转移速率服从一定概率分布。

定义 6.1 广告效应 $b(t)$ 是指,在第 t 期,服务商为了推广自己的服务/产品而实施的推广策略。记

$$b(t) = 1 - e^{-a_b \cdot b(0)/\text{tick}} \qquad (6.1)$$

其中:a_b 为初始广告效应影响因子;tick 为模拟时钟,即演化曲线的当期。

定义 6.2 口碑效应 $s_{i \to j}(t)$ 是指,在第 t 期,消费网络中第 i 个消费者向第 j 个消费者传递关于服务/产品的相关信息的概率。用概率匹配方式表示为

$$s_{i \to j}(t) = \begin{cases} \text{random} - \text{float}(0, h), & |k_i - k_j| = 0 \\ \text{random} - \text{float}(0, m), & |k_i - k_j| = 1 \\ \text{random} - \text{float}(0, l), & |k_i - k_j| = 2 \end{cases} \qquad (6.2)$$

其中:i, j 为消费网络中的消费者编号;k 为消费者类型值,有三个取值。类型值 1 表示中小学生消费者;类型值 2 表示大学生或青年上班族消费者;类型值 3 表示年长消费者。

当类型一样时,进行口碑传播的可能性最大,且 $s_{i \to j}(t)$ 服从高概率的概率分布;当类型差异小时,$s_{i \to j}(t)$ 服从中概率的概率分布;当类型差异最小时,$s_{i \to j}(t)$ 服从低概率的概率分布。

定义 6.3 休眠率 $d(t)$ 是指,在第 t 期,移动即时服务状态变为休眠状态的概率。此状态下的消费者,不对其他消费者产生口碑效应。记

$$d(t) = \frac{a_d \cdot d(0)}{1 + e^{-b_d - c_d \cdot \text{tick}}} \qquad (6.3)$$

其中:a_d 为初始休眠率的影响因子;b_d 为随机偏移量;c_d 为模拟时期系数。

定义 6.4 唤醒率 $w(t)$ 是指,在第 t 期,服务商对休眠消费者采取的有针对性的唤醒策略。记

$$w(t) = \frac{a_w \cdot w(0)}{1 + \mathrm{e}^{-b_w - c_w \cdot \text{tick}}}$$

（6.4）

其中：a_w 为初始唤醒率的影响因子；b_w 为随机偏移量；c_w 为模拟时期系数。

定义 6.5　$\mathrm{psv}(t)$ 是指用户在第 t 期感知的协同价值，用网络外部性来衡量，即邻域用户采纳量与总用户的比的平方，即

$$\mathrm{psv}(t) = (\mathrm{an}(t) / \mathrm{dn}(t))^2$$

（6.5）

定义 6.6　$\mathrm{be}_i(t)$ 是指第 t 期个体的信念，即相信用户采纳移动即时通信的程度。可用实证得到的回归方程求解，即

$$
\begin{aligned}
\mathrm{be}(t) =\ & [\mathrm{psv}(t) - \mathrm{psv}(t-1)] \cdot \mathrm{psv\_puse} \cdot \mathrm{puse\_bi} \\
& + [\mathrm{psv}(t) - \mathrm{psv}(t-1)] \cdot \mathrm{psv\_pu} \cdot \mathrm{pu\_atu} \cdot \mathrm{atu\_bi} \\
& + [\mathrm{psv}(t) - \mathrm{psv}(t-1)] \cdot \mathrm{psv\_peou} \cdot \mathrm{peou\_atu} \cdot \mathrm{atu\_bi} \\
& + [\mathrm{psv}(t) - \mathrm{psv}(t-1)] \cdot \mathrm{psv\_peou} \cdot \mathrm{peou\_pu} \cdot \mathrm{pu\_bi} \\
& + [\mathrm{psv}(t) - \mathrm{psv}(t-1)] \cdot \mathrm{psv\_peou} \cdot \mathrm{peou\_pu} \cdot \mathrm{pu\_atu} \cdot \mathrm{atu\_bi} \\
& + \mathrm{usefulness}(t) \cdot \mathrm{pu\_bi} + \mathrm{usefulness}(t) \cdot \mathrm{pu\_atu} \cdot \mathrm{atu\_bi} \\
& + \mathrm{easeofuse}(t) \cdot \mathrm{peou\_atu} \cdot \mathrm{atu\_bi} \\
& + \mathrm{easeofuse}(t) \cdot \mathrm{peou\_pu} \cdot \mathrm{puse\_bi} \\
& + \mathrm{easeofuse}(t) \cdot \mathrm{peou\_pu} \cdot \mathrm{pu\_atu} \cdot \mathrm{atu\_bi} + \mathrm{entertainment}(t) \cdot \mathrm{pe\_atu} \cdot \mathrm{atu\_bi} \\
& + \mathrm{interoperability}(t) \cdot \mathrm{ci\_atu} \cdot \mathrm{atu\_bi} + \mathrm{cost}(t) \cdot \mathrm{fc\_atu} \cdot \mathrm{atu\_bi} + \varepsilon
\end{aligned}
$$

（6.6）

其中：psv 为感知协同价值；ε 为残差值，带下划线的变量为路径系数。这些量由实证分析结果可得，其他的变量为系统输入量。

在线用户状态从在线状态变为移动状态有两种途径：一种是通过自我感知，即达到一定阈值，用户状态发生改变；另一种是通过口碑传播，即周围邻居对该用户实施口碑影响，当影响程度到达一定程度，用户状态发生改变。

服务的有用性、实用性和娱乐性等对服务接受有显著影响，其影响机理已在文献[1]的实证结论中进行过详细阐述，本章重点探讨广告、休眠和唤醒等措施对演化过程的影响。

6.3　计算模型及其实验系统

下面将上述的理论描述转化为计算模型，基于 NetLogo 仿真平台，用 Logo 语言编程实现基于该计算模型的实验系统。

6.3.1　计算模型

用网络呈现消费网络，每一个结点代表一个用户，用户之间的连接关系符合一定的分布。为了让结点能均匀分布在空间中，下面建立一种空间聚集复杂网络。用 Agent 表示结点上的用户，定义如下。

定义 **6.7**　用户网络 Net = {Ω, ST, AP, NP, F, NB, t}，其中：

（1）Ω 为 Agent 集合，Ω = {Agent$_1$, Agent$_2$, $\cdots$, Agent$_n$}，一个 Agent 对应一个用户网络上的用户；

（2）ST 为状态空间，S = {OL, MC, D}（OL 为在线状态，MC 为移动服务状态，D 为休眠状态）；

（3）AP 为年龄或决策特性，AP = {1, 2, 3}（1 为中小学生用户，2 为大学生或青年上班族用户，3 为其他用户）；

（4）NP 为网络特性，NP = {LO, DC, WK, BR, SP}（LO 为流失率，DC 为休眠率，WK 为唤醒率，BR 为广告率，SP 为口碑传播效应）；

（5）F 为状态转移函数，F：{(AP^i, NP^i, NB^i)$\rightarrow$ST$^{(t)}$}$\times t \rightarrow$ST$^{(t+1)}$，即 Agent$_i$ 在第 $t+1$ 期的状态与第 t 期自身特征、网络特征和邻域 Agent 状态有关；

（6）NB 为邻域结点的消费状态集合。

6.3.2　计算实验系统

本章的实验系统是在 NetLogo 仿真平台上用 Logo 语言编程实现的。该实验系统界面分三个区域：第一个区域是参数设置区，用于模型参数的设置；第二个区域是网络演化图示区；第三个区域是仿真曲线图示区。该系统的主要参数默认设置如表 6.2 所示。

表 6.2　实验系统参数

序号	参　数	说　明	默认值
1	number of nodes	网络中结点数	300
2	average-node-degree	网络结点平均连接度	6
3	recovery-chance	唤醒率	0.1
4	gain-resistance-chance	休眠率	0.2
5	brand-intensity	广告强度	20%
6	usefulness	有用性	0.1
7	easeofuse	易用性	0.1
8	entertainment	娱乐性	0.1
9	peryoung	群体中中小学生比例	30
10	permid	群体中大学生或青年上班族比例	30
11	cost	产品/服务的收费增长度	0.1
12	interoperability	产品的互操作性	0.1

6.4　虚拟实验及其结果分析

通过设置不同的参数，采集实验系统运行所得数据（共 500 期模拟数据），并进行分析，可得到相关结论。

6.4.1　实验数据的统计检验

随机选取采集的三组数据，用 SPSS 进行曲线拟合。通过与经典的复合曲线、幂律曲线、S 型曲线、增长曲线、指数曲线和逻辑斯谛曲线等进行拟合（这些曲线或扩散方程能很好地代表真实的技术扩散），得到统计数据如表 6.3 所示。

表 6.3　曲线拟合统计结果

曲线	数据 A		数据 B		数据 C	
	R^2	F	R^2	F	R^2	F
复合曲线	0.049	25.771	0.002	0.930	0.030	15.592
幂律曲线	0.007	3.540	0.059	31.107	0.211	133.375
S 型曲线	0.465	433.281	0.541	587.061	0.667	997.832
增长曲线	0.049	25.771	0.002	0.930	0.030	15.592
指数曲线	0.049	25.771	0.002	0.930	0.030	15.592
逻辑期谛曲线	0.049	25.771	0.002	0.930	0.030	15.592

三组数据中，S 型曲线的 R^2 和 F 最大，可以认为实验数据与 S 型曲线拟合较好。而有实证文献表明，新产品或信息系统的扩散过程呈 S 型，与传统的 S 型曲线和逻辑斯谛曲线等相比拟合得更好[12, 13]。因此，可以认为所用数据与实际数据有较好的拟合度，能用于生命周期演化或扩散中各类问题的研究。

6.4.2　广告强度对群体行为演化的影响

该研究的前期调查结果表明，广告等促销手段对服务接受有影响（属于静态研究）[1]。下面将就广告对群体行为演化的影响进行分析（属于动态研究）。采集广告强度为 0.2～0.9 时，移动即时通信服务接受量、在线即时通信服务接受量和移动即时通信服务休眠量的演化数据，其演化曲线如图 6.4 所示。图 6.4 中，从第 0 期起下降的曲线为即时通信服务接受量，从第 0 期起上升较快的曲线为移动即时通信服务接受量，从第 0 期起上升相对较慢的曲线为移动即时通信服务休眠量（图 6.5～6.7 与图 6.4 一样）。

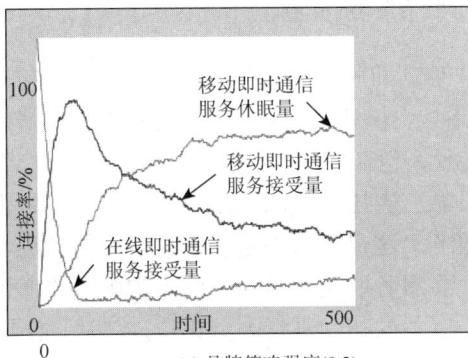

(a) 品牌策略强度(0.2)　　　(b) 品牌策略强度(0.3)

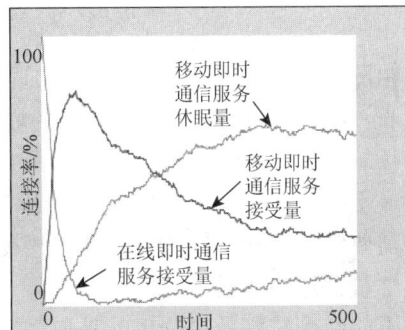

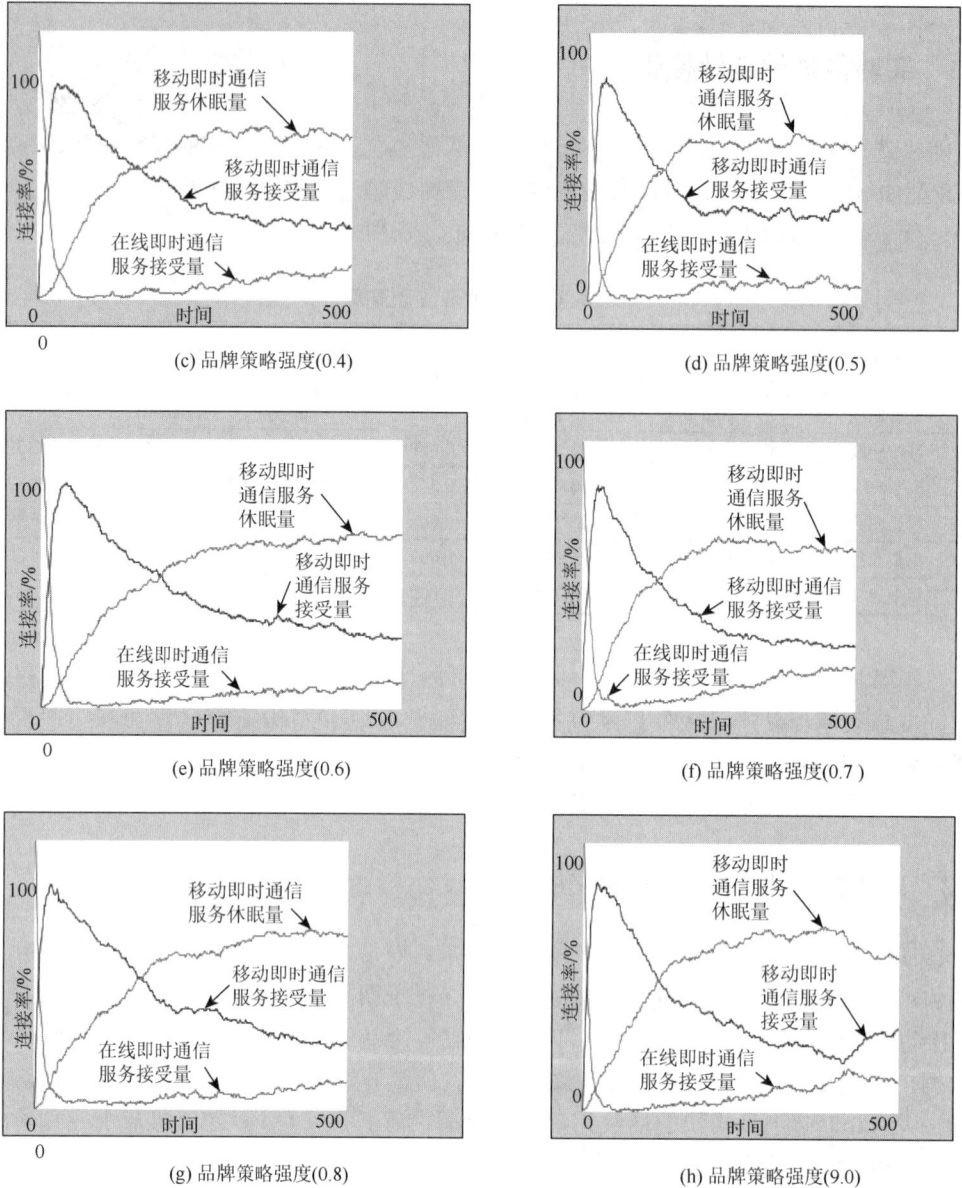

(c) 品牌策略强度(0.4)

(d) 品牌策略强度(0.5)

(e) 品牌策略强度(0.6)

(f) 品牌策略强度(0.7)

(g) 品牌策略强度(0.8)

(h) 品牌策略强度(9.0)

图 6.4　广告强度对群体行为演化的影响

由图 6.4 可知,随着广告强度的逐渐增加,移动即时通信服务接受量演化曲线初期迅速成长,然后进入成熟期,成熟期的峰值逐渐增加,但增加幅度不大。这说明,在产品投入市场初期,广告能促进用户对产品/服务的接受,但在产品/服务处于成熟期后,广告效果明显下降。在整个产品/服务生命周期中,只靠广告还不足以在较大程度上吸引顾客消费,需要辅助其他手段来促使客户接受产品/服务。这也说明,随着扩散过程的推进,接受人群量到达峰值后,广告效果下降,越到产品/服务的生命周期末期,实施强的广告措施已不能起到较好效果。也就是说,应在产品/服务的初期进行大量宣传,然后逐渐降低广告强度[14]。这个结论与扩散过程中的广告效果和广告策略一致[15]。

6.4.3　休眠率与唤醒率对群体行为演化的影响

1. 当休眠率大于唤醒率时

图 6.5 为当休眠率大于唤醒率时，即时通信服务接受量和移动通信服务休眠量的演化趋势图（D 为休眠率，W 为唤醒率）。由图 6.5 可知，各子图形状基本不发生改变。当休眠率远远大于唤醒率时，移动即时通信服务接受量的峰值逐渐变小，移动即时通信服务休眠量的峰值逐渐变大，传统在线即时通信服务接受量的最低值也增大。当休眠率大于唤醒率时，消费者并非完全处于移动即时通信服务的休眠状态，部分消费者将转至使用在线即时通信服务，随着休眠率的增加，在线即时通信服务接受量演化曲线经过最低值后也逐渐增加。

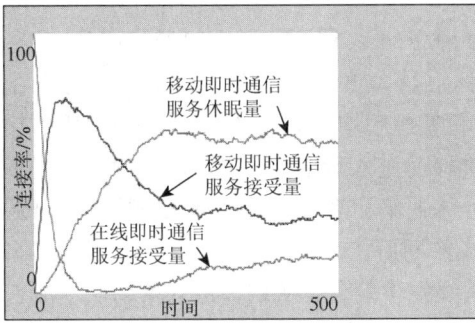
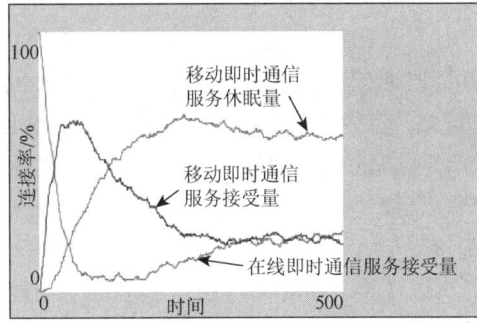

(a) $D = 0.2, W = 0.1$　　　　　　　　　　(b) $D = 0.3, W = 0.1$

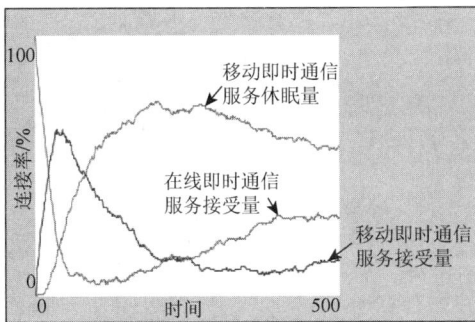
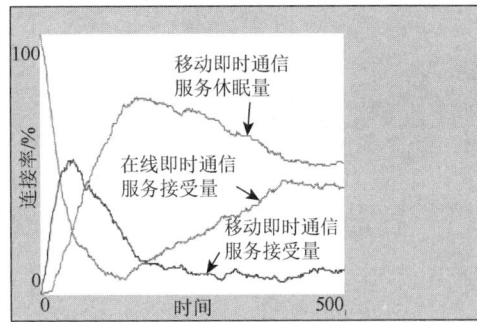

(c) $D = 0.4, W = 0.1$　　　　　　　　　　(d) $D = 0.5, W = 0.1$

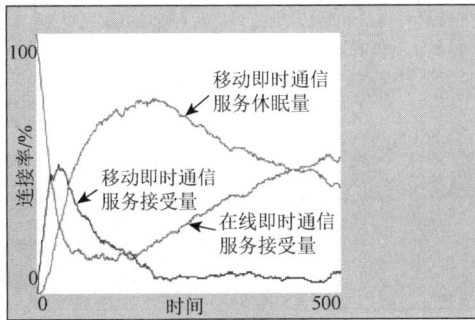
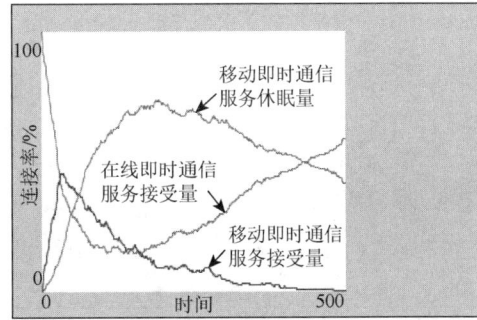

(e) $D = 0.6, W = 0.1$　　　　　　　　　　(f) $D = 0.7, W = 0.1$

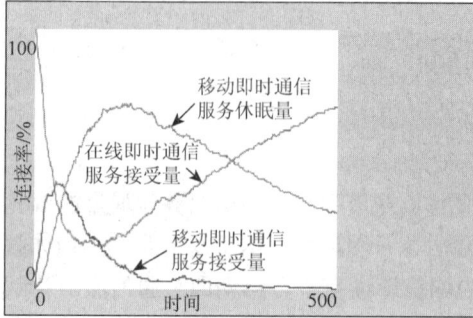

(g) $D = 0.8, W = 0.1$

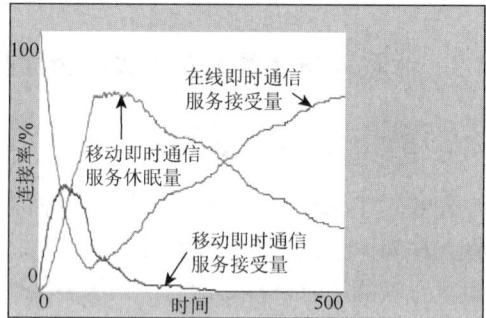

(h) $D = 0.9, W = 0.1$

图 6.5　休眠率大于唤醒率

2. 当休眠率等于唤醒率时

保持休眠率和唤醒率大小一致，同时调整两者大小，得到在线即时通信服务接受量、移动即时通信服务接受量和移动即时通信服务休眠量大小变化趋势，如图 6.6 所示。由图 6.6 可知，当休眠率和唤醒率较低时，如休眠率和唤醒率均为 0.1，移动即时通信服务接受量在该服务的成熟期的峰值最大，随着时间的推移而进入衰退期，市场接受量呈慢慢下降趋势，而移动即时通信服务休眠量缓慢增加。当休眠率和唤醒率逐渐增大，移动即时通信服务接受量在成长期到成熟期中的峰值变小，成熟期后，市场接受量呈稳态，保持水平推移。可以认为，移动即时通信服务的生命周期曲线发生变化，从初期进入市场快速成长到一定市场水平，然后出现稳定，成熟期和衰退期没有明显界限，市场基本呈稳态水平发展。

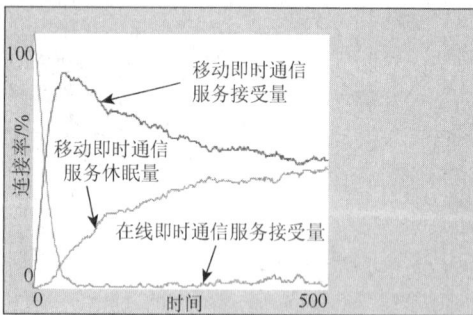

(a) $D = 0.1, W = 0.1$

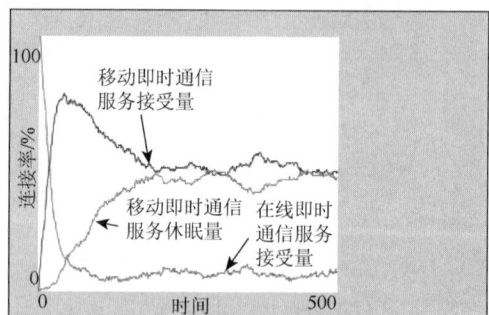

(b) $D = 0.2, W = 0.2$

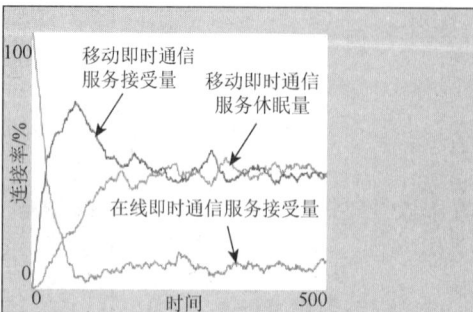

(c) $D = 0.3, W = 0.3$

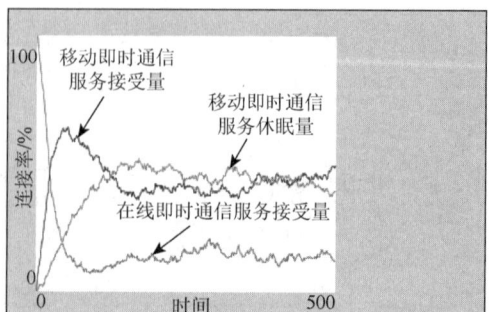

(d) $D = 0.4, W = 0.4$

(e) $D = 0.5, W = 0.5$

(f) $D = 0.6, W = 0.6$

(g) $D = 0.7, W = 0.7$

(h) $D = 0.8, W = 0.8$

(i) $D = 0.9, W = 0.9$

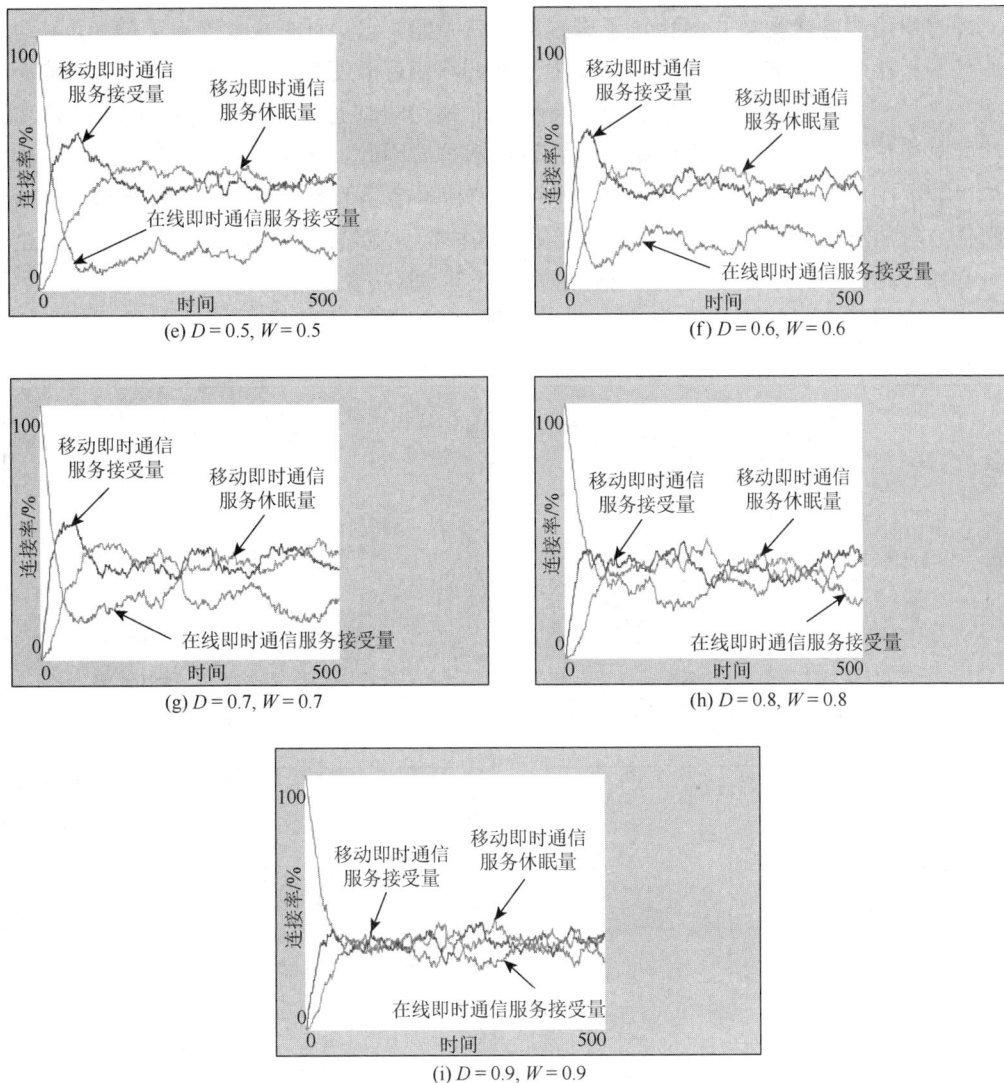

图 6.6　休眠率等于唤醒率

　　由上面的分析可知，产品/服务市场一旦出现很强的消费或使用阻滞，即便管理者采用很强的市场干预手段以唤醒消费者，但从产品/服务的生命周期来看，其接受量峰值较低，即市场成熟期不可能到达很高的水平。因此，在实际管理中，应预先采用相关手段，以免出现消费阻滞现象，即尽可能不让消费者进入休眠或流失状态。例如，可以改良产品/服务，即不断推出新的产品/服务特性；还可以调整营销策略，从价格上采取部分服务免费或优惠等方式，以维持消费者的使用兴趣，留住消费者。

3. 当休眠率小于唤醒率时

　　由图 6.7 可知，当唤醒率大于休眠率时，移动即时通信服务接受量、在线即时通信服务接受量和移动即时通信服务休眠量的演化曲线形状基本不发生改变。当大于水平低时，

移动即时通信服务接受量的演化过了成熟期后就开始下降；而随着大于水平增加，移动即时通信服务接受量在演化生命周期曲线中成熟期峰值逐渐变大，达到最高水平后，接受量基本不变，一直稳定下去，几乎呈一条直线，而移动即时通信服务的休眠曲线峰值较低，在线即时通信服务的接受量也逐渐变小到较低水平。因此，在市场中发生消费者休眠时，应尽可能采用高于休眠率的唤醒策略，邮件营销和短信营销等是有效的唤醒方式，包括感谢邮件、激励消息、积分兑换和红包赠送等。这种量身定做的方式，使得用户能感受企业的关心和关注。移动银行和支付业务也经常有唤醒短信，如支付安全工具的升级优惠、手机支付的优惠增值服务信息等。

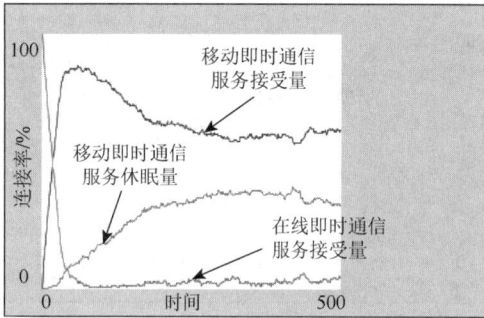

(a) $D = 0.1, W = 0.2$

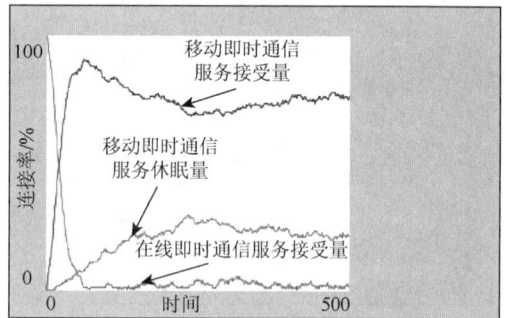

(b) $D = 0.1, W = 0.3$

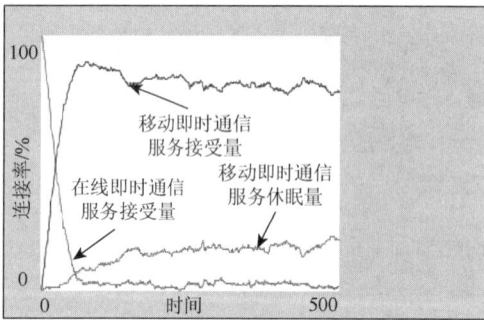

(c) $D = 0.1, W = 0.4$

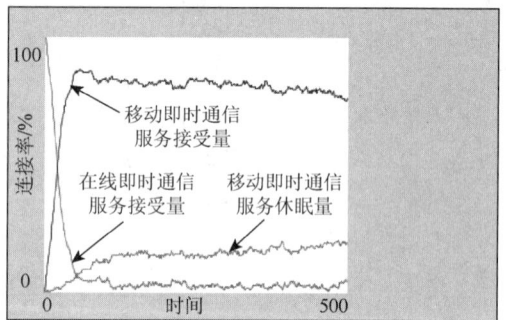

(d) $D = 0.1, W = 0.5$

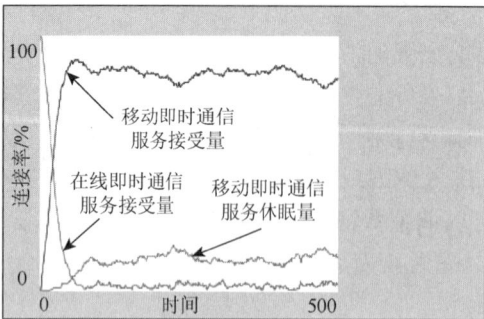

(e) $D = 0.1, W = 0.6$

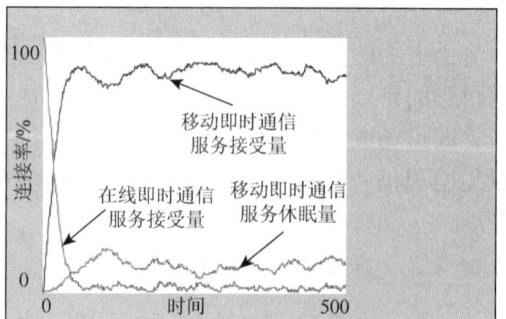

(f) $D = 0.1, W = 0.7$

(g) $D = 0.1$, $W = 0.8$

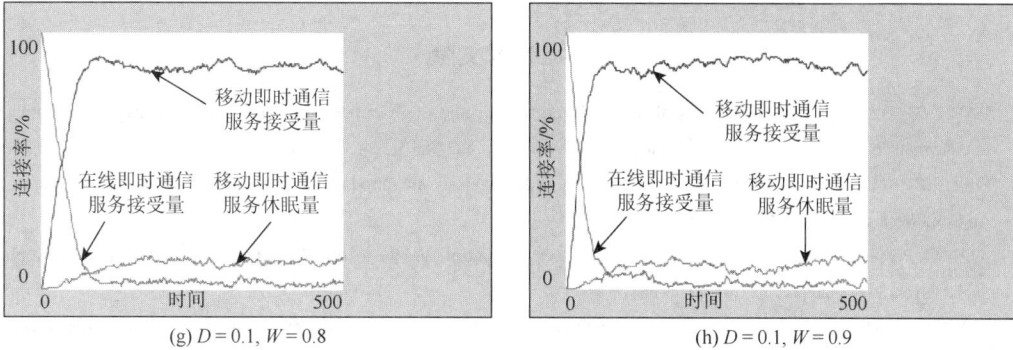

(h) $D = 0.1$, $W = 0.9$

图 6.7　休眠率小于唤醒率

6.5　本 章 小 结

通过与文献的比较以及对移动即时通信服务的用户流量转移行为进行建模和实验分析，可以得到：

（1）较之传统的扩散模型，基于多智能体的计算实验方法能有效刻画消费转移的状态变迁。通过统计拟合分析，本章所收集的数据与经典 S 型曲线拟合度高，说明所提计算模型能用于真实系统进行研究。

（2）广告强度在产品/服务生命周期前期能起促进作用，而在成熟期后，效果明显减弱，且通过增加广告强度的促进效果不明显。因此，不同的生命周期阶段应使用不同的广告策略，在产品/服务的市场投放初期，应用好广告策略，充分发挥广告的作用；而在市场成熟以后，不能依赖广告手段，而应正确使用其他市场策略。

（3）休眠率和唤醒率的大小关系着消费接受行为的演化。当休眠率大于唤醒率时，移动即时通信服务接受量演化峰值变低，消费休眠峰值变大，而在线即时通信服务接受量演化曲线在最低值后也逐渐呈增大趋势。当休眠率低于唤醒率时，移动即时通信服务接受量增加，而在线即时通信服务接受量演化至最低值后再次上升，即部分移动即时通信使用者转至使用在线即时通信服务。当休眠率和唤醒率相等且两者水平都很低时，移动即时通信服务接受量成熟期峰值较高；而当两者水平较低时，移动即时通信服务接受量演化曲线的成熟期的峰值变低，明显阻碍消费者关于移动即时通信服务的接受。当唤醒率大于休眠率时，移动即时通信服务接受效果较好，大于水平越高，移动即时通信服务接受曲线至成熟期后，呈稳态水平发展。因此，管理者应避免消费者出现高休眠状态，一旦出现休眠，应采取有效的唤醒策略，将休眠者唤醒，尤其在市场成熟期后；但在高休眠率下，唤醒策略不再有效，应考虑其他管理策略。

在线环境到移动环境的流量转移过程中的管理问题是近些年的一个研究热点。本章对在线环境到移动环境下的流量转移演化过程进行计算实验建模分析，基于实验所得数据，统计分析得到不同管理场景下的管理策略，并对不同策略进行探讨。

本章利用计算实验方法，对在线环境到移动环境下的消费转移行为演化过程的分析和所得研究结论，可以为移动即时通信服务推出者和市场管理者提供有用的决策参考和技术支持。

本章参考文献

[1] JIANG G，DENG W. An empirical analysis of factors influencing the adoption of mobile instant messaging in China[J]. International Journal of Mobile Communication，2011，9（6）：563-583.

[2] FISHBEIN M，AJZEN I. Belief，attitude，intention and behavior：An introduction to theory and research [M]. Boston：Addison-Wesley Pub. Co，1975：21-52.

[3] AJZEN I. Perceived behavioral control，self-efficacy，locus of control，and the theory of planned behavior[J]. Journal of Applied Social Psychology，2002，32（4）：665-668.

[4] HERRERO CRESPO A，RODRIGUEZ DEL BOSQUE I. The effect of innovativeness on the adoption of B2C e-commerce：A model based on the theory of planned behaviour[J]. Computers in Human Behavior，2008，24（6）：2830-2847.

[5] AJZEN I. The theory of planned behavior[J]. Organizational Behavior & Human Decision Processes，1991，50（2）：179-211.

[6] DHOLAKIA U M，BAGOZZI R P，PEARO L K. A social influence model of consumer participation in network and small-group-based virtual communities[J]. International Journal of Research in Marketing，2004，21（3）：241-263.

[7] WANG C C，HSU Y H，FANG W C. Acceptance of technology with network externalities：An empirical study of Internet instant messaging services[J]. Journal of Information Technology Theory and Application（JITTA），2004，6（4）：15-28.

[8] ROHLFS J. A theory of interdependent demand for a communications service[J]. Bell Journal of Economics，1974，5（1）：16-37.

[9] KATZ M L，SHAPIRO C. Network externalities competition and compatibility[J]. The American Economic Review，1985，75（3）：424-440.

[10] FORNELL C，LARCKER D F. Evaluafing structural equation models with unobservable variables and measurement error[J]. Journal of Marketing Research，1981，18（1）：39-50.

[11] GEFEN D，STRAUB D，BOUDREAU M C. Structural equation modeling and regression：Guidelines for research practice[J]. Communications of the Association for Information Systems，2000，4（7）：1-70.

[12] MAHAJAN V，MULLER E，BASS F M. New product diffusion models in marketing：A review and directions for research[J]. The Journal of Marketing，1990，54（1）：1-26.

[13] 吴江，胡斌，鲁耀斌. 实证驱动信息系统的扩散与组织系统互动模拟研究[J]. 管理科学学报，2010，13（10）：21-31.

[14] KRISHNAN T V，JAIN D C. Optimal dynamic advertising policy for new products[J]. Management Science，2006，52（12）：1957-1969.

[15] ROGERS E M，OLAGUERA N S. Diffusion of innovations[M]. 5th ed. New York：Free Press，2003：130-150.

第7章　协同服务商–消费者交互过程中群体行为演化

7.1　"社区＋商务"模式下的交互行为

"社区＋商务"也是一种电子商务协同服务模式，这种模式集成了社会网络中庞大的用户群、超高人气和可靠的人际关系网，与电子商务盈利性的特点产生协同效应，它将社区网络集聚的用户流量转为电商的消费流量，将社区用户变为电商消费者。

本章选取具有"社区＋商务"特点的站点的用户为调研对象，对其进行问卷调查和个人访谈，分析消费者对品牌匹配质量的感知、技术匹配的感知、促销或价格策略等因素对社区商务的态度。并基于调研和分析结果，构建商务社区中用户转移行为演化计算实验系统，以分析不同类型创新接受者转变为电子商务消费者的态度。

7.2　实证模型及其分析

7.2.1　实证模型

基于已有的文献，我们构建实证模型，用于分析影响社区用户对社区商务态度的因素，包括品牌、技术、主观规范和受众卷入度等，如图 7.1 所示。

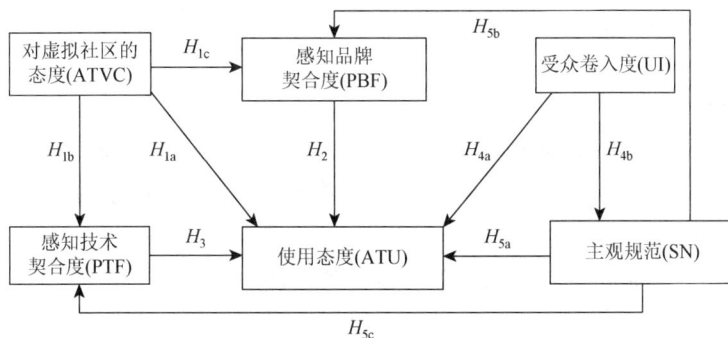

图 7.1　"社区＋商务"模式下的用户转移实证模型

1. 用户态度

用户对母品牌的态度会直接影响子品牌，也就是态度的转移[1]。因此，我们假设对虚拟社区的态度（attitudes towards virtual communities，ATVC）将会影响对社区商务的使用态度，以及感知的母品牌与子品牌之间的技术和品牌匹配。假设如下：

（1）H_{1a}，对虚拟社区的态度正向影响用户对社区商务的使用态度；

（2）H_{1b}，对虚拟社区的态度正向影响感知技术契合度（perceived technology fit，PTF）；

（3）H_{1c}，对虚拟社区的态度正向影响感知品牌契合度（perceived brand fit，PBF）。

2. 契合度

品牌是消费者对产品及产品系列的认知程度，是给拥有者带来增值的一种无形资产，增值源于消费者形成的对产品/服务的印象。因此，提升品牌有助于企业提高业绩。品牌之间的有效协作能实现协同的品牌延伸，消费者对品牌延伸的接受度与品牌感知度以及两类产品的匹配度和分类难度高度相关[2]。

对母品牌的经验对品牌延伸的成功有重要和积极的影响，虽然积极影响在母品牌推广中得到证实，但是在母品牌与延伸成功之间还缺少直接的重要关系[3]。感知品牌的契合度影响着消费者对社区商务的使用态度。

社区与商务间技术的完美契合，将会对用户转移产生很大的支持作用。例如，用户使用社区服务，通过一个按钮或一个功能链接就可以方便地转入商务平台，且商务平台与社区平台风格、技术手段等一致，这些都有助于用户接受社区提供的商务服务。假设如下：

（1）H_2，感知品牌契合度正向影响用户对社区商务的使用态度；

（2）H_3，感知技术契合度正向影响用户对社区商务的使用态度。

3. 受众卷入度

受众卷入度（user invovlement，UI）是一个用户对所给产品/服务的心理依附状态[4]。它可以用必要性、竞争性、显著性、重要性和服务的需要性等方面来衡量。假设如下：

（1）H_{4a}，受众卷入度正向影响用户对社区商务的使用态度；

（2）H_{4b}，受众卷入度正向影响主观规范。

4. 主观规范

主观规范用于衡量社会或工作环境对用户态度的影响，朋友的推荐或环境的要求可以让新用户接受新产品/服务，这种间接的经验和知识，让用户能更好地感知品牌和技术的契合，进而影响服务接受态度[5, 6]。假设如下：

（1）H_{5a}，主观规范正向影响用户对社区商务的使用态度；

（2）H_{5b}，主观规范正向影响用户感知品牌契合度；

（3）H_{5c}，主观规范正向影响用户感知技术契合度。

7.2.2 问卷收集与整理

从 2011 年 11 月 1 日至 2012 年 4 月 1 日，通过线上和线下两种方式发放问卷。该研究共经过两轮问卷发放：第一轮进行小样本发送，对样本进行检验，调整后得到最终的问卷；第二轮共发放 450 份问卷，回收问卷 324 份，回收率为 72%。在回收的 324 份问卷

当中，有 21 份问卷存在填报信息不全、缺失值过多、前后矛盾等问题。因此，最终有效问卷为 303 份，有效问卷回收率为 67.33%。

7.2.3 数据分析

使用 AMOS 8 和 SPSS 16.0 对模型进行测量，得到 Cronbach's α 值均大于 0.8，说明其信度较好[7]；所有变量的 KMO 值为 0.879，各变量的 KMO 值均大于 0.6[8]，且其对应的球体检验显著性概率 P 值为 0.000，小于显著水平 0.05，说明样本量较充足，适合进行因子分析，说明本问卷及其各因子组成项目的结构效度较好。

通过对模型进行修正，其匹配度指标满足要求，用 AMOS 处理得到如图 7.2 所示的路径系数图（$|CR| \geqslant 1.96$，$P \leqslant 0.05$）。

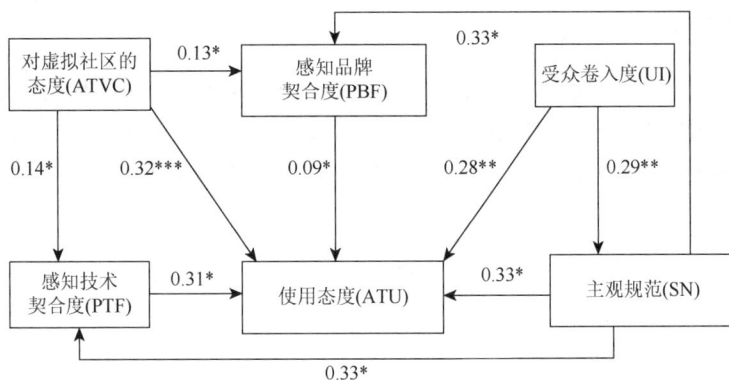

图 7.2 结构模型路径系数图

$*P < 0.05$
$**P < 0.01$
$***P < 0.001$

7.3 商务社区中用户流量转移行为演化运作场景及形式化定义

7.3.1 商务社区中服务商收益

图 2.9 为服务商与用户的交互模型，图中，P 为价格和促销强度，B 为品牌协同程度，TC 为技术协同程度，SP 为在购人数，SD 为休眠人数，prof 为时变收益模型，即在不同 P、B 和 TC 下的服务商收益模型。本系统中，参考生产力函数，构建收益模型如下：

$$\text{prof}(t) = a(1 + c\{[P(t)]^{\alpha}[B(t)]^{\beta}[\text{TC}(t)]^{\gamma} + \delta\})$$
$$- b_1 \cdot P(t) - b_2 \cdot B(t) - b_3 \cdot \text{TC}(t)$$

$$\text{s.t.} \begin{cases} 0 \leqslant P(t) \leqslant 1 \\ 0 \leqslant B(t) \leqslant 1 \\ 0 \leqslant \text{TC}(t) \leqslant 1 \\ \delta \sim \text{norml}(m, n) \end{cases} \qquad (7.1)$$

根据图 7.2 的路径系数，假定 α 为 0.28，β 为 0.09，γ 为 0.31，a 为当前在购量，c 为不购与在购的比例，b_i 为单位代价。

下面使用遗传算法对该模型进行求解和运算。

7.3.2 商务社区网络结构

研究表明，社会网络和 WWW 网络具有小世界性[9]，电子商务沟通网络的度分布服从随机网络，如指数分布或泊松分布[10]，且该网络为一个无标度网络[11]。我们从淘宝论坛收集关于经验交流和购物评价方面的帖子数据，共两组：第一组由 554 个结点构成，记为样本 A；第二组数据由 1073 个结点构成，记为样本 B。下面用 UCINET 6 和 SPSS 分析得到网络的各项指标。

1. 网络的平均路径长度

网络平均路径长度也称为网络特征路径长度（characteristic path length）。网络中结点 i 与结点 j 之间的距离 d_{ij} 定义为连接这两个结点的最短路径上的边数。网络中任意两个结点之间的平均路径长度 L 定义为任意两个结点之间距离的平均值，即

$$L = \frac{1}{\frac{1}{2}N(N+1)}\sum_{i \geqslant j} d_{ij}$$ (7.2)

其中：N 为网络结点数量。

真实存在的复杂网络结构中，结点数量巨大，但网络的平均路径长度却较小。也就是说，如果一个网络具有小世界特性，那么固定的网络结点的平均路径长度 L 的增长至多与网络规模 N 的对数成正比。

由 UCINET 6 计算可得 A 样本数据的平均路径长度为 3.026，B 样本数据的平均路径长度为 2.356。两组样本都说明商务社区网络具有小世界性。

2. 网络的聚集系数

网络的聚集系数就是整个网络中所有结点的聚集系数的均值。要注意的是，只有在全连通网络（即每个结点都与其余所有的结点相连接的网络结构）中，聚集系数才等于 1，一般均小于 1。在完全随机网络中，实证结果表明，绝大部分大规模真实网络中的结点倾向于聚集在一起，即使聚集系数 C 远远小于 1，但都远比 0 大。

利用 UCINET 6 计算得到 A 样本数据下网络综合图聚集系数为 0.971，加权聚集系数为 0.829；B 样本数据下网络综合图聚集系数为 0.984，加权聚集系数为 0.790。因此，可以认为，商务社区网络模型具有较大的聚集性。

3. 网络的度分布

一个结点的度是它在网络中最简单的局域特征。结点 i 的度为与该结点直接连接的其

他结点的数目，即成为 i 的邻域结点的个数。网络中所有结点的度的平均值称为网络的平均度，即

$$<k>=\frac{1}{N}\sum_i k_i \qquad (7.3)$$

网络中结点的度可用其分布函数的特征来反映。利用 UCINET 6 计算得到 A 样本数据下网络结点的度分布值，其平均度为 2.114，最大的度为 43，最小的度为 1；B 样本的平均度为 2.159，最大的度为 95，最小的度为 1。用 SPSS 对数据进行非方差检验，结果如表 7.1 所示。由表 7.1 可知，度分布不属于正态分布、均匀分布或泊松分布；而利用曲线拟合，发现所使用的社区网络数据的度分布的样本数据与幂律分布曲线拟合 R^2 最大，分别为 0.618 和 0.558，也较为显著（P 值均为 0.00）。由拟合图 7.3 也可以直观看到样本数据与幂律分布曲线拟合较好。因此，可以认为，该商务社区网络的度分布服从幂律分布。

表 7.1　样本数据下网络度分布拟合指标

样本	曲线	模型总结				参数估计		
		R^2	F	df_1	df_2	Sig.	常数	b_1
样本 A	幂律曲线	0.618	30.734	1	19	0.000	36.069	−1.156
	指数曲线	0.292	7.850	1	19	0.011	6.836	−0.069
	逻辑斯谛曲线	0.292	7.850	1	19	0.011	0.146	1.071
样本 B	幂律曲线	0.558	42.986	1	34	0.000	37.021	−0.962
	指数曲线	0.184	7.670	1	34	0.009	4.450	−0.024
	逻辑斯谛曲线	0.184	7.670	1	34	0.009	0.225	1.024

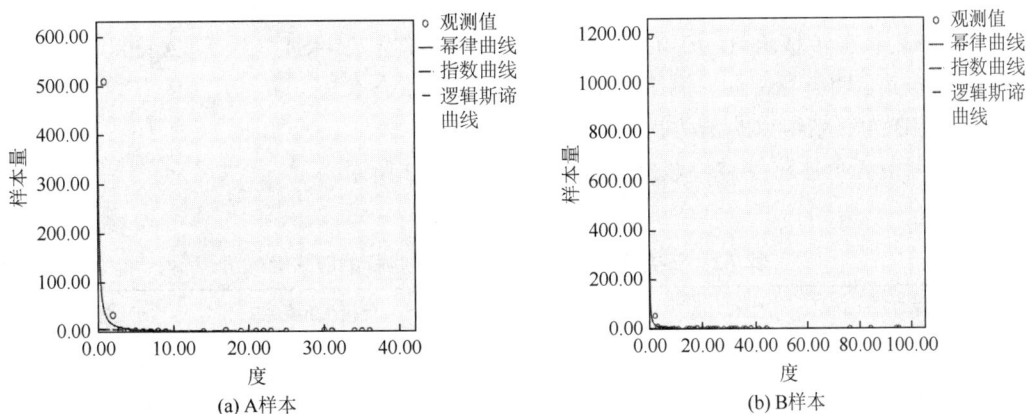

(a) A样本　　(b) B样本

图 7.3　样本数据下度分布拟合图

大多数真实网络具有小世界性（较小的最短路径）和聚集性（相对较大的聚集系数）。

规则网络虽具有相对较大的聚集系数，但平均最短路径较大；随机网络则正好相反，具有小世界性，但聚集系数相当小[12]。许多实际网络的度分布明显不同于随机网络和小世界网络，而是呈现出偏倚的幂率（power law）分布，属于无标度网络[13]。因此，综合上面的分析，可以认为，我们所收集的社区网络结构具有无标度网络特性。下面将利用无标度网络进行用户转移行为演化的分析。

7.3.3　商务社区网络形式化定义

用网络呈现消费网络，每一个结点代表一个消费者，消费者之间的连接关系符合一定的分布。为了让结点能均匀分布在空间中，这里建立一种空间聚集的无标度网络。用 Agent 表示结点上的消费者，有以下定义。

定义 7.1　消费网络 Net = {Ω, NT, ST, AD, STP, F, NB, t}，其中：

（1）Ω 为 Agent 集合，Ω = {Agent$_1$, Agent$_2$, $\cdots$, Agent$_n$}，一个 Agent 对应一个消费网络上的消费者；

（2）NT 为网络，NT = {Num, Dp, Cc, Ds, Inc}（Num 为网络结点，Dp 为度分布函数，Cc 为聚集系数，Ds 为平均路径长度，Inc 为结点增长规律）；

（3）ST 为状态空间，ST = {CO, SC, D}（CO 为社区状态，SC 为社会商务服务状态，D 为休眠状态）；

（4）AD 为决策特性，AD = {innovator, early_adopter, late_adopter}，一般意义上的产品消费者分为创新者、早期接受者、早期成熟者、晚期成熟者和落伍者 5 类，为简化建模，将它们归纳为三类，即创新者（innovator）、早期接受者（early_adopter）和晚期接受者（late_adopter）；

（5）STP 为服务商务策略特性，STP = {BI, PI, TI}，（BI 为品牌力度，PI 为促销或价格力度，TI 为技术力度）；

（6）F 为状态转移函数，F: {(AD^i, STP^i, NB^i)→ST$^{(t)}$}×t→ST$^{(t+1)}$，即 Agent^i 在第 $t+1$ 期的状态与第 t 期自身特征、网络特征和邻域 Agent 状态有关。

（7）NB 为邻域结点的消费状态集合。

三类消费者个体对各类管理指标的敏感度如表 7.2 所示。

表 7.2　三类消费者个体对各类管理指标的敏感度

消费者	技术力度	品牌力度	促销或价格力度	社会影响度
创新者	高	高	高	高
早期接受者	中	中	中	中
晚期接受者	低	低	低	低

7.4　计算实验系统及其关键算法

7.4.1　计算实验系统

在 NetLogo 5.0 基础上进行编程实现实验系统，系统界面如图 7.4 所示。该系统共分为三部分，左部为系统参数设置和操作按钮设置区，中部为基于 Agent 的消费网络演化图示区，右部为参数演化图示。系统默认参数说明及设置如表 7.3 所示。

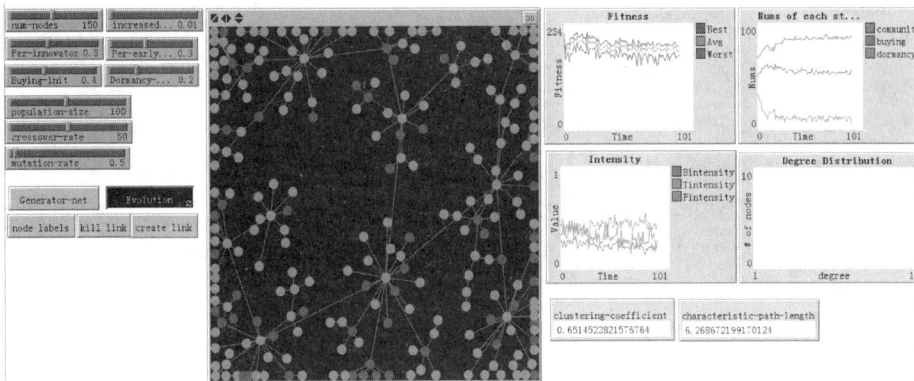

图 7.4　商务社区中用户流量转移行为演化实验系统界面

表 7.3　实验系统主要参数的默认设置

序号	参　　数	说　　明	默认值
1	Num-nodes	网络中结点数	200
2	Increased-node	网络结点增长概率	0.01
3	Per-innovator	创新者比例	0.4
4	Per-early adopter	早期接受者比例	0.4
5	Buying-init	初始网络中在购者比例	0.2
6	Dormancy-init	网络中休眠率	0.1
7	Population-size	种群大小	100
8	Mutation-rate	变异率	0.5
9	Crossover-rate	交叉率	0.5

7.4.2　关键算法

本章所述的消费网络本质为一种无标度网络，网络的输入集为 Input（n0，m），其中，n0 为网络的初始结点数，m（m≤n）为每当一个新结点接入网络中其所带的连接数。

（1）初始网络生成算法如下：

初始化网络空间

调用结点生成算法,在空间中随机生成两个网络结点

调用边生成算法,连接两个结点

重复以下操作,直到网络的结点满足总结点数为止:

    新生成一个网络结点

    调用查找待连接网络结点算法,找到一个待连接结点

    调用网络中边生成算法,连接待连接结点和新结点

    调用 NetLogo 系统中的点发散库(layout-spring),以布局结点

    结束

(2)网络结点生成算法如下:

    随机产生坐标点 x 和 y

    调用系统画图算法,在坐标{x,y}处产生圆形

    为结点着色

(3)边连接算法如下:

    采集两结点的坐标值

    调用系统画直线算法,在两坐标之间画直线

(4)查找待连接结点算法如下:

    定义变量 total,并将其赋值为以总连接数为种子的随机浮点数

    定义待连接结点 partner,并赋值为空

    在所有的结点中做以下操作:

        定义变量 nc 为总连接数

        如果 partner 为空,而 nc 大于 total,那么 partner 置为该结点;否则 total 为 total-nc

        输出 partner

7.5　虚拟实验及其结果分析

7.5.1　计算实验系统确认

在传统产品扩散过程中,创新者的比例较小,而早期接受者和完全接受者的比例较大[14]。而在网络环境下,尤其是社会化媒体充分利用的前提下,年轻的消费者比较多,且愿意接受新兴事物,因而创新者较多。因此,这里默认三类消费个体的比例为 3:4:3。

首先采集数据,用 SPSS 进行曲线拟合分析,得到拟合统计表如表 7.4 所示。由表 7.4 可以看出,F 检验下,所采集的数据与各曲线拟合效果显著(P 值(Sig.)为 0),但与 S 型曲线拟合得最好,R^2 最大。

表 7.4　在购数量演化数据与经典 S 型曲线拟合统计表

曲线	模型总结					参数估计			
	R^2	F	df_1	df_2	Sig.	常数	b_1	b_2	b_3
二次曲线	0.282	9.221	2	47	0.000	74.167	0.710	−0.011	—
三次曲线	0.435	11.823	3	46	0.000	67.927	2.109	−0.079	0.001

续表

曲线	模型总结				参数估计				
	R^2	F	df_1	df_2	Sig.	常数	b_1	b_2	b_3
复合曲线	0.116	6.285	1	48	0.016	78.432	1.002	—	—
幂律曲线	0.375	28.829	1	48	0.000	69.767	0.056	—	—
S 型曲线	0.858	289.782	1	48	0.000	4.453	−0.474	—	—
增长曲线	0.116	6.285	1	48	0.016	4.362	0.002	—	—
指数曲线	0.116	6.285	1	48	0.016	78.432	0.002	—	—
逻辑斯谛曲线	0.116	6.285	1	48	0.016	0.013	0.998	—	—

图 7.5 为在购数量演化数据与经典 S 型曲线拟合效果图，不难看出，观测数据与 S 型曲线的形状最为接近。

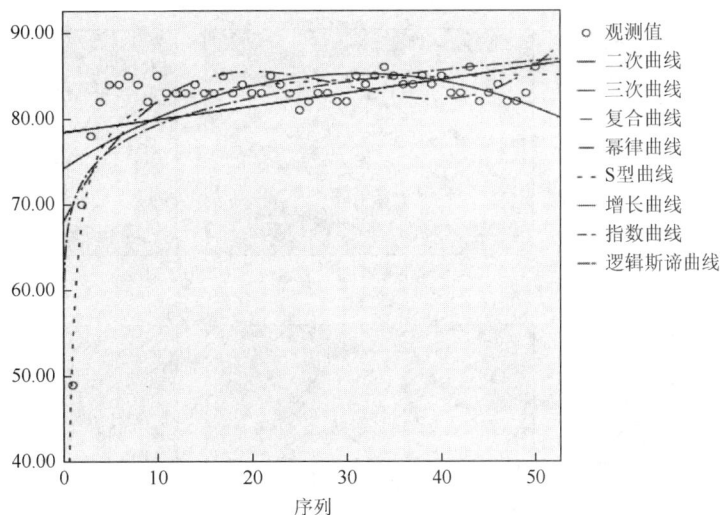

图 7.5　在购数量演化数据与经典 S 型曲线拟合效果图

一般新产品/服务的生长曲线具有 S 型曲线的规律，信息系统服务也具有这类规律[15]。由于本实验系统产生的数据也具有 S 型曲线的规律，可以认为该实验系统能代替真实系统用于研究演化规律。

7.5.2　实验数据采集与分析

1. 创新者数量占优

图 7.6 为当创新者数量占优时，各类群体数量、各类管理力度和期望收益的演化图。

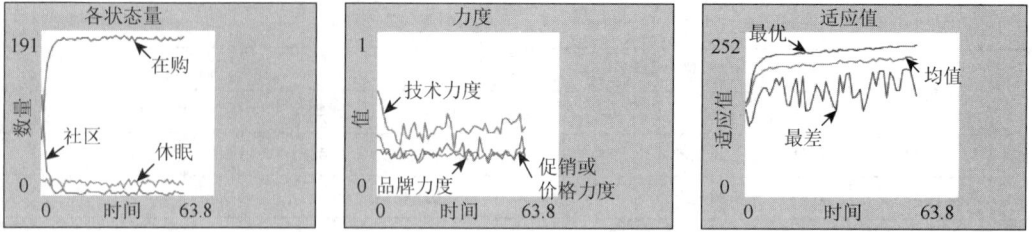

(a) 创新者、早期接受者和晚期接受者比例为1：0：0

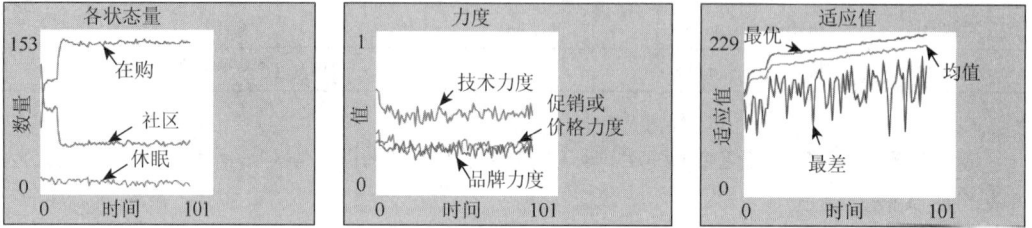

(b) 创新者、早期接受者和晚期接受者比例为0.8：0.1：0.1

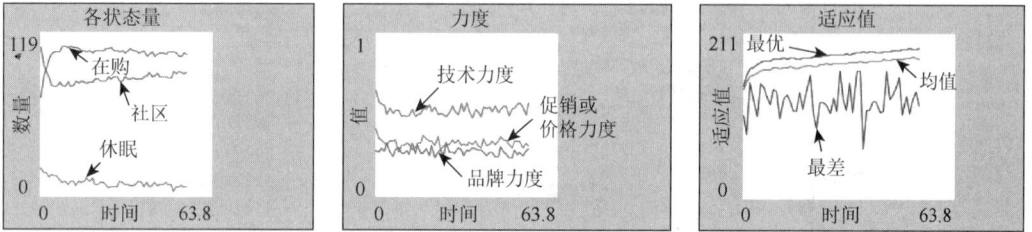

(c) 创新者、早期接受者和晚期接受者比例为0.6：0.2：0.2

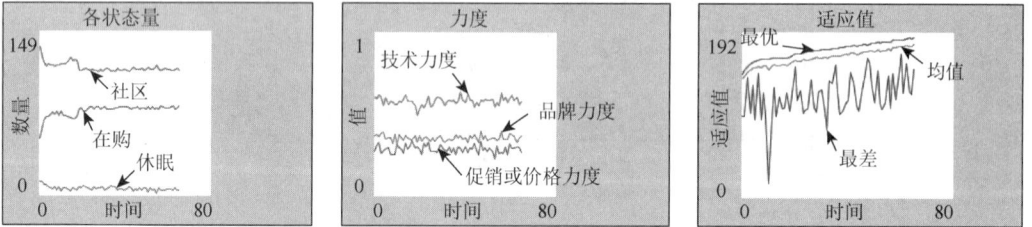

(d) 创新者、早期接受者和晚期接受者比例为0.4：0.3：0.3

图 7.6 网络中创新者数量占优时各类演化图

由图 7.6 可以直观看出，当网络中创新者比例占优，尤其是绝对占优时，在购群体数量能较快达到峰值，且数量较大；与之相对应，服务商的最优获益也较大。随着这类人群比例不断减少，在购群体数量峰值降低，群体中潜在消费者增多，服务商的最优收益也降低。

2.早期接受者数量占优

采集网络消费群体中，当早期接受者比例占优时，各类群体数量、各类管理力度和期望收益的演化图如图 7.7 所示。

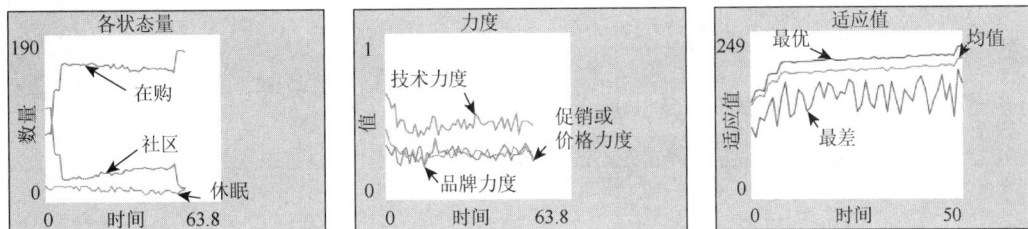

(a) 创新者、早期接受者和晚期接受者比例为 0∶1∶0

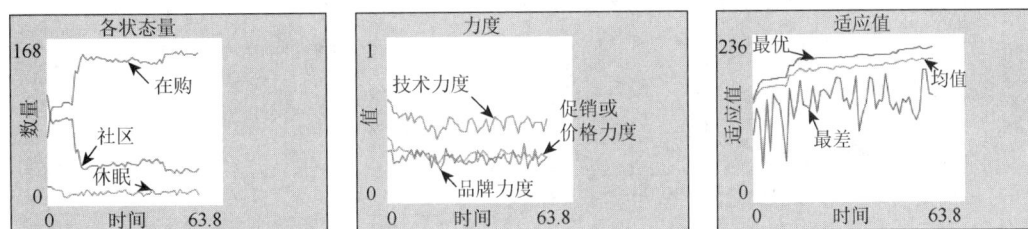

(b) 创新者、早期接受者和晚期接受者比例为 0.1∶0.8∶0.1

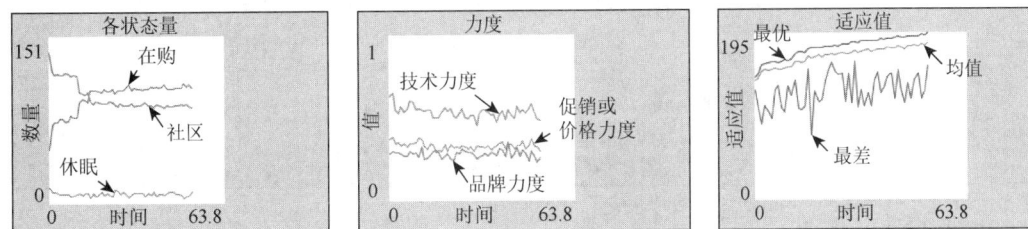

(c) 创新者、早期接受者和晚期接受者比例为 0.2∶0.6∶0.2

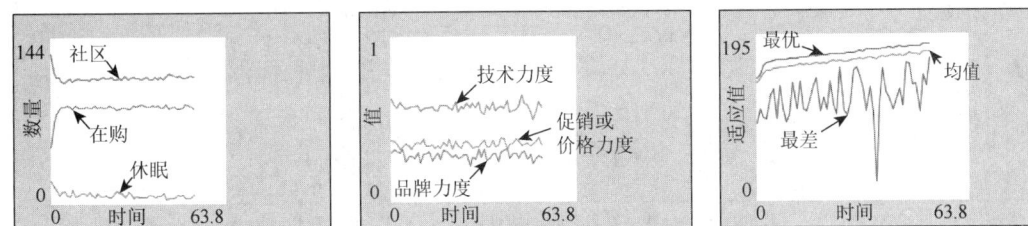

(d) 创新者、早期接受者和晚期接受者比例为 0.3∶0.4∶0.3

图 7.7　网络中早期接受者数量占优时各类演化图　没改完

由图 7.7 可以直观看出，当群体中早期接受者比例绝对占优时，在购群体数量容易得到均衡，且峰值较大；与之相对应，服务商的最优收益也较大。

3. 晚期接受者数量占优

采集网络消费群体中，当晚期接受者比例占优时，各类群体数量、各类管理力度和期望收益的演化图如图 7.8 所示。

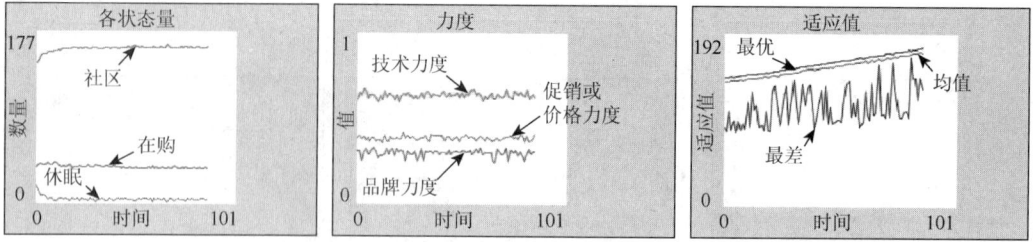

(a) 创新者、早期接受者和晚期接受者比例为0∶0∶1

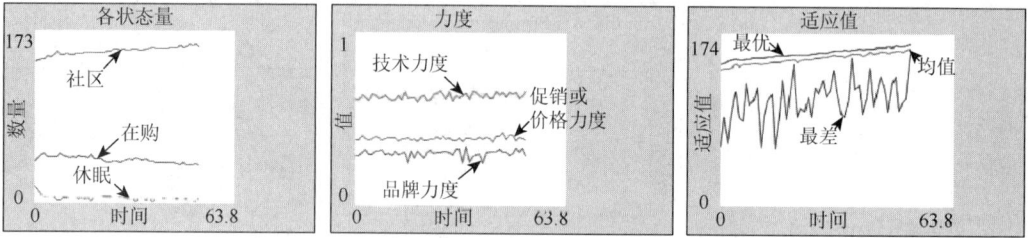

(b) 创新者、早期接受者和晚期接受者比例为0.1∶0.1∶0.8

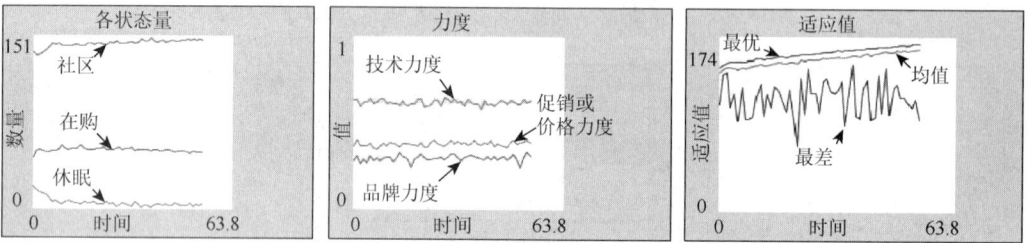

(c) 创新者、早期接受者和晚期接受者比例为0.2∶0.2∶0.6

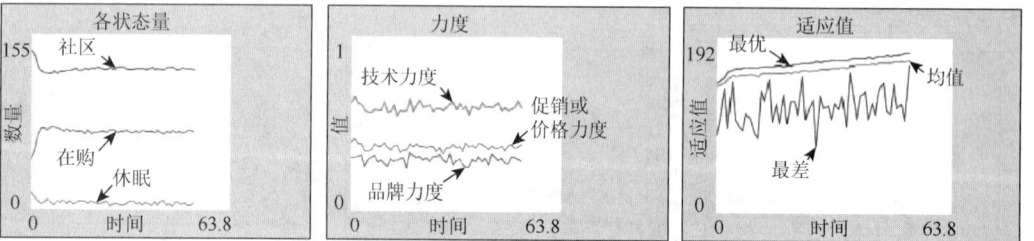

(d) 创新者、早期接受者和晚期接受者比例为0.3∶0.3∶0.4

图 7.8　网络中晚期接受者数量占优时各类演化图

由图 7.8 可以直观看出，当群体中晚期接受者比例较大时，在购群体数量峰值较小；潜在用户群体数量峰值较大。随着晚期接受者比例的降低，在购群体数量峰值却上升。

4. 对比分析

使用描述性统计可得到各类实验输出数据的均值和方差，如表 7.5 所示。由表 7.5 可以看出，当创新者或早期接受者比例较大时，在购数群体数量的均值较大，期望收益也较大，尤其是当群体中全是创新者或全是早期接受者时。但在购群体数量和期望收益的方差较大，说明不确定性也较强。当群体中晚期接受者的比例明显占优时，在购群体数量和

收益期望明显较小；随着这类群体比例下降，收益期望明显增加。但当创新者和早期接受者比例较大时，休眠群体数量也高，虽较之在购群体数量的绝对值小很多，但可以实施更好的唤醒策略，让休眠群体尽量转向潜在或在购群体，增加在购数量。

表 7.5　不同群体比例下各类结果的均值和方差统计

群体比例	潜在群体		在购群体		休眠群体		品牌力度		技术力度		促销或价格力度		期望收益	
（I：E：L）	均值	方差	均值	方差	均值	方差	均值	方差	均值	方差	均值	方差	均值	方差
1：0：0	7.26	18.03	177.94	18.59	14.80	2.76	0.26	0.03	0.42	0.06	0.25	0.03	219.81	16.81
0.8：0.1：0.1	54.68	16.75	132.96	17.41	12.36	1.96	0.28	0.03	0.50	0.05	0.30	0.03	195.84	15.11
0.6：0.2：0.2	85.54	4.47	104.18	5.88	10.28	3.04	0.28	0.02	0.53	0.03	0.33	0.02	181.72	8.71
0.4：0.3：0.3	117.14	4.30	75.92	5.21	6.94	1.90	0.29	0.03	0.58	0.03	0.35	0.03	168.47	8.37
0：1：0	38.06	19.18	148.46	19.73	13.48	3.05	0.28	0.04	0.46	0.05	0.28	0.03	203.80	15.74
0.1：0.8：0.1	50.20	20.20	137.36	20.91	12.44	2.33	0.27	0.03	0.49	0.05	0.29	0.03	198.04	16.86
0.2：0.6：0.2	96.14	12.66	95.64	13.18	8.22	1.81	0.28	0.03	0.54	0.04	0.33	0.02	177.55	12.22
0.3：0.4：0.3	109.46	3.54	82.52	5.39	8.02	2.74	0.28	0.03	0.57	0.03	0.35	0.02	171.43	7.94
0：0：1	158.22	3.30	37.76	1.30	4.02	2.93	0.30	0.02	0.64	0.02	0.38	0.01	151.86	5.58
0.1：0.1：0.8	152.26	4.02	43.36	2.88	4.38	2.60	0.30	0.02	0.63	0.02	0.38	0.01	154.26	5.03
0.2：0.2：0.6	143.76	3.10	50.90	1.54	5.34	3.65	0.30	0.02	0.62	0.02	0.38	0.01	157.51	6.05
0.3：0.3：0.4	125.68	3.22	68.32	4.52	6.00	2.00	0.29	0.02	0.59	0.02	0.36	0.01	165.06	7.08

　　较之晚期接受者占优的情况，当创新者或早期接受者比例较大时，服务商使用的品牌、技术和促销力度较小，但收益却较大，说明这些情况下的管理力度和花费容易控制。而当群体中三类群体比例相当时，在购群体数量和期望收益水平不高，但需要的品牌、技术和促销等力度却较大，说明这类情况下的管理力度和花费需要较高。因此，不同的群体比例，需要实施的管理力度是不一样的；但当群体中晚期接受者比例较大时，即便实施较大的管理力度，也未必能获得较高的期望收益。因此，服务商不能通过仅仅实施各类管理策略直接去吸引消费，更重要的是通过一定的策略，让消费者能改变消费决策。服务商可以通过畅通口碑传播渠道、加强对网络核心传播点的辐射作用、加强社区和工作团体的规范力度等手段，改变消费个体的消费习性，进而提高期望收益。例如，在前文所述实际数据中，可以利用社会网络分析软件所提供的可视化工具，获取网络中的意见领袖，即利用网络的"中心性"来度量。

　　中心性分析是关于结点重要性的评价。经典的方法包括度中心性（degree centrality）、紧密度中心性（closeness centrality）、介数中心性（betweenness centrality）和特征向量中心性（eigenvector centrality）。其中，一个结点的重要性与该结点的邻域结点的数量有关，度越大，越重要。紧密中心性用于评价一个结点到其他所有结点的紧密程度。介数中心性表示一个网络中经过该结点的最短路径的数量。特征向量中心性体现在其邻域结点的重要性，即如果一个人有很多重要的朋友，那么他也将比较重要。

图 7.9 所示为基于度中心性的可视化图示，图中结点的尺寸越大，说明结点中心度越大，那么它在网络中的地位越重要（它们的属性可通过右键获取），很多信息由它们发起或者经由它们扩散。因此，重点对它们进行营销和监控，有助于加强口碑和宣传的效果，从而影响消费决策。

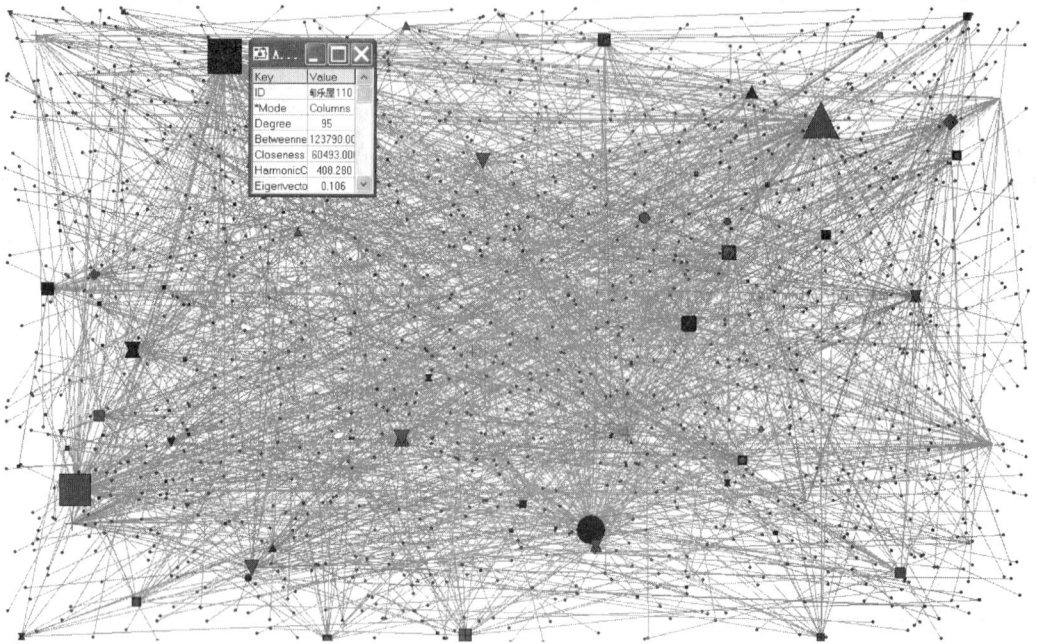

图 7.9　基于度中心性的网络可视化

7.6　本　章　小　结

本章以"社区＋商务"模式为研究对象，设计从社区到商务的用户流量转移实证模型，通过问卷调查获取数据，从而分析用户从社区到商务流量转移的过程的影响因素；然后通过提取网络结构数据，统计分析得到真实网络具有无标度特性。用实证分析数据构建服务商收益函数，在无标度网络上，构建商务社区中用户接受转移行为演化计算模型，用 NetLogo 编程实现实验系统，对实验数据进行统计分析，得到相关结论如下：

（1）设计的实验系统得到的在购群体数量的演化数据，具有 S 型曲线特征，与一般意义上的创新演化规律类似。因此，可以认为本实验系统能用于分析用户接受转行为演化规律，也能为管理者提供决策支持工具。

（2）消费群体中，当创新者或早期接受者占优时，可利用较低的管理力度，使得在购群体数量的演化快速达到均衡，且峰值较大，也能获取较大的期望收益；相反，当群体中晚期接受者比例占优时，即便实施较大的管理力度，也不能使得潜在用户转变为在购消费者。

（3）虽然能利用加强管理力度实现消费群体的管理，但不能从根本改变消费决策特

性，有效利用社会规范和口碑营销的作用，可以改变消费个体决策特性，改变群体结构，从而提高潜在用户到在购群体的转移率。研究中提出了利用社会网络分析方法，获取意见领袖和关键结点，从而实施有针对性的营销和管理，这样有助于使渠道畅通，并提高正面信息传播速度，从而促进用户转移率。

本章参考文献

[1] SONG P J, et al. Brand extension of online technology products: Evidence from search engine to virtual communities and online news[J]. Decision Support Systems，2010，49（1）：91-99.

[2] LEUTHESSER L，KOHLI C，SURI R. 2 + 2 = 5? A framework for using co-branding to leverage a brand[J]. Journal of Brand Management，2003，11（1）：35-47.

[3] VOLCKNER F，SATTLER H. Drivers of brand extension success[J]. Journal of Marketing Research，2006，70（2）：18-34.

[4] SANTOSA P I，WEI K K，CHAN H C. User involvement and user satisfaction with information-seeking activity[J]. Europe Journal of Information System，2005，14（4）：361-370.

[5] AJZEN I. Perceived behavioral control，self-efficacy，locus of control and the theory of planned behavior[J]. Journal of Applied Social Psychology，2002，32（4）：665-668.

[6] FISHBEIN M，AJZEN I. Belief，attitude，intention and behavior: An introduction to theory and research[M]. Boston：Addison-Wesley，1975：21-52.

[7] FORNELL C，LARCKER D F. Evaluating structural equation models with unobservable variables and measurement error[J]. Journal of Marketing Research，1981，18（1）：39-50.

[8] GEFEN D，STRAUB D W，BOUDREAU M C. Structural equation modeling and regression: Guidelines for research practice[J]. Communications of the Association for Information Systems，2000，4（7）：1-70.

[9] NEWMAN M E J. The structure and function of complex networks[J]. SIAM Review，2003，45（2）：167-256.

[10] 倪静，等. 基于复杂网络的电子商务群聚消费传播模型研究[J]. 计算机应用研究，2011，28（3）：1003-1006.

[11] 王玲. 基于社会网络的交易型社区结构及演化研究[D]. 哈尔滨：哈尔滨工业大学硕士论文，2011：44-50.

[12] 刘涛，陈忠，陈晓荣. 复杂网络理论及其应用研究概述[J]. 系统工程，2005，23（6）：1-7.

[13] 林海. 复杂网络的若干动力学问题的研究[D]. 厦门：厦门大学，2007：27-29.

[14] ROGERS E M，OLAGUERA N S. Diffusion of innovations[M]. 5th ed. New York：Free Press，2003：130-150.

[15] 吴江，胡斌，鲁耀斌. 实证驱动信息系统的扩散与组织系统互动模拟研究[J]. 管理科学学报，2010，13（10）：21-31.

第8章 协同用户知识共享/转移过程中群体行为演化

8.1 协同商务中的知识共享/转移行为

商务社区汇集了社会网络的庞大用户群、超高人气和可靠的人际关系网,它通过与电子商务盈利性的特点进行协同,将产生协同效应。商务社区表面看来是将社区网络注册用户转为消费流量,即将社区用户变为电子商务的消费者,实质上是在社区网络上进行用户知识的转移,通过知识传播和用户推荐,影响用户的购买行为。

商务社区中,注册用户依靠购物评价、发表和回复帖子等活动建立关系网络,用户也可以方便地看到其他用户的发言、回复和评论等信息。在交流、沟通和浏览的过程中,用户之间可以共享知识,但不同的用户采取知识共享的策略不一样,可能共享真实知识或信息,也可能保留甚至歪曲事实,发布不完全或不真实信息。随着时间的推移,用户发言、回复和评价的帖子越来越多,网络中的知识也不断增加,呈现出一种非线性演化态。在演化过程中,由于用户会根据自身决策特性与其他相关用户的知识共享行为持不同策略,管理者会根据用户网络结构和用户行为实施不同的管理策略。用户单期表现为一种策略,但由于用户有记忆,多期过程中,用户使用的是一种策略组合。

在社区网络中,用户之间的知识转移行为过程表现为一种随时间而变化的知识共享博弈行为的演化态。本章主要解决以下问题:

(1)构建商务社区用户的交互演化博弈模型,从宏观上分析各类参数组合下的复制动态演化均衡;

(2)基于演化博弈理论模型,考虑用户的记忆和学习行为,构建社区用户网络上知识转移行为演化的计算模型;

(3)基于各种网络结构,实验分析各种论坛或评价管理策略与用户的策略组合使用状况,以及对用户知识共享收益的影响,同时也分析不同的网络初始参数对演化均衡的影响,以及信息透明度对演化均衡的影响,从而为社区管理者进行知识共享的机制设置和场景管理提供决策参考。

8.2 演化博弈视角下商务社区用户知识共享/转移行为模型

8.2.1 模型建立

随着时间的推移,商务社区中用户发布的信息越来越多,用户之间的知识共享策略会受到自己的经验、对他人知识共享的感知及环境变化的影响,从而可能发生改变。商务社区用户群体中用户之间知识转移过程中的博弈可以用知识共享博弈关系式来表示,如表8.1

所示矩阵，其中，b 为知识共享的收益，c 为知识共享的开销，d 为对持背离知识共享原则而受到管理者的处罚。

表 8.1　含惩罚参数的博弈得益矩阵

博弈方 1	博弈方 2	
	合作	背离
合作	$b-\dfrac{c}{2}$，$b-\dfrac{c}{2}$	$b-c$，$b-d$
背离	$b-d$，$b-c$	0，0

下面所探讨的商务社区中的用户知识转移行为演化，是在表 8.1 所示的博弈得益矩阵的基础上，随时间的推移，用户群体中各用户之间进行知识共享博弈的过程。

8.2.2　基于复制动态方法的模型演化均衡求解

求解演化博弈均衡使用复制动态方法，该方法能获取宏观演化均衡解，即不考虑网络结构、环境因素等，能为管理者提供知识管理宏观决策的理论支持依据。

令 P 为社区用户群体中持合作态度的比例，则知识共享合作期望收益为

$$E(c) = P\left(b - \frac{c}{2}\right) + (1-P)(b-c) \tag{8.1}$$

知识共享背离期望收益为

$$E(d) = P(b-d) \tag{8.2}$$

群体平均收益为

$$\overline{E} = P \cdot E(c) + (1-P) \cdot E(d) \tag{8.3}$$

基于复制动态方法[1]，可得演化系统的状态随时间推移的复制动态表述为

$$\frac{\mathrm{d}P}{\mathrm{d}t} = P[E(c) - \overline{E}] = P(1-P)[E(c) - E(d)] = P(1-P)\left[P\left(\frac{c}{2} + d - b\right) - (c-b)\right] \tag{8.4}$$

可以看出，演化系统有三个可供选择的具有预测的博弈均衡解：

$$P = 0, 1, P^* \tag{8.5}$$

其中

$$P^* = \frac{c-b}{\dfrac{c}{2} + d - b}$$

命题 8.1　如果以下任意一组条件成立，那么群体演化均衡结果将是全部背离：

(a) $\begin{cases} \dfrac{c}{2} + d - b > 0 \\ P^* \geqslant 1 \end{cases}$ 即 $\begin{cases} \dfrac{c}{2} + d - b > 0 \\ b < c, c \geqslant 2d \end{cases}$

(b) $\begin{cases} \dfrac{c}{2} + d - b < 0 \\ P^* \leqslant 0 \end{cases}$ 即 $\begin{cases} \dfrac{c}{2} + d - b < 0 \\ b \leqslant c, c > 2d \end{cases}$

$$(c)\quad \begin{cases} \dfrac{c}{2}+d-b>0 \\ 0<P^*<1 \\ P_0<P^* \end{cases} \quad 即 \quad \begin{cases} \dfrac{c}{2}+d-b>0 \\ b<c<2d \\ P_0<P^* \end{cases} \quad (P_0 为初值)$$

证明见附录 C1。

命题 8.2　如果以下任意一组条件成立，那么群体演化均衡结果将是全部合作：

$$(d)\quad \begin{cases} \dfrac{c}{2}+d-b<0 \\ P^*\geqslant 1 \end{cases} \quad 即 \quad \begin{cases} \dfrac{c}{2}+d-b<0 \\ b>c,c\geqslant 2d \end{cases}$$

$$(e)\quad \begin{cases} \dfrac{c}{2}+d-b>0 \\ P^*\leqslant 0 \end{cases} \quad 即 \quad \begin{cases} \dfrac{c}{2}+d-b>0 \\ b\geqslant c,c<2d \end{cases}$$

$$(f)\quad \begin{cases} \dfrac{c}{2}+d-b>0 \\ 0<P^*<1 \\ P_0>P^* \end{cases} \quad 即 \quad \begin{cases} \dfrac{c}{2}+d-b>0 \\ b<c<2d \\ P_0>P^* \end{cases} \quad (P_0 为初值)$$

证明见附录 C2。

命题 8.3　如果以下条件成立，那么均衡结果将是 $P=P^*$：

$$(g)\quad \begin{cases} \dfrac{c}{2}+d-b<0 \\ 0<P^*<1 \end{cases} \quad 即 \quad \begin{cases} \dfrac{c}{2}+d-b<0 \\ b<c<2d \end{cases}$$

证明见附录 C3。

上述基于复制动态方法的社区知识共享演化博弈求解方法，可用于宏观环境下（不考虑用户沟通的环境）知识共享管理机制的设计。在社区用户知识共享的博弈过程中，用户之间不只是简单的单期持各种策略的用户博弈的叠加，而是要综合考虑历史博弈路径、交互用户的决策信息、环境因素等，这种演化具有非线性特性，其演化均衡不能简单使用传统的复制动态方法求解，而应用基于 Agent、博弈和社会网络等的计算实验方法来描述和分析。

8.3　商务社区中用户知识分享/转移行为计算模型

8.3.1　商务社区用户的博弈策略组合

社区网络中的用户及其邻域用户在单期知识共享交互时，可持合作或背离两种共享策略，但从多期来看，用户通常沿一定策略路径进行博弈，这些路径的选择受用户自己和其他用户决策的影响。图 8.1 为社区用户的策略选择路径，图中，FS(t)为第 t 期用户所选择的策略，NS(t)为第 t 期邻域用户所选择的策略。从第 t 期到第 $t+1$ 期，用户的可能策略路径共有 8 种。

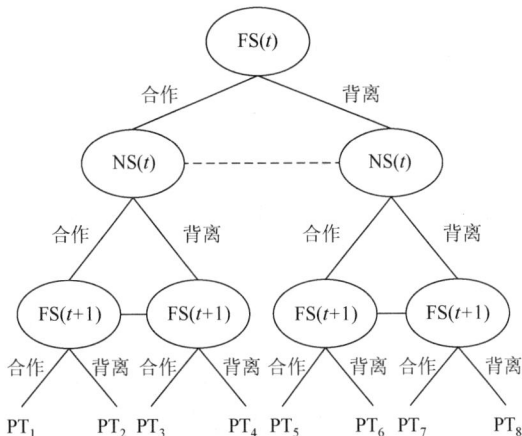

图 8.1　社区用户策略选择路径

用户可选择的博弈策略组合如表 8.2 所示。

表 8.2　社区用户策略组合

FS(t)	FS(t + 1)		标记
	NS(t + 1)为合作	NS(t + 1)为背离	
合作	合作	合作	CCC
	合作	背离	CCD
	背离	合作	CDC
	背离	背离	CDD
背离	合作	合作	DCC
	合作	背离	DCD
	背离	合作	DDC
	背离	背离	DDD

8.3.2　商务社区用户的博弈学习算法

社区网络中用户参与博弈时，根据对方上期（第 $t-1$ 期）使用的策略，以及自身的策略组合，选定第 t 期的策略。

现有关于演化博弈的学习算法较多，如基于随机过程的学习机制[2]、基于群集的智能学习机制[3]和异质群体混合学习算法[4]等。本章所选用的学习算法类似于复制动态中的学习方法，博弈方模仿收益最高的博弈方的行为，但不是模仿策略，而是策略组合，即博弈中个体以概率方式向收益最大的邻域个体学习。从个体的邻域中，以概率方法选出最大总收益的邻域个体为模仿对象，在期末，将策略组合更新为模仿对象的策略组合。其模仿概率为

$$P(j \rightarrow i) = \frac{1}{1 + e^{-(u_j - u_i)/k}} \qquad (8.6)$$

其中：u_j 为邻域中以个性匹配方式筛选到的最大的个体累积收益；u_i 为学习者累积收益；k 为信息噪声[5]。k 越大，模仿概率 P 越小。当 k 趋向∞时，P 趋近于 1/2，此时是一种抛硬币模仿方式；当 k 趋近于 0 时，P 趋近于 1，此时是一种高概率模仿方式。

8.3.3　合作与背离比例

传统研究中，网络中结点只有一个状态，即合作或背离，故网络中合作数为持合作结点的总数。本章中，每个结点有一个状态集合，即对每个相邻结点持一种状态，记网络中合作连接比例为网络中所有结点的状态集合中持合作状态总和与网络连接边数的百分比；网络中背离连接比例为网络中所有结点的状态集合中背离数的总和与连接边数的百分比。

8.4　商务社区网络结构提取及其形式化表示

社区网络中每一个结点代表一个用户，用 Agent 表示。

定义 8.1　社区网络 $N = \{\Omega, \text{ST}, \text{NT}, \text{NB}, \text{FI}, F, t\}$，其中：

（1）Ω 为 Agent 集合，$\Omega = \{\text{Agent}_1, \text{Agent}_2, \cdots, \text{Agent}_n\}$，Agent 对应网络上的用户。

（2）ST 为状态空间，$\text{ST} = \{\text{ST}_1, \text{ST}_2, \cdots, \text{ST}_j, \cdots, \text{ST}_8\}$，$\text{ST}_j$ 为 Agent 基于博弈矩阵的策略空间。

（3）NT 为网络类型，$\text{NT} = \{\text{Smallword}, \text{Random}, \text{Scalefree}\}$，它是在经典复杂网络[6]上根据实际数据选取的网络类型。通常，真实社会网络结构是经典复杂网络上的简单变异或组合[7]。

①Smallword 为小世界网络，网络的输入集为 Input（n，k，rp）（n 为网络结点数，每个结点与自己的第 k 个邻域结点建立无向连接；rp 为每条边被重置的概率）。网络生成规则如下：初始化时，n 个初始结点均匀分布在圆周上，每个结点与自己的第 k 个邻域结点建立连接；然后，对每条初始化后的边，以概率 rp 用一条随机边取代。

②Random 为随机网络，网络的输入集为 Input（n，p）（n 为结点个数，p 为边出现的概率）。网络的生成规则如下：从 n 个孤立点开始，对任意一对顶点，以概率 p 连接。

③Scalefree 为无标度网络，网络的输入集为 Input（n0，m）（n0 为网络的初始结点数，m（m≤n）为每当一个新结点接入网络中时该新结点所带的连接数）。网络生成规则如下：初始化时，引入 n0 个孤立结点；对下面步骤执行 n–n0 次：加入一个新结点 v，v 带有 m 条边连向已存在于网络中的 m 个结点。

（4）NB 为 Agent 的局部邻域空间函数，$\text{NB} = \{\text{NB}_1, \text{NB}_2, \cdots, \text{NB}_n\}$，其中，$\text{NB}_i = \{\text{Agent}_i \overset{\text{NT}}{\rightarrow} \text{Agent}_{-j}\}$，即 NB 为 NT 网络结构下，由与 Agent 相邻的 Agent 组成。

（5）FI 为 Agent 的收益值集合。

（6）F 为状态转移函数，F：$\{(FI^i, NB^i) \rightarrow ST^{(t)}\} \times t \rightarrow ST^{(t+1)}$，即 $Agent_i$ 在第 $t+1$ 期的状态与第 t 期自身的适应值、策略及邻域 Agent 策略有关。

在第 7 章中，我们证明了商务社区网络主要具有无标度特性，但考虑到数据收集样本并不多，本章将主要考察无标度网络结构，同时也考察小世界和随机网络结构。

8.5 计算实验系统及虚拟实验

用 NetLogo 5.0 实现前面所描述的实验系统，包括设计实验场景、采集各场景下的实验数据，并通过统计分析得到相关结论。

8.5.1 实验系统及其默认参数设置

该实验系统是在 NetLogo 5.0 上用 Logo 语言编程实现的。实验系统界面分为 4 个区域：第一个是网络和博弈参数设置区，用于对模型中参数进行设置；第二个是网络演化图示区，用于显示网络中结点的动态变化过程；第三个是结果显示区，用于显示网络各类参数，如聚集系数和平均路径长；第四个区域是度分布、合作比例演化和策略演化曲线图示区。该系统的主要参数默认设置如表 8.3 所示。

表 8.3 实验系统主要参数的默认设置

序号	参数	说明	默认值
1	Num-nodes	网络中的结点数	80
2	Rewiring-probability	小世界网络中的重连概率	0.2
3	Connection-probability	随机网络的连接概率	0.02
4	Theorical-init	是否使用式（8.5）中的 $P*$ 初始网络	True
5	Initial-strategy	初始合作比例，Theorical-init 为 false 使用	0.5
6	b	博弈矩阵中 b 的大小	10
7	c	博弈矩阵中 c 的大小	6
8	d	博弈矩阵中 d 的大小	4

8.5.2 不同博弈参数设置及网络结构下的实验结果

网络中，每个 Agent 至少与 1 个或 1 个以上的 Agent 相连，Agent 与其他 Agent 的博弈关系各异，既可能与邻域中的第 j 个 Agent 呈合作关系，也可能对第 k 个 Agent 实施背离策略。因此，每个 Agent 有 1 种或 1 种以上的策略。

为了让结果更可信，每一种实验场景下的数据采集 50 次，而每次模拟周期长度为 200。

1. $b<c$，$c>2d$

采集当 $b=6$，$c=10$，$d=4$ 时，小世界、随机和无标度三种网络结构下的用户合作和背离比例、用户策略组合量的模拟数据。由图 8.2 可知，群体策略中背离占优。与复制动态方式下所得结论的宏观趋势一致（见命题 8.1）。从策略组合选择情况来看，用户倾向使用策略组合 3、策略组合 1 和策略组合 5，而这些均为背离策略组合。

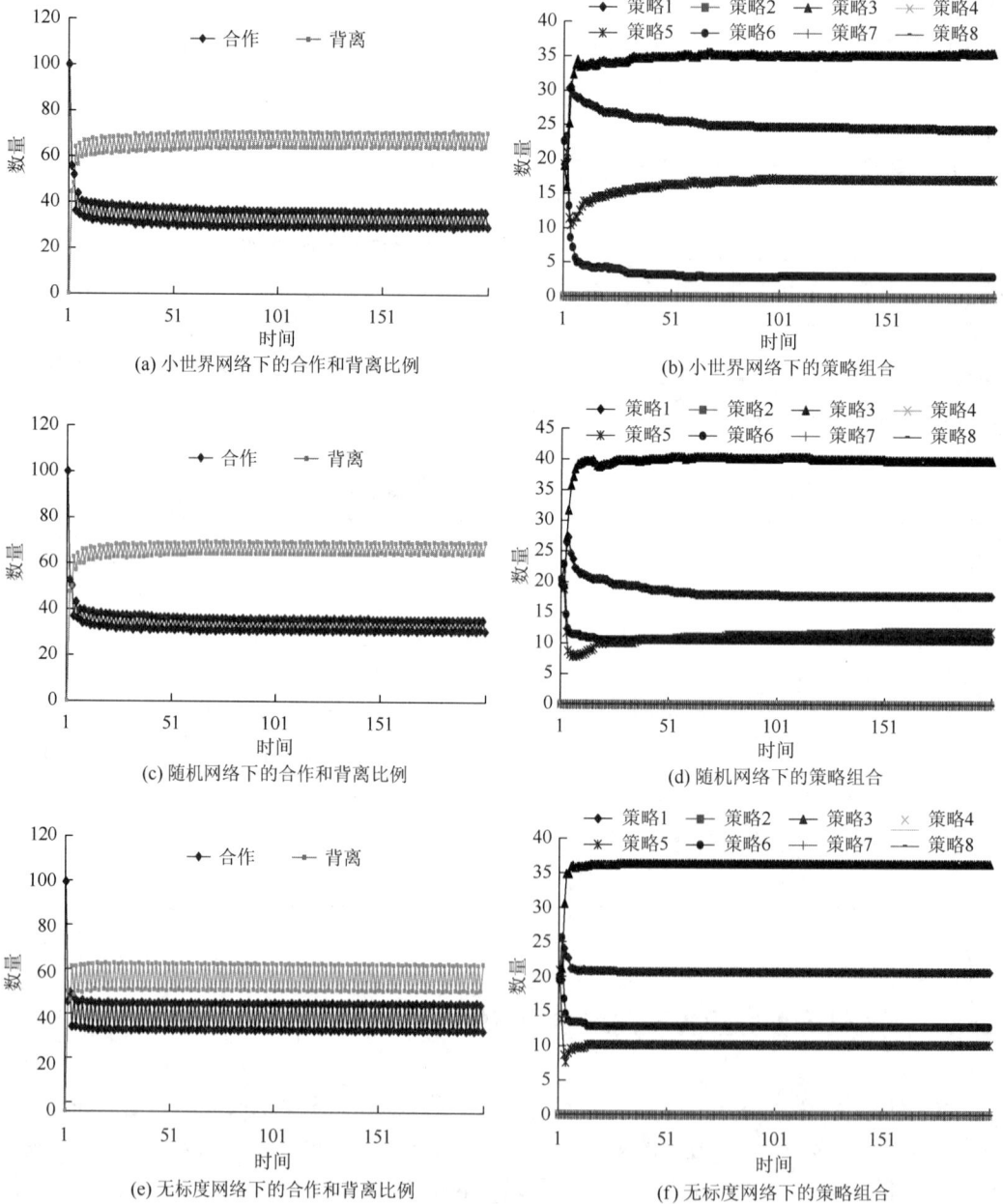

图 8.2　当 $b<c, c>2d$ 时群体合作比例和策略组合演化图

将三种网络下的模拟数据整合成一个样本，利用方差分析方法（analysis of variance，ANOVA）分别对该样本数据进行检验。齐次性检验结果表明，样本的显著性概率 P 值为 0.00，小于 0.05，不满足齐次性，接受样本方差不等。方差分析结果表明，组间、组内的偏差平方、均值和概率 P 值为 0.00，说明各组间均值在 $\alpha = 0.05$ 水平上有显著差异，即三种网络结构下，不同博弈设置下的合作连接数比例均值差异显著。小世界、随机和无标度网络下合作演化曲线均值分别为 33.9962、34.3728 和 41.7899，标准差分别为 6.17305、5.65561 和 7.07768。可以看出，小世界网络下合作曲线均值最小，背离曲线均值最大，合作比例的标准差最小。

利用非参数检验统计方法验证该博弈设置下，三种网络结构下合作连接比例的分布差异性。对样本用克鲁斯卡尔-沃利斯（Kruskal-Wallis）H 方法进行统计，结果显示，P 值为 0.00，小于 0.05，不接受样本中三组数据的分布一致，也就是说，在三种网络结构下，合作连接比例的分布不一致。

2. $b<c<2d$

采集当 $b = 4$，$c = 6$，$d = 5$ 时的模拟数据。由图 8.3 可以看出，群体演化结果显示，

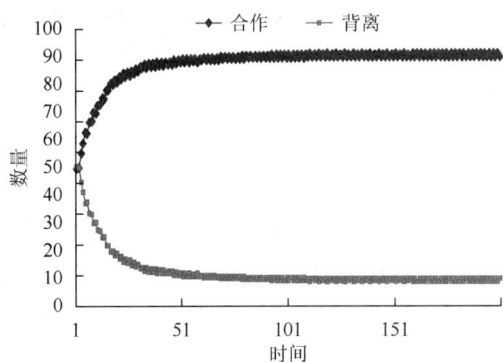

(a) 小世界网络下的合作和背离比例

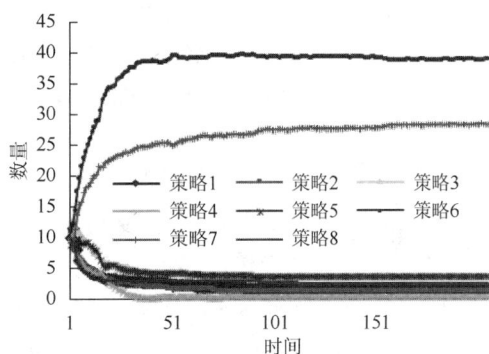

(b) 小世界网络下的策略组合

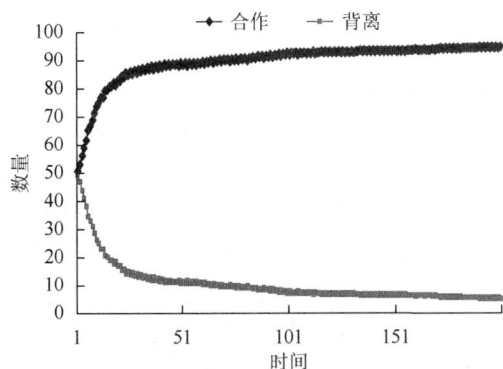

(c) 随机网络下的合作和背离比例

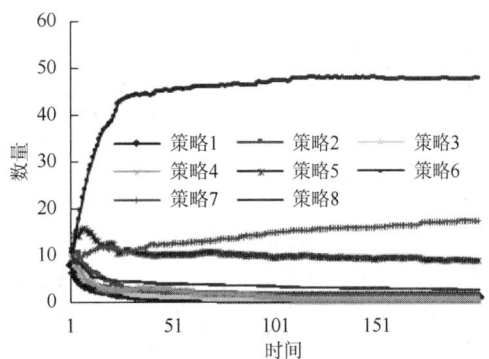

(d) 随机网络下的策略组合

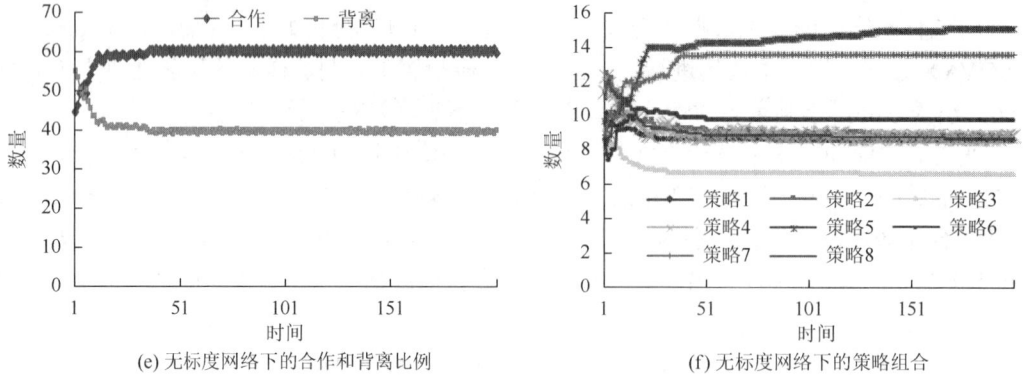

(e) 无标度网络下的合作和背离比例　　　(f) 无标度网络下的策略组合

图 8.3　当 $b < c < 2d$ 时群体合作比例和策略组合演化图

合作占优，策略组合 6 和策略组合 7 占优，说明这种博弈结构下，不论上一次使用何种策略，不论邻域用户使用何种策略，用户部愿意采用合作策略。

将三种网络结构下的合作数比例整合为一个样本，利用方差分析方法对样本进行分析，结果显示，样本的 P 值为 0.00，小于 0.005，故样本不具备齐次性，可认为样本三种网络结构下合作数的方差不等。方差分析方法的 P 值为 0.00，小于 0.05，说明三组数据均值不等。小世界、随机和无标度网络下合作演化曲线均值分别为 87.5005、89.5449 和 59.5975，标准差分别为 7.05482、7.40089 和 2.18461。可以看出，无标度网络下合作曲线均值最小，合作比例的标准差最小，该网络结构下达到均衡的速度最快。

用非参数检验方法对样本数据进行分析，样本的 P 值为 0.00，小于 0.05，说明三种网络结构对合作比例数有显著影响。

在该博弈参数设置下，通过复制动态方法可知，初始合作比例对博弈演化均衡有影响。由于 $P^* = 0.5$，采集初始比例为 0.3（小于 P^*），可知三种网络结构在两种比例下，都呈合作占优的格局，与命题 8.1 不符。而由初始比例为 0.8 时（大于 P^*）的数据可以看出，三种网络结构在两种比例下，都呈合作占优的格局，与命题 8.2 相符。

3. $b>c$，$c<2d$

采集当 $b = 10$，$c = 6$，$d = 4$ 时的模拟数据，由图 8.4 可以看出，用户的合作占优，而策略组合 5、策略组合 6 和策略组合 1 明显占优，说明用户倾向于采用合作策略。与复制动态方法得出的群体演化宏观趋势一致（见命题 8.2）。而策略组合 5 和策略组合 6 采用量大于策略组合 1 的采用量，说明用户优先使用合作策略。小世界、随机和无标度网络下合作演化曲线均值分别为 89.7966、92.3863 和 81.3639，标准差分别为 3.84109、3.91782 和 4.48394。可以看出，无标度网络下合作曲线均值最小，合作比例的标准差最大。

通过方差分析方法和非参数检验方法统计，得出各 P 值均小于 0.05，说明该博弈结构下，网络结构对合作数比例有显著影响。

(a) 小世界网络下的合作和背离比例

(b) 小世界网络下的策略组合

(c) 随机网络下的合作和背离比例

(d) 随机网络下的策略组合

(e) 无标度网络下的合作和背离比例

(f) 无标度网络下的策略组合

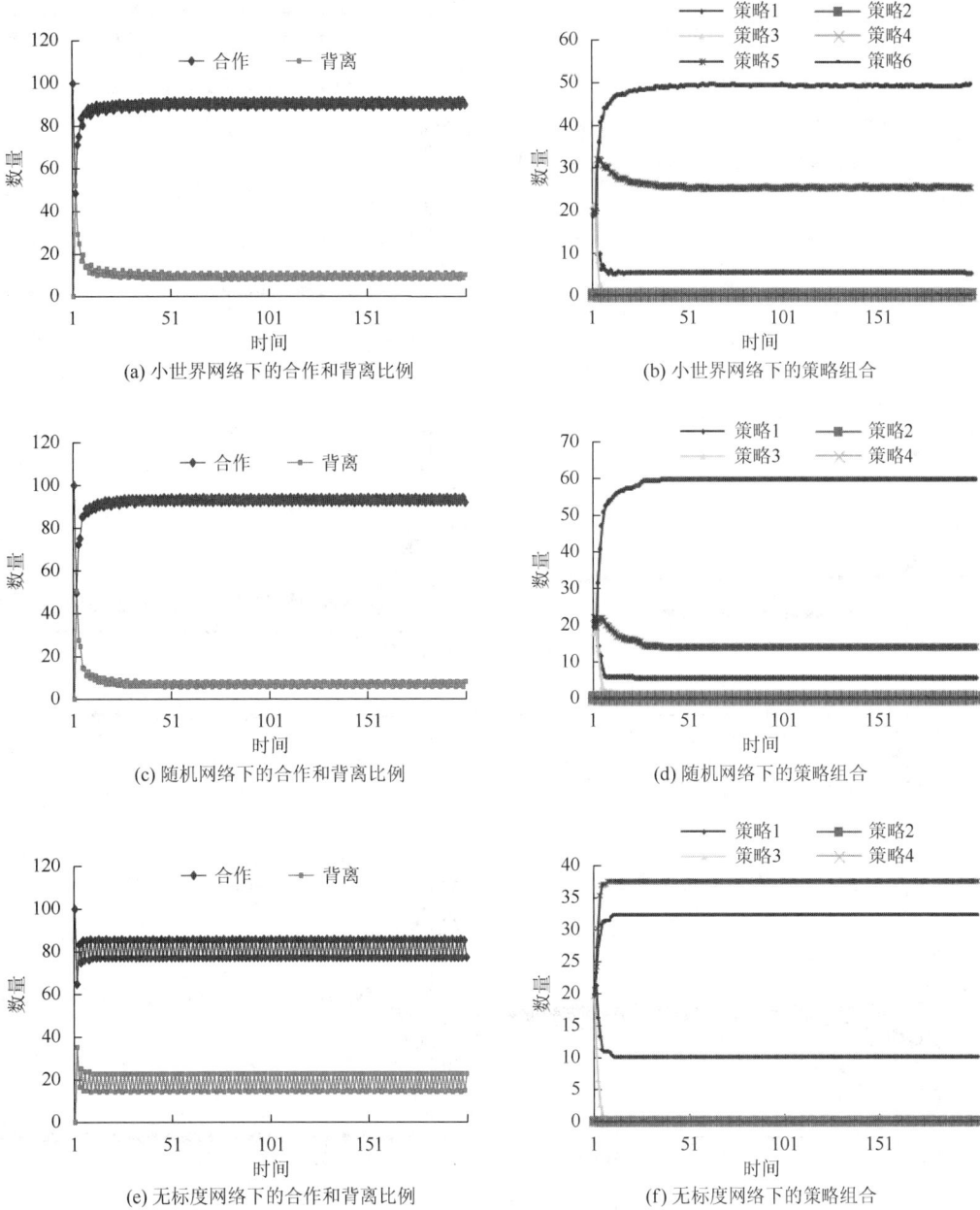

图 8.4　当 $b > c$，$c < 2d$ 时群体合作比例和策略组合演化图

4. $b = c$，$b - \dfrac{c}{2} - d > 0$

采集当 $b = 6$，$c = 6$，$d = 2$ 时的模拟数据，由图 8.5 可知，用户背离比例占优。策略组合 2、策略组合 4 和策略组合 7 占优，用户当前策略优先都为背离，在策略组合 4 和策略组合 7 下，若对方持合作态度，用户可能持合作态度。

(a) 小世界网络下的合作和背离比例

(b) 小世界网络下的策略组合

(c) 随机网络下的合作和背离比例

(d) 随机网络下的策略组合

(e) 无标度网络下的合作和背离比例

(f) 无标度网络下的策略组合

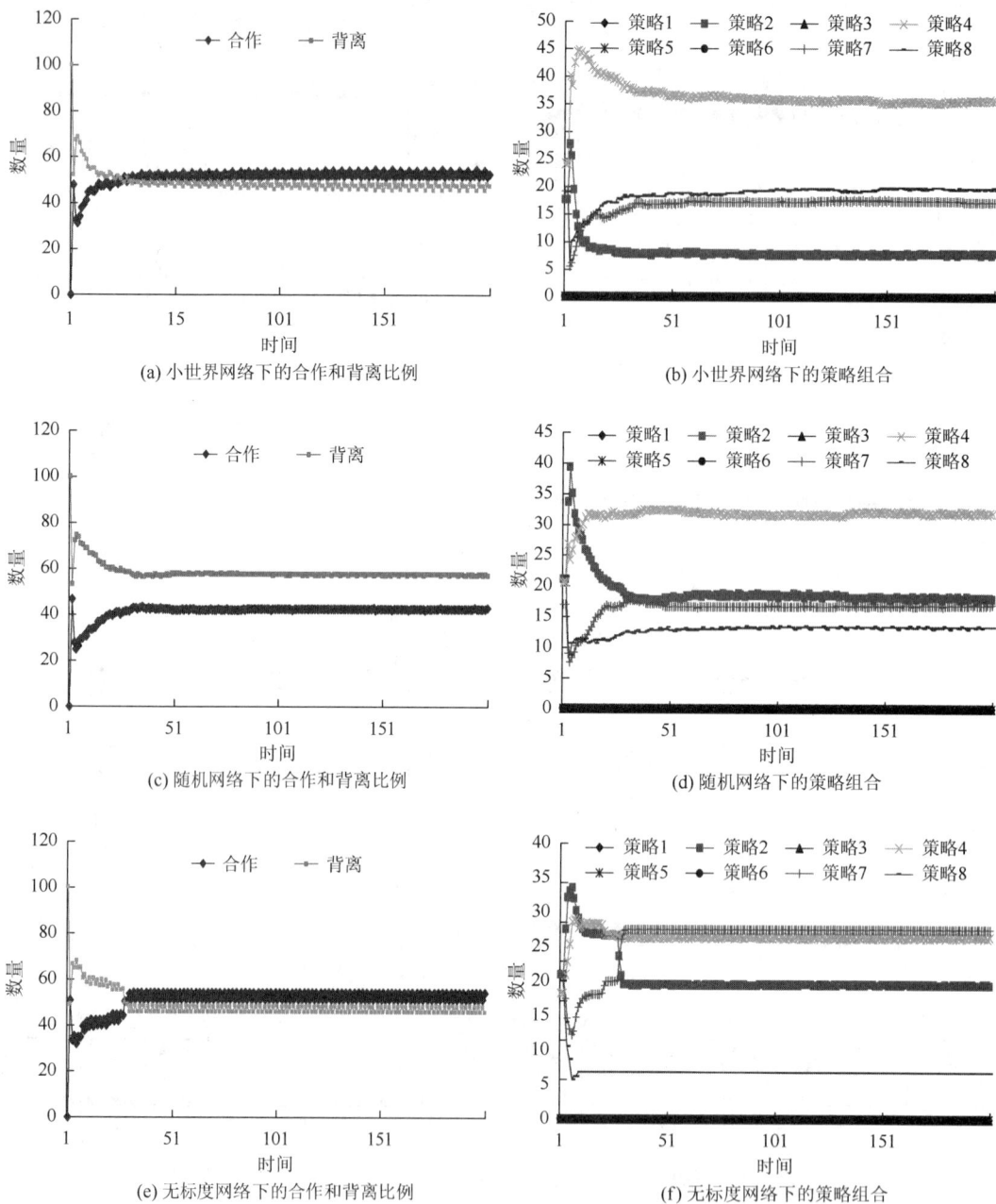

图 8.5　当 $b=c$，$b-\dfrac{c}{2}-d>0$ 时群体合作比例和策略组合演化图

通过方差分析方法统计，可得该样本下的齐次性显著（P 值为 0.006，小于 0.005），可认为样本方差相同，方差分析 P 值为 0.000，小于 0.05，可认为样本均值不等。通过非方差检验方法，可得 P 值为 0.000，小于 0.05，说明该博弈参数设置下，网络结构对合作数比例有显著影响。

5. $b-c = b-\dfrac{c}{2}-d$, $b-\dfrac{c}{2}-d>0$

采集当 $b=6$，$c=4$，$d=2$ 时的模拟数据，由演化图 8.6 可知，群体合作占优，策略组合 6、策略组合 5 和策略组合 1 占优，说明用户倾向选择合作策略。小世界网络和随机网络中，策略组合 6 和策略组合 5 明显占优，说明用户倾向于合作。持策略组合 6 的用户，无论对方持何种策略，用户都愿意实施合作策略；持策略组合 5 的用户，对方持合作，该

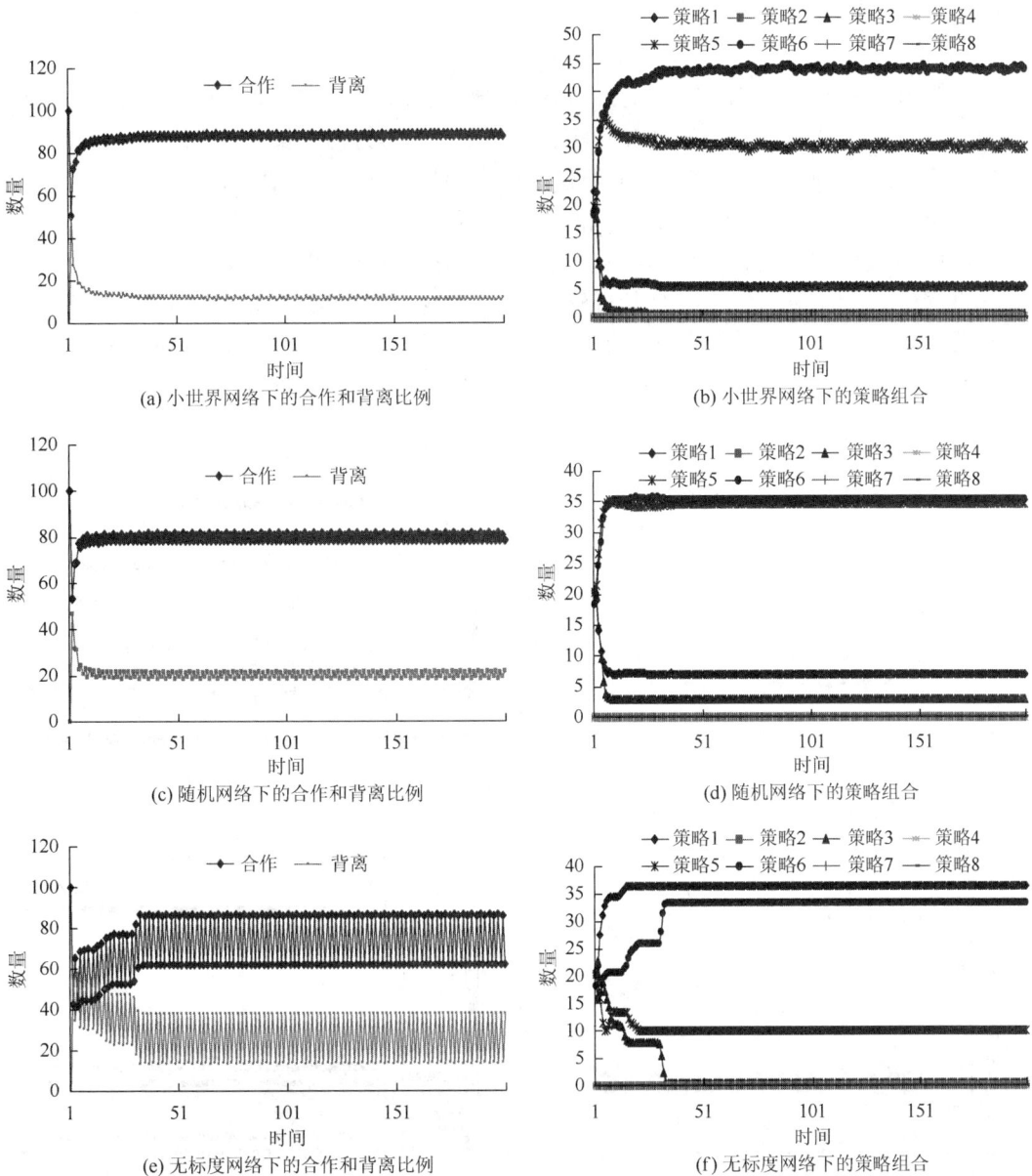

(a) 小世界网络下的合作和背离比例

(b) 小世界网络下的策略组合

(c) 随机网络下的合作和背离比例

(d) 随机网络下的策略组合

(e) 无标度网络下的合作和背离比例

(f) 无标度网络下的策略组合

图 8.6 当 $b-c = b-\dfrac{c}{2}-d$, $b-\dfrac{c}{2}-d>0$ 时群体合作比例和策略组合演化图

用户也持合作策略，而当对方实施背离策略，用户也持背离策略。在无标度网络结构中，多数用户优先实施策略组合 1，即 Tit-for-Tat 策略，这也导致合作演化曲线出现较大波动。

通过方差分析方法和非参数检验方法统计，得出各 P 值均小于 0.05，说明该博弈结构下，网络结构对合作数比例有显著影响。

小世界、随机和无标度网络下合作演化曲线均值分别为 87.7880、79.5484 和 72.4405，标准差分别为 3.35451、2.94072 和 13.38361。可以看出，无标度网络下合作曲线均值最小，合作比例的标准差最大，达到均衡的速度最慢（近 30 期）。

6. $b>c>2d$

采集当 $b=10$，$c=6$，$d=2$ 时三种网络结构下的用户合作和背离比例、用户策略组合数，由图 8.7 可知，策略组合 6 绝对占优，即不管对方持何种策略，用户倾向使用合作策略。策略组合 7 的数量较多，说明即使上一次持背离策略，当前不管对方持何种策略，用户都愿意持合作策略。在随机网络和无标度网络中，策略组合 8 的使用也多，即实施 Tit-for-Tat 策略，这也是在合作演化曲线中出现波动的一个主要原因。

将三种网络结构下的合作比例数整合为一个样本，该样本分三组，每组数据分别对应各网络结构下的合作比例数。利用方差分析方法对样本进行分析，结果显示，样本的 P 值为 0.00，小于 0.05，故样本不具备齐次性，可认为样本三组数据方差不等。方差分析方

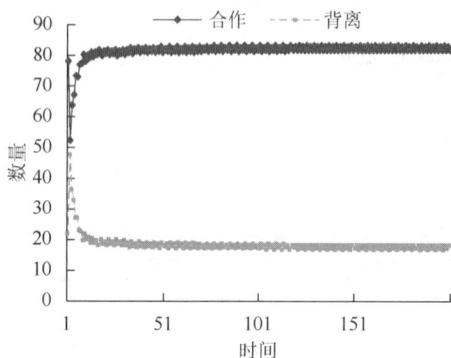

(a) 小世界网络下的合作和背离比例

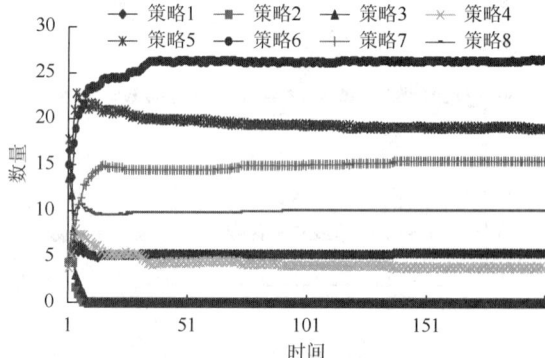

(b) 小世界网络下的策略组合

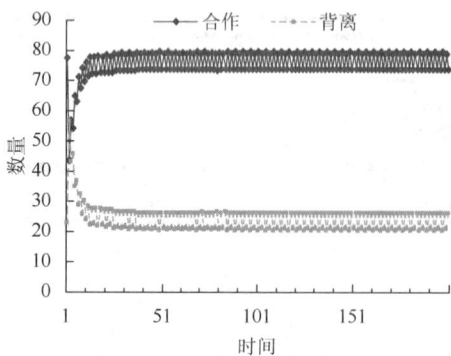

(c) 随机网络下的合作和背离比例

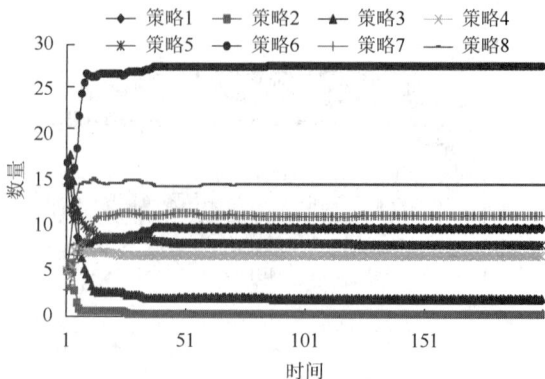

(d) 随机网络下的策略组合

(e) 无标度网络下的合作和背离比例   (f) 无标度网络下的策略组合

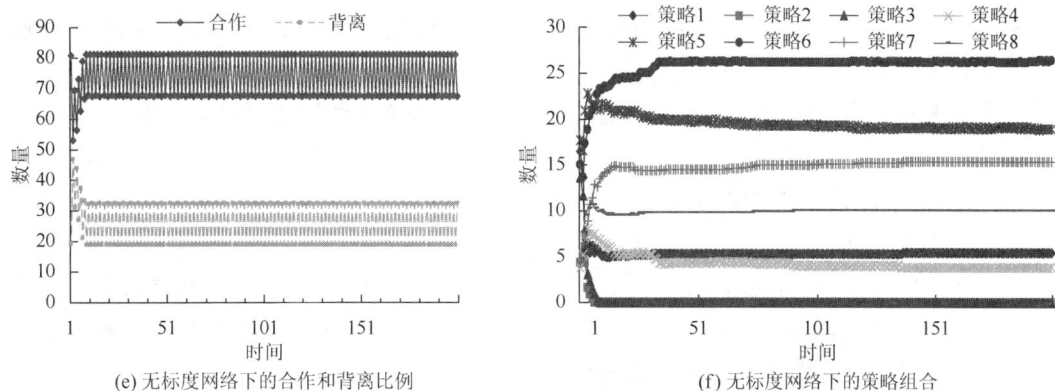

图 8.7 当 $b > c > 2d$ 时群体合作比例和策略组合演化图

法的 P 值为 0.00，小于 0.05，说明三组数据均值不等。小世界、随机和无标度网络下合作演化曲线均值分别为 81.6697、75.7971 和 74.0965，标准差分别为 2.98399、4.38080 和 6.97871。可以看出，无标度网络下合作均值最小，而标准差最大。

用非参数检验方法对样本数据进行分析，样本的 P 值为 0.00，小于 0.05，说明三种网络结构对合作比例数有显著影响。

8.5.3 不同博弈参数设置下的实验结果

由图 8.2～8.7 可以直观看出，不同博弈设置下的结果有差异，但可借助统计方法，考察显著性水平。

考察 6 种博弈参数设置分别在三种网络结构下合作连接比例的差异。将数据按网络结构分为三个样本，每个样本分为 6 组。分别利用方差分析方法和非参数检验方法对样本进行检验，结果如表 8.4 所示。

表 8.4 不同博弈参数设置下的统计结果

网络结构	方差齐次性检验 P 值	方差检验 P 值	非方差检验 P 值
小世界	0.00	0.00	0.00
随 机	0.00	0.00	0.00
无标度	0.00	0.00	0.03

表 8.4 中，齐次性检验的显著性概率 P 值为 0.00，小于 0.05，不满足齐次性，接受样本方差不等。三个样本的方差分析结果表明，组间、组内的偏差平方、均值和概率 P 值为 0.00，说明各组间均值在 $\alpha = 0.05$ 水平上有显著性差异，即三种网络结构下，不同博弈设置下的合作连接数比例均值差异显著。

利用非参数检验统计方法验证 6 种博弈设置分别在三种网络结构下合作连接比例的分布差异性。对三个样本分别用非参数检验方法进行统计，结果显示，P 值为 0.00，小于

0.05，不接受三个样本中 6 组数据的分布一致。也就是说三种网络结构下，不同的博弈设置下，合作连接比例的分布不一致。

由均值和分布的比较可知，不同的博弈设置对合作连接数比例有显著影响。

8.5.4　不同初始比例下的实验结果

分别采集当初始合作比例为 0.1、0.3、0.5 和 0.8 时三种网络结构下合作连接比例数和各策略组合的数据。统计样本为三个，每个样本有 4 组。分别利用方差分析方法和非参数检验方法对样本进行检验，结果如表 8.5 所示。

表 8.5　不同初始比例下的统计结果

网络结构	方差齐次性检验 P 值	方差检验 P 值	非方差检验 P 值
小世界	0.010	0.00	0.00
随　机	0.016	0.00	0.00
无标度	0.000	0.00	0.03

表 8.5 中，齐次性检验的显著性概率 P 值为 0.00，小于 0.05，不满足齐次性，接受样本方差不等。4 个样本的方差分析结果表明，组间、组内的偏差平方、均值和概率 P 值为 0.00，说明各组间均值在 $\alpha = 0.05$ 水平上有显著性差异，均值差异大，且不同网络结构下均值差异也大。

对三个样本用非参数检验方法进行统计，结果显示，P 值为 0.00，小于 0.05，说明不同的初始比例对合作比例的分布影响显著。

通过初始比例的设置可以看出，不同的比例下群体达到均衡的速度不一样。因此，合理的初始设置，能引导群体行为快速到达均衡。

8.5.5　信息不完全下的实验结果

采集各种信息噪声下的数据，利用统计方法分析信息噪声是否对用户合作连接比例数有影响。采集当信息噪声 $k = 0$，$k = 1\,000$，$k = 10\,000$ 时不同网络结构下用户合作连接比例的模拟数据。用方差分析方法和非方差检验对样本进行检验，结果如表 8.6 所示。

表 8.6　不同信息噪声下的统计结果

网络结构	方差齐次性检验 P 值	方差检验 P 值	非方差检验 P 值
小世界	0.056	0.00	0.000
随　机	0.000	0.00	0.000
无标度	0.000	0.04	0.009

通过方差分析检验可知，小世界网络结构下的样本具有齐次性（P 值为 0.056，大于 0.05），可认为该样本中的三个不同信息噪声下的样本方差相等，而随机网络和无标度网络下的样本不具有齐次性。由方差显著性水平可知，三种网络结构下的样本的 P 值小于 0.05，可以认为三个样本下的各组间数据均值不等，即信息不完全程度对用户合作连接数比例均值有显著影响。

基于非方差检验结果可知，在三种网络结构下的样本 P 值均小于 0.05，因此样本分布不一样，即信息噪声对用户合作连接数比例分布有显著影响。

综上可得，信息噪声对用户合作连接数比例的影响程度各异。由同样的方法可得，信息噪声也将影响用户的策略演化。

当 $k = 0$，$k = 1\,000$，$k = 10\,000$ 时，均方差分别为 15.680、16.836 和 53.157。由此可知，信息噪声越大，合作数均方差越大，合作演化曲线振幅较大。

8.6　本　章　小　结

本章首先利用复制动态方法对社区用户知识共享演化均衡进行求解和分析，相关研究结论可辅助决策者进行宏观管理。然后，面向各种参数组合，基于计算实验方法，对社区网络中用户知识共享时的合作和背离行为及其策略选择的演化过程进行模拟和分析，研究结论表明：

（1）博弈设置对用户群体合作演化及策略组合选择演化有显著影响。有效的博弈结构和制度设计（惩罚机制的设计）能有效规范用户行为，提高群体合作比例。通过各实验场景下的数据对比可知，不同的实验参数设计，导致到达演化均衡的速度不一样，演化均衡下的合作比例大小也不一样。因此，设计合理的机制能有效规范和管理虚拟社区用户知识共享行为。

（2）网络结构对群体合作演化和策略组合选择演化有显著影响，不同的网络结构下，合作比例不一样，各网络下的策略组合演化也不一样。通过对比小世界、随机和无标度网络下的模拟数据可知，用户群体的复制动态方法与三种网络结构下的宏观走势一致，即合作或背离占优，但合作比例差异显著，在计算实验下，群体很难完全合作或完全背离。而复制动态得到的结论就不一样，即可达到完全合作或背离，如命题 8.1 和命题 8.2 所描述的情形。因此，不同的网络结构下，应使用不同的措施进行合作引导，即不同的社区下不应使用相同的策略，而需针对具体的网络特征使用不同的策略。通过实验数据可知，合作占优的场景下，小世界网络和随机网络下的合作比例高于无标度网络下的合作比例；反之，无标度网络下背离比例高于小世界网络和随机网络。因此，管理者除了注意博弈规则设定外，还需注意在不同网络环境下，实施不同的引导策略，如关键结点和路径上实施正向引导或负向阻滞力。

（3）群体中合作初始比例对群体合作演化及策略组合选择演化有显著影响，不同的初始比例设置下，群体合作比例差异显著。合理的初始比例设置，能让群体快速进入系统均衡。因此，创建和谐的社区环境、设置网络布局，能提高社区知识共享绩效。

（4）信息噪声对网络中的群体知识共享合作演化有显著影响。噪声越大，合作演化曲线振幅越大，说明群体中用户知识共享行为不稳定。

本章在已有研究文献基础上，试图从理论上推进虚拟社区知识共享行为的研究，所做的主要工作有：

（1）不少文献对社区知识共享的动机进了研究，但持续使用动机和行为演化方面的研究较少。本章从演化博弈视角，构建了商务社区用户知识共享的理论模型。

（2）本章面向典型的社区网络和动态决策环境，设计了集成 Agent、演化博弈和社会网络等方法的计算模型。该模型能有助于理解知识共享行为随时间推移而演化动力的特性，刻画参数之间的复杂关系，分析演化中的动态变化趋势。

本章所得结论也给商务社区管理者提供了重要启示：

（1）不同主题的社区（具有不同的网络结构）应采取不同的宏观管理策略，即奖励和惩罚机制的合理设计。不同激励和惩罚将影响用户策略选择行为，进而影响知识共享格局。

（2）管理者应注意各社区用户的初始动机，是否愿意进行知识共享，初始动机将影响他人和社区最终的知识共享格局。所以，对每个用户进行测评或评价很有必要。

（3）社区网络干预策略的实施。版主或管理员需定期开展政策讲解；也需要利用事实对知识学习进行引导，如提供商品客观数据或图片，甚至提供真实用户语录和视频；将权威和高可信发置顶；应逐渐开展用户发言信用记录和权威度评测和调研，适当地进行相关信息披露，有利于知识借鉴和学习；对网络上关键路径和关键人物进行限制，必要时切断少数用户的交流，如对他们不开放浏览他人的部分信息的权限，对具有不良记录的用户实施活动限制等。

（4）提供流畅的信息沟通渠道有利于知识共享活动开展。尽量消除用户沟通上的障碍，增加辅助沟通手段尤为必要。例如，社区用户在沟通知识或信息时可辅助其他手段，如让用户之间能利用论坛交互，或者利用即时通信工具进行更方便、更快捷的沟通。

"社区＋商务"是近些年来一种新兴的电子商务模式，该模式下的社区为商务社区，在商务社区中，用户群体的知识共享存在合作和背离行为。设计有效的制度，合理管理社区网络中的用户行为，有助于用户之间的知识转移，从而促进商务活动的开展，提高商务绩效。本章基于复制动态方法和计算实验方法，对商务社区中知识共享行为演化进行了研究，得到了一些有助于管理实践的结论。较之其他研究方法，本章所提计算实验方法的研究粒度更细，所得结论更微观，不仅能得出不同博弈、不同网络结构下的群体合作行为演化数据，而且能获知各场景下用户对各策略组合的偏好数据，有助于管理者面向动态决策环境时进行知识共享机制的设计，并对用户进行行为引导。

本章参考文献

[1] 谢识予. 经济博弈论[M]. 上海：复旦大学，2002：220-245.

[2] AMIR M，BERNINGHAUS S K. Another approach to mutation and learning in games[J]. Games and Economic Behavior，1996（14）：19-43.

[3] 余谦，王先甲. 基于粒子群优化求解纳什均衡的演化算法[J]. 武汉大学学报（理学版），2006（1）：25-29.

[4] 蒋国银，胡斌，王缓缓. 基于 Agent 和进化博弈的服务商动态联盟协同管理策略研究[J]. 中国管理科学，2009，17（2）：

86-92.

[5] DU W B，et al. Effects of expectation and noise on evolutionary games[J]. Physica a Statistical Mechanics & Its Application，2009（388）：2215-2220.

[6] NEWMAN M E J. The structure and function of complex networks[J]. SIAM Review，2003，45（2）：167-256.

[7] AIROLDI E M，BAI X，CARLEY K M. Network sampling and classification：An investigation of network model representations[J]. Decision Support Systems，2011，51（3）：506-518.

第9章　协同用户知识扩散过程中群体行为演化

9.1　协同商务中的知识扩散行为

在线评论系统和社交网络平台是网络用户常常使用的对象。分享和了解产品信息是购买决策制定前所必须获取或经历的步骤。利用社交媒体，社会化商务参与者进行互动或在线买卖产品和服务[1]，86%的企业考虑在他们的商务活动中使用社交媒体[2]。社会化商务中，电子口碑对企业绩效有显著影响。

由于品牌信息透明，品牌竞争越来越激烈。有研究者使用创新扩散模型研究产品扩散问题。例如，经典的巴斯模型（Bass diffusion model）就是利用外部自然增长和内部因素的效应去影响扩散过程的[3]。在巴斯模型的基础上，其他研究者对模型进行了扩展[4, 5]，包含价格、广告、市场特征等因素。然而，所有这些模型都假设消费者是同质的，排除了个人偏好的影响。

一些仿真模型扩展了经典巴斯模型，以弥补其缺点。它们考虑社会网络中个体消费者相互交互。然而，少有仿真研究聚焦于多产品的在线竞争和扩散问题。几乎没有研究用真实的在线市场数据进行模型验证。因此，我们开发了一个多智能体仿真模型，用于研究在线品牌竞争和扩散，该模型用真实数据进行验证。

假设消费者的购买决策受其品牌知识的影响，这些知识包括创新度、品牌印象、自我感知价值、网络外部性等信息。产品/服务的需求是一个价格和质量的函数，而创新是价格的主要决定因素[6]。在扩散过程中有两种口碑：一种是客户的评论系统，有很多有活力的通道可以产生这类在线口碑[7]；另一种是客户利用社交媒体创造的口碑。关于评论和销售绩效之间的关系的研究很多[8-10]，部分研究认为，评论会影响消费者购买决策[11]。本章不分析价格如何影响评论，而是检查价格与品牌评级之间的关系。另外，网络外部性认为，在消费网络中使用该产品/服务的用户越多，用户的消费效用越高，这种效用随网络中购买者的数量增多而增加[12]。

社交媒体是一个消费者能通过网络或移动设备分享产品/服务信息并购买体验的平台，它是电子商务领域中一种重要的市场营销工具。88%的企业想知道什么是有效的社交策略和最好的社交媒体实施方法[2]，本章将探索电子口碑对社交媒体中消费扩散的影响。

我们先开发一个定价模型，然后，将该模型集成进 Agent 模型中，并用真实数据驱动价格模型，该集成模型融入创新度、初始市场感知、自我感知价值（对在线品牌的价格、评级、质量等的感知）和社交媒体中的电子口碑。下面将利用仿真实验，研究以下几个问题：

（1）创新度如何影响品牌市场绩效？

（2）品牌印象如何影响市场占有率？

（3）自我感知价值和电子口碑如何影响市场占有率？

9.2 定 价 模 型

9.2.1 模型基础

我们考虑一个在线市场的产品竞争环境下的多周期收益优化模型。服务商想提升品牌吸引力，就必须提供高质量和有创新度的产品，但也会提高花费，进而降低利润。该模型中，当前产品价格依赖于上一期价格；需求也是一个时变变量，产品的需求依靠自然增长率、创新度、价格变化等。品牌管理者在每一个周期需要决策价格和创新水平。

表 9.1 为所构建模型中变量的说明。

表 9.1 变量说明

变量	说 明	变量	说 明
T	周期	α	单位创新花费
$x(t)$	第 t 期市场占有率	β	单位价格改变花费
$p(t)$	第 t 期价格	η	自然增长率
$u(t)$	第 t 期价格改变率	φ	价格弹性
$v(t)$	第 t 期技术或服务创新度	π	创新效用因素
c	单位品牌花费	i	品牌类型，$i = 1, 2, \cdots, m$

模型中，

（1）品牌 i 的总花费为 $c_i \cdot x_i(t)$；

（2）品牌 i 的创新花费为 $\alpha_i \cdot v_i(t)$，它随着品牌创新度的升高而提高；

（3）在线价格改变的花费与在线价格正相关，与已有研究相似[13]，这里的花费为二次函数，即 $\beta \cdot u(t)^2$。

因此，品牌 i 在第 t 期的利润可写为

$$\text{profit}_i(t) = [p_i(t) - c_i]x_i(t) - \alpha_i v_i(t) - \beta_i[u_i(t)]^2$$

其中：$x_i(t)$ 为品牌 i 的在线购买者数量，则 $\dot{x}_i(t)$ 为改变率。

假设需求是一个定价和创新度的线性函数，则在线购买者的增长率可写为

$$\dot{x}_i(t) = \eta_i + \pi v_i(t) - \varphi u_i(t)$$

其中：η 为自然增长率。在线购买者数量随创新度（$\pi v_i(t)$）的增加而增加，而随价格的增加以 $-\varphi u_i(t)$ 减少。

9.2.2 最优化利润模型

企业能通过 $u(t)$ 和 $v(t)$ 最优化总利润。下面的利润模型为一个多阶段模型：

$$\text{profit}(i) = \max \int_0^T \{[p_i(t) - c_i]x_i(t) - \alpha_i v_i(t) - \beta_i[u_i(t)]^2\}\mathrm{d}t$$

$$\text{s.t.} \begin{cases} \dot{x}_i(t) = \eta_i + \pi v_i(t) - \varphi u_i(t), \ x_i(0) = x_{i0} \\ \dot{p}_i(t) = u_i(t), \ p_i(0) = p_{i0} \\ \sum_i x_i(t) = 1 \\ x_i(t) \geqslant 0, \ \forall t \\ p_i(t) \geqslant 0, \ \forall t \end{cases} \tag{9.1}$$

其中：x_{i0} 和 p_{i0} 分别为品牌 i 的市场占有率和在线价格的初始值。为了不失一般性，假设总的市场空间为 1，且有 $0 \leqslant x_i(t) \leqslant 1$，价格的改变率 $u_i(t)$ 和创新度 $v_i(t)$ 为决策变量。

9.2.3 动态定价

提供商有规律地更新和创新技术以提高产品/服务，我们的目标是发现每一阶段在既定创新条件下的最优价格。一个动态的最优定价可用模型（9.1）来求解。与已有研究相似[13, 14]，我们用哈密顿函数（Hamiltonian function）去获取最优解的必要条件：

$$H = [p(t) - c]x(t) - \alpha v(t) - \beta[u(t)]^2 + \lambda_x(t)[\eta + \pi v(t) - \varphi u(t)] + \lambda_p(t)u(t) \tag{9.2}$$

其中：$\lambda_x(t)$ 和 $\lambda_p(t)$ 分别为 $x(t)$ 和 $p(t)$ 的连接变量，它们代表影子价格。具体来看，$\lambda_x(t)$ 是 $x(t)$ 改变的边际价值，而 $\lambda_p(t)$ 是 $p(t)$ 的边际价值。

方程（9.2）为瞬时利润率，可用于目标函数。在最大化利润模型（9.1）中，必要条件为 $\dfrac{\partial H}{\partial u(t)} = 0$，即

$$\frac{\partial H}{\partial u(t)} = -2\beta u(t) - \varphi \lambda_x + \lambda_p = 0 \tag{9.3}$$

和连接函数

$$\dot{\lambda}_x(t) = -\frac{\partial H}{\partial x(t)} = -[p(t) - c], \qquad \lambda_x(t) = 0 \tag{9.4}$$

$$\dot{\lambda}_p(t) = -\frac{\partial H}{\partial p(t)} = -x(t), \qquad \lambda_p(t) = 0 \tag{9.5}$$

假设品牌创新度是一个在一定周期内的常数，如周、月、年，则最优化值可以表示为

$$p^*(t) = \frac{[\varphi(p_0 - c) - x_0][e^{\sqrt{\varphi/\beta}(t-T)} + e^{-\sqrt{\varphi/\beta}(t-T)}]}{2\varphi[e^{\sqrt{\varphi/\beta}T} + e^{-\sqrt{\varphi/\beta}T}]} - \frac{\sqrt{\beta/\varphi}(\eta + \pi v)(e^{\sqrt{\varphi/\beta}t} + e^{-\sqrt{\varphi/\beta}t})}{2\varphi[e^{\sqrt{\varphi/\beta}T} + e^{-\sqrt{\varphi/\beta}T}]}$$
$$+ \frac{(\eta + \pi v)t + x_0}{2\varphi} + \frac{p_0 + c}{2} \tag{9.6}$$

证明见附录 E。

由方程（9.6）产生的最优价格将作为 Agent 模型的输入嵌入模型，下一节将介绍。

9.3　在线多品牌竞争 Agent 模型

9.3.1　决策过程

我们开发了一个 Agent 仿真模型，用于研究影响在线环境中多品牌竞争下的购物决策形成，进而影响市场占有率。图 9.1 描述了该研究的过程，除了个人特质外，创新度、品牌印象、自我感知价值和网络外部性（从社会媒体产生的电子口碑）等显著影响用户消费决策。

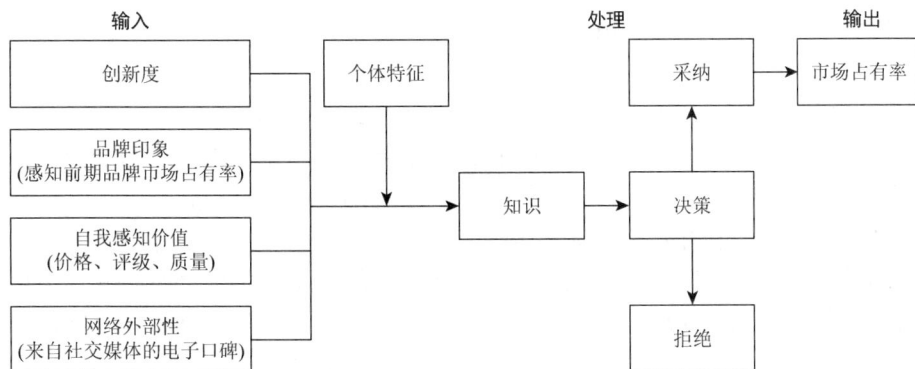

图 9.1　知识影响购物决策及市场占有率示意图

1. 创新度与个体特征

众所周知，创新是扩散过程中的一个重要因素。创新度是一个消费者感知产品创新的程度[15]。创新扩散理论将消费者分为 5 种类型：创新者、早期接受者、早期成熟者、晚期成熟者和落后者。不同类型消费者对品牌创新度、价格和社交影响有不同的感知。

2. 品牌印象与自我感知价值

品牌印象是对品牌的综合评价，它是对品牌的属性、获益、态度等的一个感知信念[16]。市场占有率印象是一个品牌采纳的关键因素。消费者在计划购买前会研究产品的相关市场信息，市场占有率印象是一个在线购买的重要线索，它在很大程度上影响消费者的购买决策。因此，我们将探索市场占有率印象如何影响市场绩效。

消费者通常通过搜索相关产品的在线信息，以评估产品的价值，这些信息由价格、在线评价、质量排名等组成。消费者感知品牌质量受价格的影响[11]，也受创新度的影响。在线评级和评论对消费者感知产品质量有较大影响。

3. 网络外部性（来自社交媒体的电子口碑）

口碑（word of mouth，WOM）是一个由消费者产生且能影响消费者感知产品的信息[17]，它也能促进产品扩散[15]。传统的口碑仅仅在一定的社交范围内有效，而影响也随时间的流逝和空间的扩大而变小[18]。在线口碑在购物决策中扮演重要角色，而且变得越来越流行。消费者可以通过社交网络快速获取关于产品的一手信息[19]。一些实证研究也指出，电子口碑与销售绩效之间存在正相关[10, 20, 21]。

网络外部性是指一个消费者对产品的价值与其他消费者采纳该产品的数量有关。也就是说，在社交网络中，邻域结点采纳者越多，该产品就更有可能被采纳。网络外部性的效果取决于社会网络结构，连通边越多，信息传播越流畅。有研究者认为，WWW 和友谊网络是一个无标度网络，具有短的路径长度和大的网络聚集系数，度分布遵循幂律分布[22, 23]。

9.3.2 社会化商务中的 Agent

作为一种计算方法，Agent 建模可以帮助研究者创造模型，并进行分析和实验。这类模型描述一定环境下的 Agent 互动。Agent 代表社会角色，如个体、企业、政府等实体，用计算机程序描述 Agent，一个 Agent 有 4 个特征：自治性、社会性、互动性和主动性[24]。Agent 可以相互作用，相互传递信息和相关消息。

在我们的模型中，假设购物平台中的一个消费者为一个 Agent，他利用社会网络与其他 Agent 相连。每一个消费者都是异质个体。参考创新扩散理论，将消费者分为如表 9.2 所示的 5 类：创新者（2.5%）、早期接受者（13.5%）、早期成熟者（34%）、晚期成熟者（34%）和落后者（16%）。

表 9.2　消费者对创新度、价格和社会规范的感知

消费者类型	敏感对象		
	创新度	价格	社会规范
创新者	非常高	非常低	非常低
早期接受者	高	低	低
早期成熟者	中等	中等	中等
晚期成熟者	低	高	高
落后者	非常低	非常高	非常高

9.3.3　Agent 的决策规则

第 t 期，Agent j 采纳品牌 i 的决策规则依赖评估值 $V_j^i(t)$（$i = 1, 2, \cdots, m$；$j = 1, 2, \cdots, n$），该值为感知所有品牌值中的最大值。该值大于其他品牌的值 $V_j^{-i}(t)$ 和一阈值 $V_{j,\min}(t)$。当满足下列条件时，智能体采纳该产品/服务：

（1）$V_j^i(t) > V_j^{-i}(t)$，$V_j^i(t) = \max\{V_j^1(t), V_j^2(t), \cdots, V_j^n(t)\}$。如果 $V_j^i(t) < 0$，那么 $V_j^i(t) = 0$。

（2）$V_j^i(t) > V_{j,\min}(t)$，即 $V_j^i(t)$ 应该大于阈值。$V_j^i(t)$ 为智能体感知值，其值为

$$V_j^i(t) = \psi_j \cdot Z_j^i(t) + (1 - \psi_j) \cdot Y_j^i(t) \tag{9.7}$$

其中：ψ 为权重；$Z_j^i(t)$ 为第 t 期智能体 j 感知品牌 i 的值；$Y_j^i(t)$ 为第 t 期智能体 j 感知关于品牌 i 的网络外部性。

$Z_j^i(t)$ 为一个 0～1 的值，其大小由下式决定：

$$Z_j^i(t) = l_j^i(t) \cdot q_j^i(t) - d^i(t) \cdot p^i(t) - s_j^i(t) \cdot [1 - o^i(t)] \tag{9.8}$$

其中：$l_j^i(t)$ 为第 t 期智能体 j 对品牌 i 质量的敏感性；$s_j^i(t)$ 为第 t 期智能体 j 对品牌 i 创新度的敏感性；$d^i(t)$ 为产品 i 的折扣；$p^i(t)$ 为标准化后的价格；$q_j^i(t)$ 为第 t 期智能体 j 感知品牌 i 的质量，且有

$$q_j^i(t) = \text{fun}[r^i(t-1), o^i(t)] \tag{9.9}$$

当消费者体验商品后，将对商品给出一个在线的评分，这里评分 $r_j^i(t-1)$ 为第 $t-1$ 期智能体 j 对品牌 i 的评分，且

$$r_j^i(t-1) = \min\{\max\{0, \min\{1, q_j^i(t-1) - b\{p^i(t-1) - r[q_j^i(t-1)]\}\}\}, 5\} \tag{9.10}$$

其中：$r_j^i(t-1)$ 的值为 0～5 的一个整数；参数 b（$0<b<1$）为价格影响效果；$r(q)$ 为感知产品质量 q 下设置一定价格的合理性。

$$r^i(t-1) = \text{average}\left[\sum_j r_j^i(t-1)\right] \tag{9.11}$$

该研究中，我们也采用无标度网络结构。$Y_j^i(t)$ 可定义为

$$Y_j^i(t) = \frac{\sum_i \omega[\text{type}(j), k]\text{adopted\_neighbour}_j^{i,k}(t)}{\sum_i \text{neighbour}_j^i(t)} \tag{9.12}$$

其中：adopted_neighbour$_j^{i,k}(t)$ 为第 t 期智能体 j 的所有邻域采纳品牌 i 的数量，每一个邻域具有类别 k（$k\in1, 2, \cdots, 5$；$i\in1, 2, \cdots, m$），即为 type(j)；ω 为一个权重函数，且

$$\omega[\text{type}(j),k]=\begin{cases}非常高, & |\text{type}(j)-k|=0 \\ 高, & |\text{type}(j)-k|=1 \\ 中等, & |\text{type}(j)-k|=2 \\ 低, & |\text{type}(j)-k|=3 \\ 非常低, & |\text{type}(j)-k|=4\end{cases} \tag{9.13}$$

在模型中，我们设置 ω 为一个常数，对应每一个类型有 $\omega=\{1, 0.8, 0.6, 0.4, 0.2\}$。

市场占有率为描述市场绩效的一个关键指标。一个商家的市场占有率也会依赖其他商家的市场占有率情况。定义品牌 i 的市场占有率为

$$\text{Ms}_i(t)=\frac{\sum_j \text{isNew\_adopted}_i^j(t)}{\sum_{i,j} \text{isNew\_adopted}_i^j(t)} \tag{9.14}$$

其中：isNew_adopted$_i^j(t)$ 为一个两值函数，当第 t 期智能体 j 采纳了品牌 i 的值则为 1，否则为 0。

9.4 仿真实验与敏感性分析

9.4.1 仿真流程

本研究在 NetLogo 5.0 平台上开发了仿真系统。该系统可用于模拟消费者接受决定的影响，也可用于探索知识如何影响品牌的市场占有率。当系统启动后，服务商根据市场现状进行产品创新或定价。消费者根据当前环境感知几类产品属性，也会与社交网络中邻域进行交互，获取各类产品的知识，从而决定是否接受某一种产品，进而统计出各产品的市场占有率。当达到停止条件时，系统停止运行，流程如图 9.2 所示，系统界面如图 9.3 所示。计算实验在同一环境下进行，与文献[25]中研究一样，每一种实验场景运行 50 遍，表 9.3 总结了各个参数。

9.4.2 验证与实验

由于智能体模型包含较多参数，其验证具有挑战性。我们使用概念验证、内部验证、微观验证、宏观验证等方法测试模型。

模型是基于创新扩散、无标度网络和一些已经存在的理论而构建的，因此概念验证通过。

在概念模型的基础上，先利用单元测试方法对每一个单一功能进行测试，然后拼接两

个或多个功能进行集成测试，以保证模型能进行功能之间数据的传递和整体效果。最后做极端值测试，包括负的价格、创新度和其他不正确的取值。

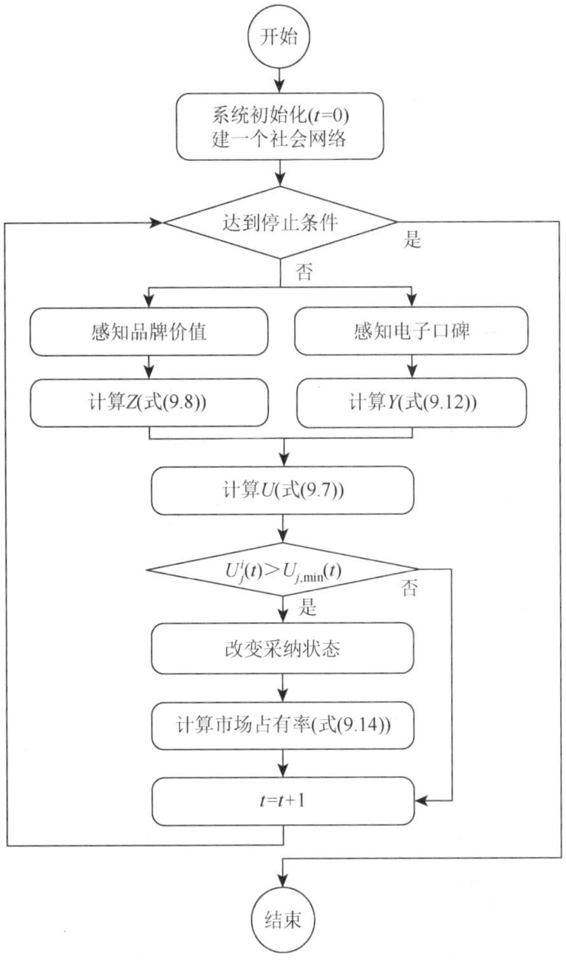

图 9.2　仿真流程图

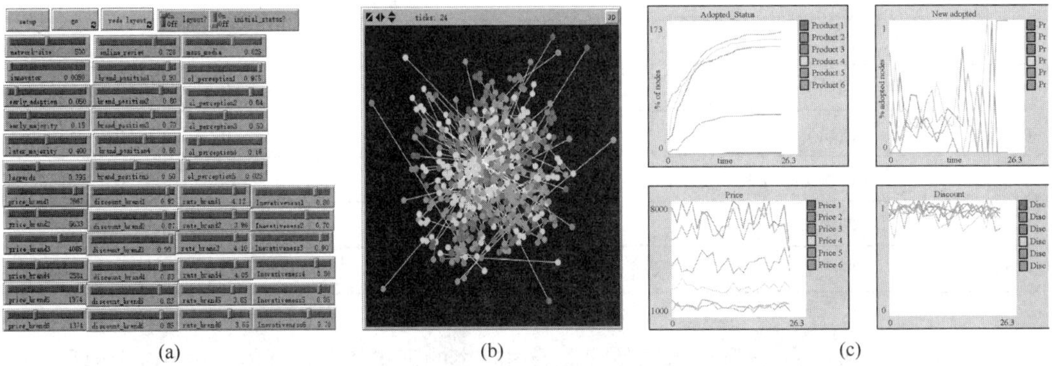

图 9.3　仿真系统界面

141

表 9.3　参数设置

变　量	值	假设
智能体数量	500	—
感知品牌信息权重	$N(\mu, \sigma)=N(0.726, 0.1)$	基于调查数据
感知网络外部性权重	$N(\mu, \sigma)=N(0.625, 0.1)$	基于调查数据
各类消费者比例	2.5%，13.5%，34%，34%，16%	基于创新扩散理论
各类消费者的影响力	0.975，0.84，0.50，0.16，0.025	基于创新扩散理论
品牌创新度	0.8，0.7，0.9，0.8，0.85，0.7	来源二手数据
价格折扣	0.92，0.87，0.99，0.83，0.83，0.85	来源二手数据
初始评分	4.12，3.96，4.10，4.05，3.85，3.55	来源二手数据
初始市场占有率	0.19，0.08，0.37，0.17，0.11，0.09	来源二手数据

　　微观测试有两部分：一部分是仔细检查参数的设置，尤其是需要使用二手数据和经验进行设置的参数；另一部分是利用系统日志和标志变量的方式检查局部运行效果，改掉不合理的运行设置。

　　使用二手的在线冰箱数据进行宏观验证，实验初始设置如表 9.4 所示。选取 6 个销售较好的品牌作为案例，包括 2 个高端品牌（1 和 2）、2 个中端品牌（3 和 4）和 2 个低端品牌（5 和 6）。这些品牌都在国内几个大型 B2C 站点销售。

表 9.4　仿真模型中参数初始值

模型编号	品牌创新度						市场占有率初始值						自我感知权重	感知电子口碑权重
1	0.8	0.7	0.9	0.8	0.85	0.7	0.19	0.08	0.37	0.17	0.11	0.09	$N(0.726, 0.1)$	$N(0.625, 0.1)$
2（a）	0.8	0.7	**0.65**	0.8	**0.65**	0.7	同模型 1						同模型 1	—
2（b）	**0.65**	0.7	0.9	**0.65**	0.85	0.7	同模型 1						—	同模型 1
2（c）	0.8	**0.85**	0.9	0.8	0.85	**0.85**	同模型 1						—	同模型 1
3（a）	同模型 1						0	0	0	0	0	0	—	同模型 1
3（b）	同模型 1						0.15	0.20	0.05	0.05	0.30	0.25	—	同模型 1
4（a）	同模型 1						同模型 1						$N(0.05, 0.1)$	$N(0.3, 0.1)$
4（b）	同模型 1						同模型 1						$N(0.05, 0.1)$	$N(0.625, 0.1)$
4（c）	同模型 1						同模型 1						$N(0.05, 0.1)$	$N(0.9, 0.1)$
4（d）	同模型 1						同模型 1						$N(0.3, 0.1)$	$N(0.05, 0.1)$
4（e）	同模型 1						同模型 1						$N(0.726, 0.1)$	$N(0.05, 0.1)$
4（f）	同模型 1						同模型 1						$N(0.9, 0.1)$	$N(0.05, 0.1)$

　　图 9.4（a）和（b）分别展示了品牌市场占有率的真实值和仿真值。表 9.5 为模型 1 运行的仿真结果的统计总结，其中，品牌 3 和品牌 5 有最高的市场占有率，而品牌 2 和品牌

6 有最低的市场占有率。表 9.5 所示模型 1 为参考模型，报告指出，72.6%消费者能从电商站点获取信息，62.5%消费者愿意推荐，64.9%消费者愿意搜索品牌信息或在线信息。由图 9.4 可以看出，6 个品牌的市场占有率仿真值与真实值相似。方差分析结果显示，两类数据没有显著差异，如表 9.6 所示。

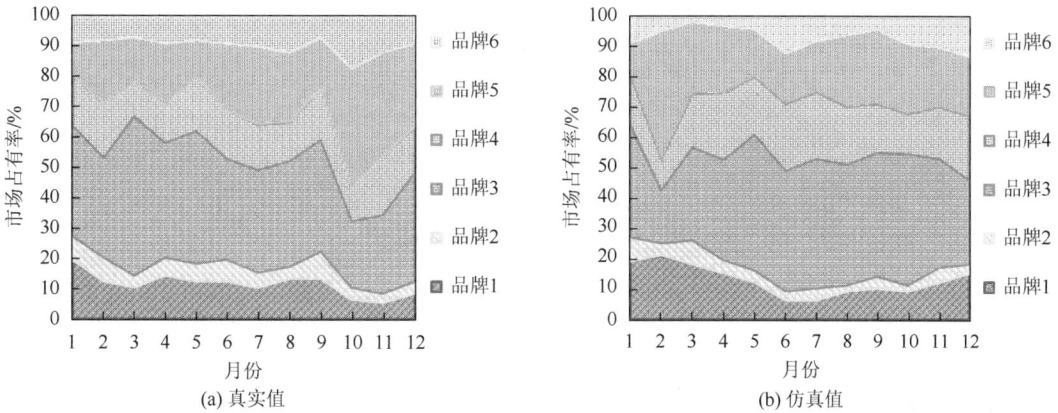

图 9.4　品牌市场占有率的真实值和仿真值

表 9.5　模型 1 仿真结果的描述性统计

品牌号	最小值	最大值	均值	标准差
1	0.06	0.21	0.13	0.05
2	0.02	0.08	0.03	0.05
3	0.18	0.45	0.36	0.08
4	0.10	0.22	0.18	0.04
5	0.11	0.43	0.22	0.08
6	0.02	0.13	0.07	0.04

表 9.6　方差分析结果

品牌		方差和	df	均方差	F	Sig.
1	组间	0.001	1	0.001	0.693	0.414
	组内	0.043	22	0.002		
	总计	0.044	23	—		
2	组间	0.001	1	0.001	3.120	0.091
	组内	0.008	22	0.000		
	总计	0.010	23	—		
3	组间	0.000	1	0.000	0.045	0.834
	组内	0.130	22	0.006		
	总计	0.130	23	—		

品牌		方差和	df	均方差	F	Sig.
4	组间	0.005	1	0.005	3.989	0.058
	组内	0.025	22	0.001		
	总计	0.030	23	—		
5	组间	0.000	1	0.000	0.031	0.862
	组内	0.145	22	0.007		
	总计	0.146	23	—		
6	组间	0.004	1	0.004	4.096	0.055
	组内	0.023	22	0.001		
	总计	0.027	23	—		

9.4.3 敏感性分析

对仿真数据进行处理,从而检测创新度、品牌印象、自我感知价值、电子口碑如何影响品牌的扩散与竞争,结果如表 9.7~9.10 所示。

表 9.7 创新度对市场占有率的影响(模型 2(a)、2(b)、2(c))

模型编号	品牌 1		品牌 2		品牌 3		品牌 4		品牌 5		品牌 6	
	标准差	Sig.	标准差	Sig.	标准差	Sig.	标准差	Sig.	标准差	Sig.	标准差	Sig.
1	0.13 (0.05)	—	0.04 (0.02)	—	0.36 (0.08)	—	0.18 (0.04)	—	0.22 (0.08)	—	0.07 (0.04)	—
2(a)	0.23 (0.07)	0.001	0.09 (0.02)	0.000	0.21 (0.06)	0.000	0.28 (0.09)	0.002	0.08 (0.04)	0.000	0.12 (0.04)	0.006
2(b)	0.06 (0.05)	0.003	0.08 (0.03)	0.001	0.36 (0.07)	0.860	0.08 (0.03)	0.000	0.33 (0.10)	0.009	0.09 (0.04)	0.176
2(c)	0.12 (0.06)	0.62	0.09 (0.04)	0.002	0.28 (0.06)	0.006	0.17 (0.05)	0.699	0.22 (0.07)	0.918	0.12 (0.06)	0.010

表 9.8 品牌印象对市场占有率的影响(模型 3(a)、3(b))

模型编号	品牌 1		品牌 2		品牌 3		品牌 4		品牌 5		品牌 6	
	标准差	Sig.	标准差	Sig.	标准差	Sig.	标准差	Sig.	标准差	Sig.	标准差	Sig.
1	0.13 (0.05)	—	0.04 (0.02)	—	0.36 (0.08)	—	0.18 (0.04)	—	0.22 (0.08)	—	0.07 (0.04)	—
3(a)	0.22 (0.08)	0.002	0.10 (0.05)	0.001	0.23 (0.11)	0.002	0.11 (0.06)	0.001	0.26 (0.17)	0.464	0.03 (0.01)	0.000
3(b)	0.1 (0.05)	0.209	0.08 (0.4)	0.011	0.27 (0.12)	0.028	0.15 (0.06)	0.156	0.24 (0.09)	0.541	0.16 (0.07)	0.001

表 9.9　低自我感知价值对市场占有率的影响（模型 4（a）、4（b）、4（c））

模型编号	品牌 1		品牌 2		品牌 3		品牌 4		品牌 5		品牌 6	
	标准差	Sig.	标准差	Sig.	标准差	Sig.	标准差	Sig.	标准差	Sig.	标准差	Sig.
1	0.13 (0.05)	—	0.04 (0.02)	—	0.36 (0.08)	—	0.18 (0.04)	—	0.22 (0.08)	—	0.07 (0.04)	—
4（a）	0.10 (0.04)	0.181	0.08 (0.02)	0.000	0.34 (0.04)	0.346	0.19 (0.04)	0.594	0.19 (0.07)	0.283	0.11 (0.03)	0.028
4（b）	0.13 (0.04)	0.668	0.06 (0.01)	0.010	0.33 (0.02)	0.17	0.17 (0.01)	0.614	0.15 (0.03)	0.008	0.15 (0.06)	0.000
4（c）	0.13 (0.04)	0.859	0.06 (0.01)	0.004	0.31 (0.05)	0.047	0.13 (0.03)	0.003	0.18 (0.04)	0.149	0.18 (0.07)	0.000

表 9.10　低电子口碑权重对市场占有率的影响（模型 4（d）、4（e）、4（f））

模型编号	品牌 1		品牌 2		品牌 3		品牌 4		品牌 5		品牌 6	
	标准差	Sig.	标准差	Sig.	标准差	Sig.	标准差	Sig.	标准差	Sig.	标准差	Sig.
1	0.13 (0.05)	—	0.04 (0.02)	—	0.36 (0.08)	—	0.18 (0.04)	—	0.22 (0.08)	—	0.07 (0.04)	—
4（d）	0.18 (0.03)	0.008	0.04 (0.02)	0.700	0.40 (0.09)	0.335	0.19 (0.04)	0.735	0.18 (0.08)	0.239	0.03 (0.03)	0.002
4（e）	0.16 (0.1)	0.254	0.07 (0.3)	0.039	0.34 (0.08)	0.562	0.24 (0.09)	0.039	0.15 (0.11)	0.073	0.04 (0.03)	0.027
4（f）	0.14 (0.11)	0.614	0.06 (0.04)	0.145	0.38 (0.15)	0.715	0.23 (0.09)	0.104	0.15 (0.11)	0.091	0.04 (0.02)	0.008

1. 创新度对市场占有率的影响

用模型 2（a）、2（b）、2（c）测试品牌的创新度如何影响市场占有率。品牌 3 和品牌 5 为高创新度品牌，在模型 2（a）中改变其大小；品牌 1 和品牌 4 具有中等创新度，在模型 2（b）中对其进行调整；品牌 2 和品牌 6 具有低创新度，在模型 2（c）中对其进行改变。由表 9.4 可知，将品牌 3 和品牌 5 的创新度下调至（0.65，0.65），其他参数不改变。如表 9.7 所示，利用方差分析方法可知，模型 2（a）中的品牌创新度对市场占有率有显著影响（P 值小于 0.01）。品牌 3 的市场占有率从 0.36 降至 0.21，而品牌 5 的市场占有率从 0.22 降至 0.08。这进一步说明，低的市场创新度负影响市场绩效。

在模型 2（b）中，降低品牌 1 和品牌 4 的创新度至 0.65。对照模型 1 中两个品牌的市场占有率，我们发现，两者的市场占有率显著降低（品牌 1 的市场占有率从 0.13 降至 0.06，品牌 4 的市场占有率从 0.18 降至 0.08）。同样，模型 2（c）中增加品牌 2 和品牌 6 的创新度至 0.85，其市场占有率也显著增加（品牌 2 和品牌 6 的市场占有率由 0.04、0.07 增加至 0.09、0.12）。

从上面的分析可知，在线品牌的创新度与市场绩效高度相关，当品牌增加创新度，该品牌将获得更高的在线市场占有率。正如传统认识一样，线下市场也有如此规律。

2. 品牌印象对市场占有率的影响

设计模型 3（a）、3（b），用于测试品牌印象（感知的初始市场占有率）对产品扩散和市场占有率的影响。模型 3（a）认为消费者都没有初始的市场认识，模型 3（b）认为消费者形成了不正确的初始认识。表 9.8 为最后结果，表明除了品牌 5，模型 1 和 3（a）有显著差异（P 值小于 0.002）。

如果消费者的初始认识偏差大，市场占有率的仿真值与真实值之间也有不同程度的差异。模型 3b 中品牌 2 和品牌 6 的市场占有率显著增加（品牌 2 的市场占有率从 0.04 增加到 0.08，品牌 6 的市场占有率从 0.07 增加到 0.16）。这点说明为什么市场占有率较低的品牌愿意让消费者更大程度认为自己拥有较大市场占有率，甚至利用夸大或虚构市场信息宣传，从而赢得后期的市场竞争。

品牌印象是影响消费者购物决策形成的一个关键因素。对于创新型企业，一旦在市场中有偏差的品牌市场占有率影响形成，不能指望依靠消费者自我修复对消费市场的认知，相反，应主动采取积极措施，修复或改变消费者不正确的品牌认知，从而恢复声誉，赢取市场竞争。

3. 自我感知价值与电子口碑权重对市场占有率的影响

模型 4（a）、4（b）、4（c）中，我们测试低自我感知价值是否会导致低的市场占有率；同样，也用模型 4（d）、4（e）、4（f）测试电子口碑的效用。

1）低自我感知价值

由表 9.4 中模型 4（a）、4（b）、4（c）可知，自我感知价值低于电子口碑，即用户感知在线信息如价格、评分、质量评价等较少，而参考用户之间的口碑信息权重较大。从表 9.9 可以发现，模型 4（a）、4（b）、4（c）的市场占有率显著区别于模型 1。相比电子口碑，低的自我感知权重对于高创新度品牌，如品牌 3 和品牌 5，对市场占有率的负面效应更大，即便加大电子口碑比例，市场绩效并不一定会显著提升。而对低创新度品牌，如品牌 2 和品牌 6，可以通过电子口碑进行促销提升销量，进而开发新的客户市场。

2）低电子口碑权重

在模型 4（d）、4（e）、4（f）中，自我感知效用的权重比电子口碑大。也就是说，消费者购物前较少依赖倾听朋友们关于品牌的讨论或推荐，而更多的是检索或查找产品相关信息，依赖自我判断。表 9.10 为仿真结果，由表 9.10 可以看出，对于中高端品牌，更高的自我感知和低的电子口碑效应具有正面效果；低端品牌则相反。因此，对中高端品牌而言，相比使用社交媒体进行纯粹的宣传，使用更多的品牌信息披露和推广，如对产品质量和创新度等信息进行宣传，更有利于市场占有率的提升。

9.5 本章小结

产品扩散的相关研究较为丰富，然而，相当多的研究考虑单产品的扩散或者研究假设

较为严格，很少有研究多在线品牌的竞争或扩散问题。由于传统的创新扩散理论不易解释在线环境下复杂群体动力现象，本研究使用真实数据驱动的多智能体模型研究在线多产品的竞争问题，从而预测社会化商务环境下的在线市场占有率。

该研究的贡献有两方面。首先，研究中所构建的基于多智能体的仿真模型丰富了多品牌的创新扩散的相关研究；其次，研究中的仿真实验可以洞悉知识如何影响在线品牌竞争，有助于管理者理解知识对品牌成功的影响，从而设计合理的品牌竞争策略。

创新是指提升技术和服务能力，技术创新将提升效能、简化使用流程，显著影响产品的质量和价格。同样，在线产品/服务创新度是影响市场占有率的一个重要因素。在线消费者能感知发货时间、质量、推荐的信任度和对顾客问题的回答率等，当品牌不满足消费者对技术的要求时，就应考虑进行服务创新赢得竞争。尽管传统上强调通过社交媒体进行促销和口碑营销，但研究表明，创新与市场占有率正相关，因此相比之下，创新是能更有效地获取竞争优势的工具。

消费者的个人特征、知识和社会连接性是影响消费者做出决策的重要因素。目前还没有关于知识对异质消费智能体的影响的研究。我们考虑 4 个因素，即创新度、品牌印象、自我感知价值和网络外部性，系统研究这 4 个因素是如何影响消费决策的，并探讨自我感知效用和电子口碑的关系。

通过研究发现，品牌印象显著影响品牌的市场绩效。当消费者没有充足的市场知识，尤其是对品牌的市场占有率认识不足时，品牌印象将显著影响消费采纳，进而影响该品牌的市场占有率。因此，管理者应该通过大众媒体宣传产品的相关信息，让潜在消费者能认识和了解品牌的相关市场信息，从而吸引消费，也要刺激和引导消费者进行真实信息和知识的传播。

自我感知价值和电子口碑对品牌有影响。不同的品牌应采用不同的品牌策略。例如，对于中高端品牌，市场管理者应增加消费者对品牌的在线信息的感知，同时刺激其进行正面的口碑传播；而低端品牌应多依赖社交媒体进行推销产品。高创新度的品牌利用社交媒体进行电子口碑宣传更容易提高市场占有率，而低创新度的品牌应考虑定位具有特殊需求的群体。

上述发现对市场管理者具有重要的价值，不仅可以帮助他们理解知识在品牌竞争中的作用，也可以帮助他们设计和选择合理的市场策略。从研究可知，创新度是在线品牌提高市场占有率的关键因素，消费者的自我感知和网络外部性的作用各异，在不同的场景下作用不一样。当消费者有较多自我感知信息时，电子口碑对市场占有率具有正影响。因此，市场管理者不能仅仅依靠社交媒体的宣传和推广作用，也应该依靠自我感知信息，即通过网站设计提高结构、导航、可视化、功能性、交互性、综合体验等方面的感受，还应该频繁更新有价值的信息，从而吸引消费者的关注，进而促进消费者对产品或品牌的认识和了解。

尽管我们的模型能预测在线品牌的市场占有率，也能洞悉在线品牌竞争，但它仍存在一些局限性。首先，因为我们使用的是平均月度市场数据而不是日数据，有限的样本可能产生一些偏差，影响仿真模型效果。未来的研究将尽可能使用日数据验证模型，以提高模型预测竞争市场下多品牌的市场占有率的准确性。

其次，我们没有找到与市场占有率相关动态的创新度数据。因此，我们不能识别动态创新度和市场占有率之间的关系。未来的研究将进行实证分析或利用仿真探索动态创新度对市场占有率的影响。

最后，我们从收益优化的视角开发了一个定价机制，未来也可以考虑从捆绑和拍卖等机制设计定价模型。利用这些定价模型，我们能研究不同的定价机制对消费感知或品牌感知的影响，探索不同的定价策略对在线消费决策的影响。

本章参考文献

[1] KIM S，PARK H. Effects of various characteristics of social commerce（s-commerce）on consumers' trust and trust performance[J]. International Journal of Information Management，2013，33（2）：318-332.

[2] STELZNER M A. How marketers are using social media to grow their business[R]. Social Media Marketing Industry Report，2013：1.

[3] BASS F M. A new product growth for model consumer durables[J]. Management Science，1969，15（5）：215-227.

[4] DEWAN S，GANLEY D，KRAEMER K L. Complementarities in the diffusion of personal computers and the Internet：Implications for the global digital divide[J]. Information Systems Research，2010，21（4）：925-940.

[5] YU Y M，WANG W D，ZHANG Y. An innovation diffusion model for three competitive products[J]. Computers & Mathematics with Applications，2003，46（10-11）：1473-1481.

[6] CHENAVAZ R. Dynamic pricing, product and process innovation[J]. European Journal of Operational Research，2012，222（3）：553-557.

[7] DELLAROCAS C. The digitization of word-of-mouth：Promise and challenges of online feedback mechanisms[J]. Management Science，2003，49（10）：1407-1424.

[8] DELLAROCAS C，ZHANG X Q，AWAD N F. Exploring the value of online product reviews in forecasting sales：The case of motion pictures[J]. Journal of Interactive Marketing，2007，21（4）：23-45.

[9] FORMAN C，GHOSE A，WIESENFELD B. Examining the relationship between reviews and sales：The role of reviewer identity disclosure in electronic markets[J]. Inoformation Systems Research，2008，19（3）：291-313.

[10] DUAN W J，GU B，WHINSTON A B. The dynamics of online word-of-mouth and product sales：An empirical investigation of the movie industry[J]. Journal of Retailing，2008，84（2）：233-242.

[11] LI X X，HITT L M. Price effects in online product reviews：An analytical model and empirical analysis[J]. MIS Quarterly，2010，34（4）：809-832.

[12] KATZ M L，SHAPIRO C. Network externalities，competition and compatibility[J]. The American Economic Review，1985，75（3）：424-440.

[13] KUMAR S，SETHI S P. Dynamic pricing and advertising for web content providers[J]. European Journal of Operational Research，2009，197（3）：924-944.

[14] FRUCHTER G E. Signaling quality：Dynamic price-advertising model[J]. Journal of Optimization Theory and Applications，2009，143（3）：479-496.

[15] ROGERS E M，OLAGUERA N S. Diffusion of innovations[M]. 5th ed. New York：Free Press，2003：130-150.

[16] FAIRCLOTH J B，CAPELLA L M，ALFORD B L. The effect of brand attitude and brand image on brand equity[J]. Journal of Marketing Theory and Practice，2001，9（3）：61-75.

[17] YANG S，et al. An empirical study of word-of-mouth generation and consumption[J]. Marketing Science，2012，31（6）：952-963.

[18] BHATNAGAR A，GHOSE S. Online information search termination patterns across product categories and consumer demographics[J]. Journal of Retailing，2004，80（3）：221-228.

[19] LEE J，PARK D H，HAN I. The effect of negative online consumer reviews on product attitude：An information processing view[J]. Electronic Commerce Research and Applications，2008，7（3）：341-352.

[20] CLEMONS E K，GAO G D，HITT L M. When online reviews meet hyperdifferentiation：A study of the craft beer industry[J]. Journal of Management Information Systems，2006，23（2）：149-171.

[21] LI X X，HITT L M. Self-selection and information role of online product reviews[J]. Information Systems Research，2008，19（4）：456-474.

[22] BARABASI A L，ALBERT R. Emergence of scaling in random networks[J]. Science，1999，286（5439）：509-512.

[23] NEWMAN M E J. The structure and function of complex networks[J]. SIAM Review，2003，45（2）：167-256.

[24] GILBERT N. Agent-based models[M]. London：SAGE Publications，Inc.，2008：21-23.

[25] STUMMER C，et al. Innovation diffusion of repeat purchase products in a competitive market：An agent-based simulation approach[J]. European Journal of Operational Research，2015，245（1）：157-167.

附录 A　服务商联盟进化稳定策略分析

A1　当 $b<d$ 时服务商群体博弈情形

当惩罚力度大于收益时，函数（4.6）的图像开口向上，$-\dfrac{c}{n}<0$，与 y 轴的交点为负。

因为 $b^2-4(b-d)\dfrac{c}{n}>b^2$，所以，$b-\sqrt{b^2-4(b-d)\dfrac{c}{n}}<0$，$2(b-d)<0$，因此 $x_1>0$。

因为 $b+\sqrt{b^2-4(b-d)\dfrac{c}{n}}>0$，$2(b-d)<0$，所以 $x_2<0$，没有实际意义，应舍去。

（1）当 x_1 在 0 到 1 之间时，函数的图像大致如附图 A1 所示。

当 $x<x_1$ 时，$F(x)<0$；当 $x_1<x<1$ 时，$F(x)>0$。对应的进化稳定策略（evolutionarily stable strategy，ESS）如附图 A2 所示。

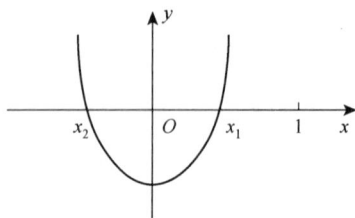

附图 A1　复制函数图像 1（$b<d$）

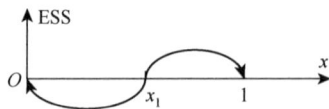

附图 A2　ESS 的稳定过程 1（$b<d$）

由 $x_1<1$，有

$$\frac{b-\sqrt{b^2-4(b-d)\dfrac{c}{n}}}{2(b-d)}<1$$

$$\Rightarrow b-\sqrt{b^2-4(b-d)\dfrac{c}{n}}>2(b-d)\quad\text{（符号改变）}$$

$$\Rightarrow \sqrt{b^2-4(b-d)\dfrac{c}{n}}<b-2d$$

$$\Rightarrow b^2-4(b-d)\dfrac{c}{n}<b^2-4bd+4d^2$$

$$\Rightarrow -4(b-d)\dfrac{c}{n}<-4bd+4d^2$$

$$\Rightarrow -4(b-d)\frac{c}{n} < -4bd + 4d^2$$

$$\Leftrightarrow -4d(b-d)$$

$$\Rightarrow \frac{c}{n} < d$$

即每个服务商分摊的合作成本小于单个背叛者的惩罚成本。此时,如果合作者的初始比例小于 x_1,那么最终会稳定在 0;如果合作者的初始比例大于 x_1,那么最终会稳定在 1,即群体中全部选择合作。

(2) 当 $x_1 > 1$ 时,函数的图像大致如附图 A3 所示。

在有效范围 0 和 1 之间,$F(x) < 0$,对应的 ESS 进化稳定策略如附图 A4 所示。

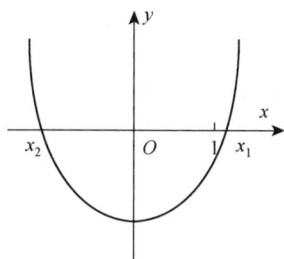

附图 A3　复制函数图像 2（$b < d$）

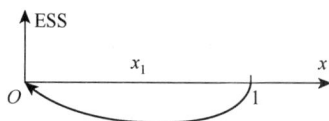

附图 A4　ESS 的稳定过程 2（$b < d$）

当 $x_1 > 1$ 时,求解结果与(1)正好相反,可得 $\frac{c}{n} > d$,即持合作态度的单个服务商的分摊成本大于单个背叛者的惩罚成本。此时,无论初始 x 的比例是多少,服务商的比例 x 最终会稳定在 0。推导的结果和实际意义是相符的。

A2　当 $b > d$ 时服务商群体博弈情形

当 $b > d$,即惩罚力度小于收益时,函数的图像开口向下,$-\frac{c}{n} < 0$,与 y 轴的交点仍为负。

因为 $b^2 - 4(b-d)\frac{c}{n} < b^2$,所以,$b - \sqrt{b^2 - 4(b-d)\frac{c}{n}} > 0$,$2(b-d) > 0$,因此 $x_1 > 0$,并且由解的性质可知,$x_2 > x_1 > 0$。

(1) 当 $0 < x_1$,$x_2 < 1$ 时,函数的图像如附图 A5 所示。

当 $x < x_1$ 时,$F(x) < 0$;当 $x_1 < x < x_2$ 时,$F(x) > 0$;当 $x > x_2$ 时,$F(x) < 0$。对应的 ESS 进化稳定策略如附图 A6 所示。

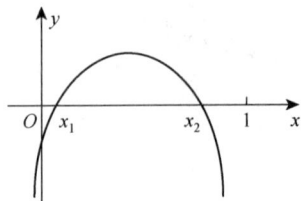

附图 A5　复制函数图像 3（b>d）

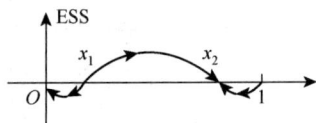

附图 A6　ESS 的稳定过程 3（b>d）

因为 $0<x_1<x_2<1$，又因为 $x_1>0$，所以只要求 $x_2<1$，有

$$\frac{b+\sqrt{b^2-4(b-d)\dfrac{c}{n}}}{2(b-d)}<1$$

$$\Rightarrow b+\sqrt{b^2-4(b-d)\frac{c}{n}}<2(b-d)$$

$$\Rightarrow \sqrt{b^2-4(b-d)\frac{c}{n}}<b-2d \quad (当 b>2d 时，方程才有可能成立)$$

$$\Rightarrow b^2-4(b-d)\frac{c}{n}<b^2-4bd+4d^2$$

$$\Rightarrow -4(b-d)\frac{c}{n}<-4bd+4d^2$$

$$\Rightarrow -4(b-d)\frac{c}{n}<-4bd+4d^2$$

$$\Leftrightarrow -4d(b-d)$$

$$\Rightarrow \frac{c}{n}>d(b>2d)$$

附图 A7 为 b>d 的倾向，由附图 A7 可知，当服务商群体中每个合作者的分摊成本大于单个背叛者的惩罚成本，且收益大于两倍的惩罚时，初始比例小于 x_1，稳定在 0，初始比例大于 x_1，稳定在 x_2。

（1）当 $x_1<1$，$x_2>1$ 时，函数的图像如附图 A7 所示。

当 $x<x_1$ 时，$F(x)<0$；当 $x_1<x<1$ 时，$F(x)>0$；对应的 ESS 进化稳定策略如附图 A8 所示。

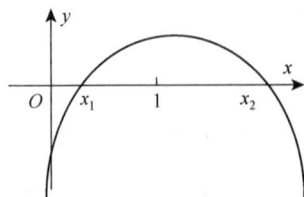

附图 A7　复制函数图像 4（b>d）

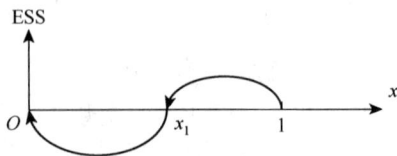

附图 A8　ESS 的稳定过程 4（b>d）

当 $x_1<1$ 时，有

$$\frac{b-\sqrt{b^2-4(b-d)\dfrac{c}{n}}}{2(b-d)}<1$$

$$\Rightarrow b-\sqrt{b^2-4(b-d)\frac{c}{n}}<2(b-d)$$

$$\Rightarrow \sqrt{b^2-4(b-d)\frac{c}{n}}>2\cdot d-b$$

$$\Rightarrow \sqrt{\varDelta}>2d-b$$

当 $1<x_2$ 时，有

$$\frac{b+\sqrt{b^2-4(b-d)\dfrac{c}{n}}}{2(b-d)}>1$$

$$\Rightarrow b+\sqrt{b^2-4(b-d)\frac{c}{n}}>2(b-d)$$

$$\Rightarrow \sqrt{b^2-4(b-d)\frac{c}{n}}>b-2d$$

$$\Rightarrow \sqrt{\varDelta}>b-2d$$

上面两种情形的求解过程为

$$\sqrt{b^2-4(b-d)\frac{c}{n}}>\mid 2d-b\mid$$

$$\Rightarrow b^2-4(b-d)\frac{c}{n}>b^2-4bd+4d^2$$

$$\Rightarrow -4(b-d)\frac{c}{n}>-4bd+4d^2$$

$$\Rightarrow -4(b-d)\frac{c}{n}>-4bd+4d^2$$

$$\Leftrightarrow -4d(b-d)$$

$$\Rightarrow \frac{c}{n}<d$$

实际意义是，当每个服务商的合作分摊成本大于单个背叛者的惩罚成本时，如果合作者的初始比例小于 x_1，那么最终会稳定在 0；如果合作者的初始比例大于 x_1，那么最终会稳定在 1，即移动服务商群体全部选择合作。

（2）当 $x_1>1$ 时，函数的图像如附图 A9 所示。

无论 x 取何值，$F(x)$ 都小于 0，对应的 ESS 进化稳定策略如附图 A10 所示。

因为 $1<x_1$，可以推导出 $1<\dfrac{b-\sqrt{b^2-4(b-d)\dfrac{c}{n}}}{2(b-d)}$，求解可以得到 $\dfrac{c}{n}>d$ 且 $b<2d$。由附

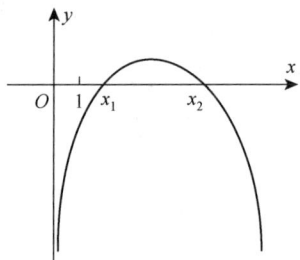

附图 A9　复制函数图像 5（$b>d$）

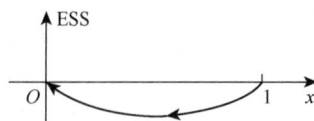

附图 A10　ESS 的稳定过程 5（$b>d$）

图 A10 可知，实际意义是，当服务商中每个合作者的分摊成本大于单个背叛者的惩罚成本，且收益小于两倍的惩罚时，无论初始比例如何，最终结果都稳定在 0。

附录 B　移动 QQ 使用情况问卷调查

尊敬的女士/先生：

为了解手机用户使用移动 QQ 的真实情况，我们特组织本次问卷调查，调查对象为使用过移动 QQ 的手机用户。我们将对所有问卷反馈以保密方式保存，并承诺对回函只进行统计分析，而不根据您提供的信息进行个案分析，您所填写的这份问卷也不会给您带来任何负面影响。填写本份问卷约需 5 分钟时间，请根据您的实际使用情况来提供相关信息，希望得到您的热心支持和配合。**以下各项，均为单项选择，请在相应选项里打"√"。**

联系人：　　　　　地址：　　　　　电话：

一、基本信息。

1. 性别：
   A. 男　　　　　　　　　　　　B. 女
2. 年龄：
   A. 小于 18 岁　　　　B. 18～24 岁　　　　C. 25～29 岁
   D. 30～34 岁　　　　E. 35～40 岁　　　　F. 大于 40 岁
3. 教育程度：
   A. 硕士及以上（包括 MBA）　　　B. 本科
   C. 专科　　　　　　　　　　　　D. 高中及以下
4. 您的月收入（元）：
   A. 1000 以下　　　　B. 1000～1999　　　C. 2000～2999
   D. 3000～3999　　　E. 4000 以上
5. 您的职业：
   A. 企业工作人员　　　B. 政府公务员　　　C. 教师
   D. 学生　　　　　　　E. 其他
6. 请问您以前是否使用过移动 QQ？
   A. 是　　　　　　　　　　　　B. 否
7. 请问您使用移动 QQ 有多长时间？
   A. 6 个月以下　　　　　　　　　B. 6 个月～1 年（不包含 1 年）
   C. 1 年～1.5 年（不包含 1.5 年）　D. 1.5 年～2 年（不包含 2 年）
   E. 2 年以上
8. 请问您使用移动 QQ 的手机运营商是以下哪一个？
   A. 中国移动　　　B. 中国联通　　　C. 中国电信　　　D. 中国网通

9. 请问您使用移动 QQ 是采取哪种方式？

　　A. 手机开通超级 QQ，缴纳月使用费　　B. 使用移动 QQ 软件，缴纳流量费

二、根据您使用移动 QQ 的经历，对下面的描述语句，请您用 7 点量表来表示您的认同程度。量表范围从 1（非常不赞同）到 7（非常赞同），在每条语句后的相应数字上打"√"。

序号	题　项	1非常 不赞同	2不 赞同	3有些 不赞同	4中立	5有些 赞同	6赞同	7非常 赞同
1	使用移动 QQ 会让我工作和学习变得更有效率	1	2	3	4	5	6	7
2	使用移动 QQ 能让我方便与周围的人取得联系	1	2	3	4	5	6	7
3	使用移动 QQ 可以让我方便获得我所关注的信息	1	2	3	4	5	6	7
4	总之，移动 QQ 对我来说非常有用	1	2	3	4	5	6	7
5	我不需要花费很多时间就能熟练使用移动 QQ 的各种功能	1	2	3	4	5	6	7
6	移动 QQ 比其他移动即时通信工具（如手机版飞信、MSN）更易于使用	1	2	3	4	5	6	7
7	我认为使用移动 QQ 不需要花费太多精力	1	2	3	4	5	6	7
8	告诉别人如何使用移动 QQ 对我来说是容易的	1	2	3	4	5	6	7
9	使用移动 QQ 与别人聊天这项操作是容易的	1	2	3	4	5	6	7
10	我认为使用移动 QQ 时，时间过得很快	1	2	3	4	5	6	7
11	使用移动 QQ 与周围的人交流使我感到愉快	1	2	3	4	5	6	7
12	移动 QQ 的娱乐功能很多（如音乐、游戏等）	1	2	3	4	5	6	7
13	我认为移动 QQ 给生活增添了乐趣	1	2	3	4	5	6	7
14	我觉得移动 QQ 比手机版飞信、MSN 等娱乐功能更强	1	2	3	4	5	6	7
15	我认为使用移动 QQ 的通信流量费或月使用费太高了	1	2	3	4	5	6	7
16	如果有优惠的资费政策，我会更多地使用移动 QQ	1	2	3	4	5	6	7
17	我认为移动 QQ 的费用越低，使用的人会越多	1	2	3	4	5	6	7
18	我认为很多人都会给移动 QQ 好评	1	2	3	4	5	6	7
19	据我观察，使用移动 QQ 的人数很庞大	1	2	3	4	5	6	7
20	我几乎所有的朋友都使用移动 QQ	1	2	3	4	5	6	7
21	周围有很多人都希望我使用移动 QQ	1	2	3	4	5	6	7
22	我认为使用移动 QQ 进行即时通信是一种潮流或趋势	1	2	3	4	5	6	7
23	工作（学习）中需要即时通信时，会有"最好或一定要使用移动 QQ"类似的要求	1	2	3	4	5	6	7
24	我认为移动 QQ 存在较多的不足之处（如安全性不高、速度不快等）	1	2	3	4	5	6	7
25	据我观察，许多手机用户经常使用移动 QQ	1	2	3	4	5	6	7
26	对我重要的人希望我使用移动 QQ	1	2	3	4	5	6	7

续表

序号	题 项	1非常 不赞同	2不 赞同	3有些 不赞同	4中立	5有些 赞同	6赞同	7非常 赞同
27	我与 QQ 软件用户沟通时我的速度相对较慢	1	2	3	4	5	6	7
28	当我知道通信对方使用的是 QQ 软件时会使我沟通的积极性下降	1	2	3	4	5	6	7
29	相比于移动 QQ，QQ 软件能够使沟通更为有效，如图片可发送、可视频等	1	2	3	4	5	6	7
30	我认为与周围的人通过移动 QQ 交流的感觉不错	1	2	3	4	5	6	7
31	移动 QQ 的其他功能（如新闻、游戏等）给我的感觉不错	1	2	3	4	5	6	7
32	我认为使用移动 QQ 是一个明智的选择	1	2	3	4	5	6	7
33	我会向别人推荐使用移动 QQ	1	2	3	4	5	6	7
34	平时我会尽可能多地使用移动 QQ	1	2	3	4	5	6	7
35	相比其他的移动即时通信工具（如手机版飞信、MSN 等），我更倾向于使用移动 QQ	1	2	3	4	5	6	7
36	我认为移动 QQ 的功能可以更丰富	1	2	3	4	5	6	7
37	我相信腾讯公司尽力在给我们提供一个更好的体验	1	2	3	4	5	6	7
38	我相信移动 QQ 会是未来移动即时通信工具的主流	1	2	3	4	5	6	7

附录 C 知识共享/转移博弈进化稳定策略分析

C1 命题 8.1 的证明

以 $\dfrac{\mathrm{d}P}{\mathrm{d}t}$ 为纵轴，以 P 为横轴，考虑式（8.4）稳定均衡点的分布特征，对于条件（a），附图 C1 和附图 C2 分别对应 $P^* > 1$ 和 $P^* = 1$ 的情形。对于附图 C1 来说，此时有两个稳定的均衡点 $P = 0, P = P^*$，但是因为系统的初值总是分布在 [0, 1]，所以，此时 P^* 不可能被选为稳定的均衡点，故只有 $P = 0$ 作为稳定的均衡点被选中，即全部背离；对于附图 C2，显然只有 $P = 0$ 作为稳定的均衡点出现。

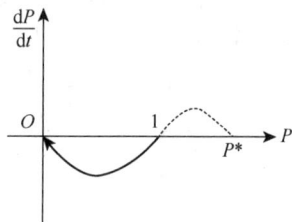

附图 C1

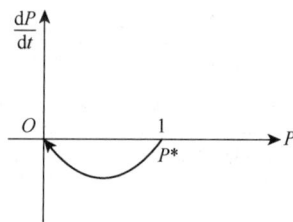

附图 C2

对于条件（b），相对应的稳定均衡点的分布如附图 C3 和附图 C4 所示。类似地，可以证明，只有 $P = 0$ 作为稳定的均衡点出现。

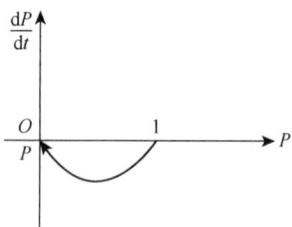

附图 C3

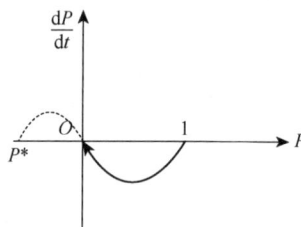

附图 C4

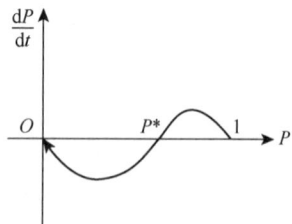

附图 C5

对于条件（c），相对应的稳定均衡点的分布如附图 C5 所示。此时，两个稳定的均衡点可以出现 $P = 0, P = 1$，具体取哪一个值，依赖于系统的初值 P_0。当 $P_0 < P^*$ 时，取 $P = 0$；当 $P_0 \geqslant P^*$ 时，取 $P = 1$。故条件（c）决定了此时只能取全部背离这一均衡结果。

C2 命题 8.2 的证明

以 $\dfrac{\mathrm{d}P}{\mathrm{d}t}$ 为纵轴，以 P 为横轴，考虑式（8.4）稳定均衡点的分布特征。对于条件（d），附图 C6 和附图 C7 分别对应 $P^* > 1$ 和 $P^* = 1$ 的情形，显然只有 $P = 1$ 作为稳定的均衡点而出现。

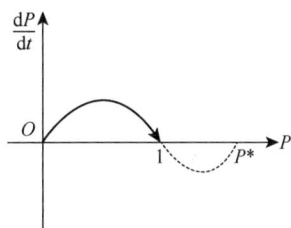

附图 C6

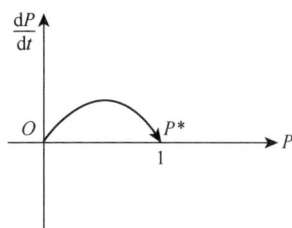

附图 C7

对于条件（e），$P^* = 0$ 和 $P^* < 0$ 相对应的稳定均衡点的分布如附图 C8 和附图 C9 所示。显然，对于附图 C8 只有 $P = 1$ 作为稳定的均衡点出现；而对于附图 C9，虽然有两个可供选择的均衡点 $P = P^*, P = 1$，但是系统的初值范围为 $[0, 1]$，因此，只有 $P = 1$ 作为稳定的均衡点出现。

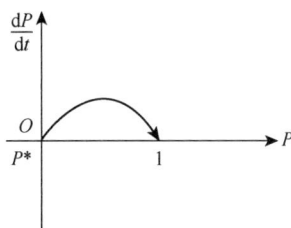

附图 C8

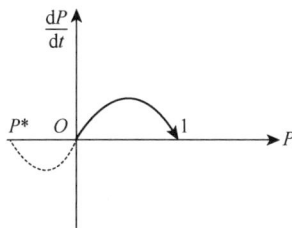

附图 C9

对于条件（f），相对应的稳定均衡点的分布如附图 C10 所示。此时，两个稳定的均衡点可以出现 $P = 0, P = 1$，具体取哪一个值，依赖于系统的初值 P_0。当 $P_0 < P^*$ 时，取 $P = 0$；当 $P_0 \geqslant P^*$ 时，取 $P = 1$。故条件（f）决定了此时取全部合作这一均衡结果。

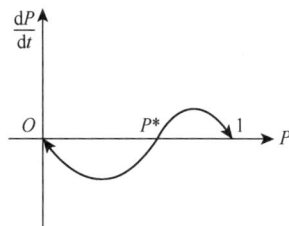

附图 C10

C3 命题 8.3 的证明

以 $\dfrac{\mathrm{d}P}{\mathrm{d}t}$ 为纵轴，以 P 为横轴，考虑式（8.4）稳定均衡点的分布特征。对于条件（g），如附图 C11 所示。

显然，当条件（g）满足时，只有 $P = P^*$ 是具有预测意义的稳定均衡结果。

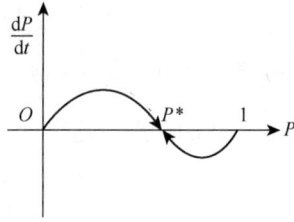

附图 C11

附录 D　网络社区和电子商务协同服务用户转移问卷调查

尊敬的女士/先生：

您好！感谢您的配合！我们正在进行一项关于网络社区和电子商务协同服务用户接受情况的调查。本份问卷共 3 页，需 3～5 分钟填写，请根据您的实际使用情况来提供相关信息，希望得到您的热心支持和配合。以下各项均为单项选择，请在相应选项里打"√"。

网络社区与电子商务协同服务是指网络社区在提供原有社区服务的同时，推出了自己的电子商务平台——购物网站，如天涯社区推出的"天涯购物街"、腾讯推出的"拍拍网"、人人网推出的"糯米网"等。

一、基本信息。

1. 性别：

   A. 男 　　　　　　　　　　　　B. 女

2. 年龄：

   A. 小于 18 岁 　　　　B. 18～24 岁 　　　　C. 25～29 岁

   D. 30～34 岁 　　　　E. 35～40 岁 　　　　F. 大于 40 岁

3. 教育程度：

   A. 硕士及以上（包括 MBA） 　　　　B. 本科

   C. 专科 　　　　　　　　　　　　　D. 高中及以下

4. 您的月收入（元）：

   A. 1000 以下 　　　　B. 1000～1999 　　　　C. 2000～2999

   D. 3000～3999 　　　　E. 4000 以上

5. 您的职业：

   A. 企业工作人员 　　　　B. 政府公务员 　　　　C. 教师

   D. 学生 　　　　　　　　E. 其他

6. 请问您使用社交网络有多长时间？

   A. 6 个月以下 　　　　　　　　　　B. 6 个月～1 年（不包含 1 年）

   C. 1 年～1.5 年（不包含 1.5 年） 　　D. 1.5 年～2 年（不包含 2 年）

   E. 2 年以上

7. 请问您最常使用的网络社区是以下哪一个？

   A. 天涯社区 　　　　　　　　　　　B. 腾讯社区（QQ 空间、校友录）

   C. 人人网 　　　　　　　　　　　　D. 开心网

   E. Facebook 　　　　　　　　　　　F. 猫扑网

G. 白社区　　　　　　　　　　　　　　H. 赛我网

I. 其他 ＿＿＿＿＿＿＿＿＿

8. 请问您是否使用过网络社区的付费服务？

A. 是　　　　　　　　　　　　　　　　B. 否

9. 请问您使用该网络社区推出的购物平台有多长时间？

A. 6个月以下　　　　　　　　　　　　B. 6个月～1年（不包含1年）

C. 1年～1.5年（不包含1.5年）　　　　D. 1.5年～2年（不包含2年）

E. 2年以上

F. 未使用过该网络社区推出的购物平台（或该网络社区仍未推出购物平台）

　　二、根据您使用该网络社区推出的购物平台的情况，对下面的描述语句，请您用 7 点量表来表示您的认同程度。量表范围从 1（非常不赞同）到 7（非常赞同），在每条语句后的相应数字上打"√"。

序号	题　项	1非常不赞同	2不赞同	3有些不赞同	4中立	5有些赞同	6赞同	7非常赞同
1	该网络社区使用起来简单方便	1	2	3	4	5	6	7
2	该网络社区发布的内容很可靠	1	2	3	4	5	6	7
3	信赖该网络社区	1	2	3	4	5	6	7
4	该网络社区提供的交流环境很安全	1	2	3	4	5	6	7
5	我会向朋友推荐该网络社区	1	2	3	4	5	6	7
6	该网络社区会向用户推荐它推出的购物平台	1	2	3	4	5	6	7
7	用户与该网络社区推出的购物平台间互动很方便	1	2	3	4	5	6	7
8	该网络社区的讨论区与其所推出的购物平台之间的连接紧密程度很高	1	2	3	4	5	6	7
9	该网络社区的特色在其所推出的购物平台中也有所体现	1	2	3	4	5	6	7
10	该网络社区推出的购物平台能与该社区进行同步更新和维护	1	2	3	4	5	6	7
11	该网络社区功能的改变会影响到其推出的购物平台	1	2	3	4	5	6	7
12	该网络社区的人员、设备、技术对该社区推出的购物平台很有帮助	1	2	3	4	5	6	7
13	该网络社区推出的购物平台提供的购物环境很安全	1	2	3	4	5	6	7
14	不介意该网络社区网站记录我浏览该网站的行为	1	2	3	4	5	6	7
15	该网络社区推出的购物平台销售渠道多、商品种类齐全	1	2	3	4	5	6	7
16	该网络社区会员在购物中能够享受到其他人享受不到的优惠	1	2	3	4	5	6	7
17	我会点击该网络社区网站上的广告和商品信息	1	2	3	4	5	6	7
18	该网络社区推出购物平台所取得的效果是很好的	1	2	3	4	5	6	7
19	该网络社区网站能及时更新商品的信息	1	2	3	4	5	6	7
20	我喜欢在该网络社区网站上做交易	1	2	3	4	5	6	7

续表

序号	题　项	1非常 不赞同	2不赞 同	3有些 不赞同	4中立	5有些 赞同	6赞同	7非常 赞同
21	我打算将来继续在该网络社区网站上买卖商品	1	2	3	4	5	6	7
22	该网络社区网站提供的网上购物服务对我来说很有价值	1	2	3	4	5	6	7
23	我觉得该网络社区提供的商品与专业购物网站中的商品没有 差别	1	2	3	4	5	6	7
24	我会经常利用该网络社区的搜索引擎来搜索所需要的商品 信息	1	2	3	4	5	6	7
25	该网络社区中的讨论区对我了解所需商品或服务的信息有 帮助	1	2	3	4	5	6	7
26	我会利用该网络社区中的智能代理(如选择价格范围、颜色、 品牌等)来筛选所需商品	1	2	3	4	5	6	7
27	该网络社区网站能提供有效的售后服务和支持	1	2	3	4	5	6	7
28	我会把该网络社区网站作为一个购买的参考	1	2	3	4	5	6	7
29	该网络社区网站对我的购买决策影响非常大	1	2	3	4	5	6	7
30	使用该网络社区推出的购物平台进行网上购物是一种潮流或 趋势	1	2	3	4	5	6	7
31	身边不少朋友推荐我使用该网络社区推出的购物平台	1	2	3	4	5	6	7
32	我的学习或工作等促使我去使用该网络社区推出的购物平台	1	2	3	4	5	6	7
33	该网络社区内的好友希望我使用该网络社区推出的购物平台	1	2	3	4	5	6	7
34	该网络社区所推出的购物平台的质量很高	1	2	3	4	5	6	7
35	相比其他网络社区推出的购物平台，我更倾向于使用该网络 社区所推出的购物平台	1	2	3	4	5	6	7

附录 E 定价模型证明

对于式（9.2），有 $\dfrac{\partial H}{\partial u(t)} = -2\beta u(t) - \varphi\lambda_x + \lambda_p = 0$，故

$$u(t) = -\frac{\varphi}{2\beta}\lambda_x + \frac{1}{2\beta}\lambda_p$$

从式（9.1）、式（9.4）和式（9.5），得出

$$p''(t) = -\frac{\varphi}{2\beta}\dot{\lambda}_x + \frac{1}{2\beta}\dot{\lambda}_p = \frac{\varphi}{2\beta}[p(t)-c] - \frac{1}{2\beta}x(t) \tag{E1}$$

对式（E1）求导，有

$$p'''(t) = \frac{\varphi}{2\beta}\dot{p}(t) - \frac{1}{2\beta}\dot{x}(t) = \frac{\varphi}{\beta}\dot{p}(t) - \frac{1}{2\beta}[\eta + \pi v(t)] \tag{E2}$$

对式（E2）求积分，有

$$p''(t) - \frac{\varphi}{\beta}p(t) = -\frac{1}{2\beta}[\eta + \pi v(t)]t + c_1 \tag{E3}$$

式（E3）可由待定系数法求解，即

$$p^*(t) = c_{11}e^{\sqrt{\varphi/\beta}t} - c_{12}e^{-\sqrt{\varphi/\beta}t} + \frac{1}{2\varphi}(\eta + \pi v)t - \frac{\beta}{\varphi}c_1 \tag{E4}$$

对式（E4），令 $t=0$，有

$$p_0 = p(0) = c_{11} + c_{12} - \frac{\beta}{\varphi}c_1 \tag{E5}$$

对式（E4）求导，得出

$$p'(t) = c_{11}e^{\sqrt{\varphi/\beta}t}\sqrt{\frac{\varphi}{\beta}} - c_{12}e^{-\sqrt{\varphi/\beta}t}\sqrt{\frac{\varphi}{\beta}} + \frac{1}{2\varphi}(\eta + \pi v) \tag{E6}$$

由式（E1）和式（E6），有

$$0 = u(T) = p'(T) = c_{11}e^{\sqrt{\varphi/\beta}T}\sqrt{\frac{\varphi}{\beta}} - c_{12}e^{-\sqrt{\varphi/\beta}T}\sqrt{\frac{\varphi}{\beta}} + \frac{1}{2\varphi}(\eta + \pi v) \tag{E7}$$

$$p''(t) = c_{11}e^{\sqrt{\varphi/\beta}t}\frac{\varphi}{\beta} + c_{12}e^{-\sqrt{\varphi/\beta}t}\frac{\varphi}{\beta} \tag{E8}$$

令 $t=0$，有

$$p''(0) = c_{11}\frac{\varphi}{\beta} + c_{12}\frac{\varphi}{\beta} \tag{E9}$$

对式（E1），令 $t=0$，有

$$p''(0) = \frac{\varphi}{2\beta}(p_0 - c) - \frac{1}{2\beta}x_0 \tag{E10}$$

组合式（E9）和式（E10），有

$$c_{11}\frac{\varphi}{\beta} + c_{12}\frac{\varphi}{\beta} = \frac{\varphi}{2\beta}(p_0 - c) - \frac{1}{2\beta}x_0$$

$$c_{11} + c_{12} = \frac{1}{2}(p_0 - c) - \frac{1}{2\varphi}x_0 \tag{E11}$$

由式（E7）和式（E11），有

$$c_1 = \frac{\varphi}{2\beta}(-p_0 - c) - \frac{1}{2\beta}x_0 \tag{E12}$$

$$c_{12} = \left\{\left[\frac{1}{2}(p_0 - c) - \frac{1}{2\varphi}x_0\right]e^{\sqrt{\varphi/\beta}T} + \frac{\eta + \pi v}{2\varphi}\sqrt{\frac{\varphi}{\beta}}\right\}(e^{\sqrt{\varphi/\beta}T} + e^{-\sqrt{\varphi/\beta}T})^{-1} \tag{E13}$$

由式（E4）、式（E11）和式（E13），有

$$p^*(t) = \frac{[\varphi(p_0 - c) - x_0][e^{\sqrt{\varphi/\beta}(t-T)} + e^{-\sqrt{\varphi/\beta}(t-T)}]}{2\varphi(e^{\sqrt{\varphi/\beta}T} + e^{-\sqrt{\varphi/\beta}T})} - \frac{\sqrt{\frac{\varphi}{\beta}}(\eta + \pi v)(e^{\sqrt{\varphi/\beta}t} + e^{-\sqrt{\varphi/\beta}t})}{2\varphi(e^{\sqrt{\varphi/\beta}T} + e^{-\sqrt{\varphi/\beta}T})}$$
$$+ \frac{(\eta + \pi v)t + x_0}{2\varphi} + \frac{p_0 + c}{2}$$